SV

Peter Winch
Versuchen zu verstehen

Übersetzt von
Joachim Schulte

Suhrkamp Verlag

Titel der Originalausgabe:
Trying to Make Sense
First published 1987 by Basil Blackwell,
Oxford

Erste Auflage 1992

Druck: Wagner GmbH, Nördlingen
Printed in Germany

Inhalt

1
Einleitung

Der vorliegende Band besteht aus Arbeiten, die seit der Veröffentlichung einer früheren Aufsatzsammlung geschrieben wurden.[1] Fünf der darin enthaltenen Arbeiten werden hier zum erstenmal publiziert, nämlich »Sprache, Denken und Welt in Wittgensteins *Tractatus*«, »Bild und Vorstellung«, »Partikularität und Moral«, »Ethischer Relativismus« und »Wer ist mein Nächster?«. Manche der übrigen Aufsätze sind nicht sehr leicht zugänglich.

Die hier erörterten Themen sind scheinbar ganz verschiedenartig. Es geht um die Beziehungen zwischen Sprache, Denken, Welt und Handeln; das Wesen der Vorstellung; religionsphilosophische Fragen und den Begriff der Existenz; Selbsterkenntnis und Erkenntnis der anderen; unsere Reaktionen auf Literatur und Kunst; gewisse ethische Probleme und verschiedene Formen von Relativismus. Alles, was ich über diese Themen zu sagen habe, beruht auf meinem Verständnis der Philosophie Wittgensteins. Manche dieser Aufsätze sind schon von der formalen Anlage her ausgesprochene Interpretationen von Wittgensteins Denken. Dabei wird hier jedoch gewiß nicht der Versuch gemacht, eine systematische Exposition zu liefern. Meine Einstellung zu Wittgensteins Werk ist eigentlich nie durch interpretatorischen Ehrgeiz geprägt gewesen, sondern immer durch Dankbarkeit dafür, daß es mir geholfen hat zu sehen, welches die wichtigen Fragen sind und welcher Art diese Fragen sind. Aus diesem Grund habe ich die »interpretativen« Arbeiten nicht alle zusammengruppiert. Mein Ziel war eine Anordnung, die dazu beiträgt, einige der wichtigen Zusammenhänge aufzuzeigen, die zwischen den verschiedenen Problemen bestehen, die hier erörtert werden. Aber auch ganz andere Anordnungen wären vertretbar gewesen; und welche Arbeiten die verschiedenen Leser als zusammengehörig ansehen, wird zweifellos je nach ihren spezifischen Interessenrichtungen und ihren philosophischen Ansätzen wechseln.

1 Peter Winch, *Ethics and Action*, London: Routledge and Kegan Paul, 1972.

Ich habe gesagt, die erörterten Themen seien »scheinbar« ganz verschiedenartig. In Wirklichkeit bin ich aber überzeugt, daß sie allesamt aufs engste miteinander zusammenhängen. Als ich sie schrieb, hatte ich jedenfalls nie das Gefühl, von einem Thema zu einem völlig anderen überzuwechseln, sondern es war, als hätten mich dieselben Belange und Schwierigkeiten genötigt, in verschiedenen Richtungen sondierende Erkundungen anzustellen. Es würde, glaube ich, nicht viel einbringen, wenn ich explizit anzugeben versuchte, welches diese gemeinsamen Belange und Schwierigkeiten sind. Sofern diese Aufsätze durch ihre Zusammenstellung einen Wert haben, so wird er in ihrer Fähigkeit liegen, im Leser das Interesse für diese Belange zu wecken und sein Gefühl für diese Schwierigkeiten zu schärfen. Wenn ihnen das nicht gelingt, würde keine Einleitung, die ich zu schreiben vermöchte, es an ihrer Stelle tun.

2

Sprache, Denken und Welt in Wittgensteins *Tractatus*

Im Vorwort zu den *Philosophischen Untersuchungen* meint Wittgenstein, seine neuen Gedanken könnten »nur durch den Gegensatz und auf dem Hintergrund meiner älteren Denkweise ihre rechte Beleuchtung erhalten«, also der Denkweise des *Tractatus*. Hinreichend klar ist auch, daß sich manche der in den *Untersuchungen* angeführten Argumente unmittelbar gegen Aussagen des früheren Werks richten. An drei Stellen, an denen namentlich auf den *Tractatus* – die *Logisch-philosophische Abhandlung* – Bezug genommen wird, betreffen diese Hinweise die Beziehung zwischen Sprache und Logik: die Vorstellung, die Logik sei etwas »Sublimes«, eine völlig feste und bestimmte Struktur, die der für unsere normalen sprachlichen Ausdrucksformen charakteristischen wechselnden und unscharfen Mannigfaltigkeit zugrunde liegt und es uns ermöglicht, von »der allgemeinen Form des Satzes« zu reden.
Die Art, in der sich Wittgenstein in den *Philosophischen Untersuchungen* und anderen Spätschriften mit diesen Problemen auseinandersetzt, ist eng verflochten mit der Kritik an anderen Vorstellungen von Sprache und Welt, die er als charakteristisch ansieht für philosophische Verwirrungen, z. B. der Vorstellung, die Grammatik unserer Sprache bedürfe der Rechtfertigung durch den Nachweis, daß sie das Wesen der Dinge angemessen widerspiegelt, und der Vorstellung, unsere Äußerungen erwürben ihren Sinn durch verborgene geistige Vorgänge des Denkens, Meinens, Verstehens und dergleichen. Und es ist offenbar kaum zu bezweifeln, daß er die Verlockungen, Irrtümer dieser beiden Arten zu begehen, als eng verknüpft ansieht und ihnen womöglich sogar einen gemeinsamen Ursprung zuschreibt. Unter dieser Voraussetzung ist es naheliegend, daß wir uns fragen, ob sich diese Vorstellungen auch im *Tractatus* finden. Viele Autoren behaupten: ja. Mir geht es hier darum, diese These zu bestreiten.[1]

1 Eine besonders klare Formulierung einer derartigen Lesart des *Tractatus* gibt Norman Malcolm in seinem Buch *Memory and Mind*, Cornell Univer-

Es ist gewiß nicht schwierig, im *Tractatus* Bemerkungen aufzuspüren, die so aussehen, als könnten sie zur Stützung dieser These gelesen werden. Außerdem weist die Gesamtstruktur des Werks Merkmale auf, die scheinbar in die gleiche Richtung deuten. Damit meine ich den Umstand, daß es mit einer Erörterung der *Welt* beginnt und dann – als Einleitung zur Auseinandersetzung mit dem Begriff des *Satzes* – den Begriff des *Gedankens* ins Spiel bringt. Das kann man gewiß so darstellen, daß es den Anschein gewinnt, als werde hier eine Philosophie der Sprache durch Vermittlung einer Philosophie der Psychologie auf eine Metaphysik gegründet.

Andererseits läßt sich wohl kaum behaupten, der *Tractatus* argumentiere für eine Auffassung dieser Themen, wie sie in den *Philosophischen Untersuchungen* abgelehnt wird. Im Text des *Tractatus* steht überhaupt nur sehr wenig, was den ausführlichen und verwickelten Erörterungen des Psychischen in den *Philosophischen Untersuchungen* entspräche, und es steht dort auch sehr wenig über die richtige Deutung von Begriffen wie Bedeutung, Verstehen und Denken, die in diesem Buch so großen Raum einnehmen. In den *Tagebüchern 1914-1916* findet sich da schon mehr. Doch dies ist eine Quelle, deren man sich mit Vorsicht bedienen sollte. Wo die *Tagebücher* Material enthalten, das nicht in den *Tractatus* aufgenommen wurde, kann man nicht davon ausgehen, es sei unverfänglich, dieses Material zur Ergänzung der Aussagen des *Tractatus* zu benutzen. Es wäre sicher äußerst seltsam, hätte Wittgenstein aus der letzten Textfassung bewußt Material ausgeschieden, das für ihre richtige Interpretation unerläßlich ist. Die *Tagebücher* sind auch kein Album möglicher Formulierungen von *Tractatus*-Ansichten, aus denen er zur Veröffentlichung die besten ausgewählt hat. Sie sind ein Dokument des Ringens mit den Problemen und Verlockungen, von denen Wittgenstein zur Zeit der Vollendung seines ersten

sity Press, 1977, S. 132-139. Diese Interpretation hat Malcolm in seinen Seminaren am King's College, London, weiter ausgearbeitet, und die Diskussionen dort und andernorts waren für mich eine große Bereicherung. Nach Abschluß der vorliegenden Erörterung hat er eine Darstellung seiner jetzigen Position in dem Buch *Nothing is Hidden* veröffentlicht [dt. Übersetzung des hier auch relevanten 2. Kapitels in Schulte (Hg.), *Texte zum Tractatus*, Frankfurt am Main: Suhrkamp, 1989].

Buches glaubte, endlich mit ihnen zu Rande gekommen zu sein. Im Zuge dieses Ringens versuchte er natürlich, die Probleme und Verlockungen, aus denen einen Ausweg zu erkennen ihm derart schwerfiel, so eindringlich wie möglich zu artikulieren. Die mentalistische Auffassung des Satzsinns war in der Tat besonders verlockend. Aber meiner Ansicht nach ist sie nicht nur weit davon entfernt, eine unausgesprochene Voraussetzung im Hintergrund des *Tractatus* zu sein, sondern ich halte sie sogar für eine der Hauptzielscheiben seiner *Kritik*. Und wenn es sich so verhält, kann es kaum wundernehmen, daß es es sich um eine Auffassung handelt, die in den *Tagebüchern* eindringlich zum Ausdruck gebracht wird, was dann wiederum kaum für die Ansicht spricht, diese Auffassung sei die im *Tractatus* vertretene Theorie.

Nun möchte ich eine äußerst komprimierte (und daher ungenaue) Umrißskizze der Hauptmerkmale dessen geben, was der *Tractatus* über Sprache, Denken und die Welt sagt. Sodann werde ich eine ebenso komprimierte Skizze der »metaphysischen« Lesart dieser Darstellung vorstellen, mit der ich mich anschließend kritisch auseinandersetzen werde.

Die Welt besteht aus elementaren Tatsachen oder Sachverhalten[2], die ihrerseits gegliederte Verkettungen von Gegenständen sind. Es ist jedem Gegenstand wesentlich, daß er sich nur in bestimmten festliegenden Weisen mit anderen Gegenständen verbinden kann, um Sachverhalte zu bilden; und in der Welt kommt ein Gegenstand nur im Zusammenhang solcher Sachverhalte vor. Wir machen uns Bilder der Tatsachen: Bilder, die aus Elementen zusammengesetzt sind, die den Gegenständen entsprechen, welche die Sachverhalte konstituieren, die zur Bildung der abgebildeten Tatsachen beitragen. Diese Elemente der Abbildung verhalten sich genauso zueinander wie die Gegenstände in dem abgebildeten Sachverhalt; und sie formen ein wahres Bild, wenn sich die Gegenstände, die den Elementen der Abbildung entsprechen, ebenso wie in der Abbildung zueinander verhalten, das heißt, wenn der abgebildete Sachverhalt existiert oder be-

2 Das Substantiv »Sachverhalt« entspricht dem Verb »sich verhalten«, das auch in einer der *Tractatus*-Formulierungen der »allgemeinen Form des Satzes« vorkommt: »Es verhält sich so und so.« Ein Sachverhalt ist eine Weise des Sichverhaltens der Dinge.

steht. Der Gedanke ist ein logisches Bild der Tatsachen (und jedes Bild ist auch ein logisches Bild, egal, welche sonstigen Merkmale es haben mag). Durch den Satz wird der Gedanke in sinnlich wahrnehmbarer Weise zum Ausdruck gebracht. Der Satz ist ein komplexes Zeichen, das aus einfachen Zeichen in projektiver Beziehung zur Welt zusammengesetzt ist. Solche einfachen Zeichen sind Namen, deren Bedeutungen in abgebildeten Sachverhalten die Gegenstände sind, welche in Sätzen durch die Namen vertreten werden. Der Name hat unabhängig vom Bestehen irgendeines *spezifischen* Sachverhalts eine Bedeutung, doch er steht für einen Gegenstand, für dessen Beschaffenheit bestimmte genau feststehende Möglichkeiten der Verbindung mit anderen Gegenständen wesentlich sind. Dementsprechend ist er auch durch genau feststehende Möglichkeiten der Verbindung mit anderen Namen in Sätzen gekennzeichnet. Da die Bedeutung des Namens jedoch unabhängig ist vom Bestehen irgendeines bestimmten Sachverhalts, kann ein Satz, in dem er vorkommt, entweder wahr oder falsch sein, je nachdem, ob sich die Gegenstände, die den ihn bildenden Namen entsprechen, ebenso zueinander verhalten wie die in ebendiesem Satz vorkommenden Namen selbst.

Bis hierhin habe ich eine Zusammenfassung der *Tractatus*-Darstellung dieser Themen zu geben versucht, die sich neutral verhält zu den widerstreitenden Interpretationen. Nun wende ich mich einigen Fragen der Interpretation zu.

Folgendes ist eine naheliegende und überaus weit verbreitete Lesart der eben skizzierten Darstellung: Die Erörterung von Begriffen wie *Welt*, *Sachverhalte*, *Tatsachen*, *Gegenstände* versucht zu erklären, wie es dazu kommt, daß manche Reihen von Wörtern sinnvolle Verbindungen bilden, mithin Sätze ausdrükken, während andere Wörterreihen dies nicht tun. Dies hängt, wie es heißt, von den internen Eigenschaften und Beziehungen der Gegenstände ab, für die die Wörter stehen. Wenn diese Gegenstände so beschaffen sind, daß sie sich in einer bestimmten Weise miteinander verbinden können, dann werden sich auch ihre Namen in dieser Weise miteinander verbinden und einen Satz ergeben; andernfalls nicht. Eben aufgrund der Tatsache, daß die Namen diese Gegenstände *bedeuten* – daß sie *ihre Stellvertreter* sind –, üben sie sozusagen diese logische Macht über die Verbindung der Namen aus.

Aber wie kommt es zur Bedeutungsbeziehung, dieser alles entscheidenden Zuordnung, die die Namen mit den gleichen internen Eigenschaften ausstattet, welche die zu ihnen in Beziehung stehenden Gegenstände schon besitzen? Der *Tractatus* scheint auf diese Frage gar nicht einzugehen. Oder zumindest scheint das, was er tatsächlich darüber sagt, zu der jetzt vorgestellten Interpretation nichts beizutragen. (Ich denke hier an die Bemerkung 3.263, die ich weiter unten besprechen werde.) Da wir nun jedoch schon so weit auf diesem Weg vorangegangen sind, ist es naheliegend, auch den nächsten Schritt zu tun und anzunehmen, daß die Beziehung zwischen Name und Gegenstand durch einen geistigen Akt hergestellt wird, der den Namen gleichsam in spezifischer Weise mit einem spezifischen Gegenstand *verknüpft*. Dabei ist es freilich seltsam, daß der *Tractatus* diese überaus wichtige Feststellung nicht *ausspricht*, aber vielleicht soll man sie aus dem letzten Satz der Bemerkung 3.11 herauslesen (der allerdings nicht von der Bedeutung eines Namens handelt, sondern vom Sinn des Satzes): »Die Projektionsmethode ist das Denken des Satz-Sinnes.« Außerdem ist da Wittgensteins Postskriptum zu seinem Brief an Russell vom 19. August 1919:

> Besteht ein Gedanke aus Wörtern? Nein! Sondern aus psychischen Bestandteilen, die in einer gleichartigen Beziehung zur Wirklichkeit stehen wie die Wörter. Welches diese Bestandteile sind, weiß ich nicht.[3]

Aber auf jeden Fall ist es diese vermeintliche psychische Verbindung zwischen Name und Gegenstand, durch die alle logischen Eigenschaften der Welt in die unsere Sprache bildenden wahrnehmbaren Zeichen strömen. Die eigentliche Verbindung zwischen Sprache, Satz und Welt findet sich im psychischen Akt, in dem Name und Gegenstand miteinander verschmolzen werden.

Dies ist nun gewiß eine Auffassung, die auf eine ganze Reihe von Philosophen – darunter auch Russell – anziehend gewirkt hat. Tatsächlich spielt eine Auffassung dieser Art eine Rolle in der

3 Wittgenstein, *Briefe*, Frankfurt am Main: Suhrkamp, 1980, S. 90.

Erörterung des Kausalitätsbegriffs in Russells »The Limits of Empiricism«, die Wittgenstein dann in seinen Bemerkungen über »Ursache und Wirkung: Intuitives Erfassen« angreift.[4] Sie ließe sich auch durchaus wiedererkennen als eine der Zielscheiben von Wittgensteins Erörterungen der Vorstellung, das Meinen sei ein okkulter seelischer Vorgang, die in den *Philosophischen Untersuchungen* so breiten Raum einnehmen. Trotzdem gibt es ernst zu nehmende Hindernisse, die dagegen sprechen, diese Auffassung als eine haltbare Interpretation des *Tractatus* gelten zu lassen. Und diesen Hindernissen werde ich mich jetzt zuwenden.

Wittgenstein selbst gibt eine Darstellung seiner Zielsetzung im *Tractatus*, die der genannten Interpretation direkt widerspricht. In seinem Vorwort schreibt er:

> Das Buch behandelt die philosophischen Probleme und zeigt – wie ich glaube – daß die Fragestellung dieser Probleme auf dem Mißverständnis der Logik unserer Sprache beruht. Man könnte den ganzen Sinn des Buches etwa in die Worte fassen: Was sich überhaupt sagen läßt, läßt sich klar sagen; und wovon man nicht reden kann, darüber muß man schweigen.
>
> Das Buch will also dem Denken eine Grenze ziehen, oder vielmehr – nicht dem Denken, sondern dem Ausdruck der Gedanken: Denn um dem Denken eine Grenze zu ziehen, müßten wir beide Seiten dieser Grenze denken können (wir müßten also denken können, was sich nicht denken läßt).
>
> Die Grenze wird also nur in der Sprache gezogen werden können und was jenseits der Grenze liegt, wird einfach Unsinn sein.

Wenn der *Tractatus* nun tatsächlich die Unterscheidung zwischen Sinn und Unsinn mit Hilfe von Begriffen zu erklären versucht, die sich auf etwas beziehen, was unabhängig von dieser Unterscheidung verständlich sein soll – nämlich das Wesen der Gegenstände und deren wechselseitige Beziehungen –, dann hat

4 Diese Bemerkungen Wittgensteins stammen aus einem 1937 geschriebenen Manuskript. Abgedr. in Wittgenstein, *Vortrag über Ethik und andere kleine Schriften*, Frankfurt am Main: Suhrkamp, 1989.

es gewiß wirklich den Anschein, daß er beide Seiten der Grenze des Denkens in eben der Weise zu denken versucht, die im Vorwort des Buches verworfen wird. Wenn es im Vorwort heißt, die Grenze, die den Ausdruck der Gedanken beschränkt, müsse »in der Sprache« gezogen werden, soll damit freilich nicht die ganz triviale Feststellung getroffen werden, daß wir uns der Sprache bedienen müssen, um anzugeben, wo die Grenze liegt. Vielmehr wird dort gesagt, die Grenze selbst müsse in gewissem Sinne als sprachliche Grenze aufgefaßt werden. Das heißt, darüber, ob eine Formulierung einen Satz ausdrückt, während eine andere keinen ausdrückt, können wir nicht befinden, indem wir diese Ausdrücke mit etwas Nichtsprachlichem vergleichen (wie wir etwa dann vorgehen, wenn es um die Frage der Bestimmung der *Wahrheit* eines Satzes geht). Wir können die Unterscheidung nur treffen, indem wir auf bestimmte Merkmale der sprachlichen Ausdrücke selbst Bezug nehmen.
Ebenso unzulässig ist der Versuch, die Bedeutungen der Namen durch Bezugnahme auf ihre Beziehung zu etwas Nichtsprachlichem zu erklären. Was einen Ausdruck, der eine Bedeutung hat (und daher ein Name ist), von einem unterscheidet, der keine Bedeutung hat, kann nur etwas sein, was mit seiner Rolle *in* der Sprache zusammenhängt. Und die Bemerkung 3.203 wird dahingehend interpretiert werden müssen, daß sie etwas über diese Rolle sagt. Damit wird alles Reden über einen psychischen Akt, der den Namen mit etwas Außersprachlichem verbindet, als unnötig (und *darum* nach 5.47321 als bedeutungslos) ausgeschlossen. (Das soll übrigens nicht heißen, daß die »Gegenstände rein sprachliche Wesenheiten sind« – was immer das genau bedeuten würde. Vielmehr ist damit gesagt, daß die Rolle des Wortes »Gegenstand« dem *Tractatus* zufolge in seiner logisch-syntaktischen Beziehung zu dem Wort »Name« liegt.)
Termini wie *Welt*, *Tatsache*, *Gegenstand* sind Ausdrücke unserer Sprache, die nach der Auffassung des *Tractatus* bei der Beschreibung der Sprache eine fundamentale Sonderrolle spielen. Ich spreche hier von »der Auffassung des *Tractatus*«, denn in den *Philosophischen Untersuchungen* macht Wittgenstein geltend: Daß man ihnen diese Rolle zuschreibt, sei eine Konfusion, die sich aus der Tendenz ergibt, »die Logik unserer Sprache zu sublimieren«, was, wie er inzwischen meint, der Hauptirrtum

seines früheren Werks sei. Was die Anfangssätze des *Tractatus* leisten, ist, daß sie gewisse Grundmerkmale der »logischen Syntax« dieser Ausdrücke festlegen, indem sie deren Gebrauch im Verhältnis zueinander in Sätzen aufzeigen. Dieses Vorgehen wird im folgenden auf Ausdrücke wie *Bild*, *Satz*, *Gedanke*, *Name* übertragen.

Ein Beispiel für dieses Verfahren ist die Bemerkung 3.203: »Der Name bedeutet den Gegenstand. Der Gegenstand ist seine Bedeutung.« Damit wird nicht behauptet, zwischen zwei Sachen bestünde eine gewisse Beziehung. Die einzige »Beziehung«, die hier in Frage käme, ist eine interne Beziehung, die als solche nicht in einem Satz ausgesagt werden könnte, sondern die in den Sätzen aufgezeigt wird, welche Sachverhalte beschreiben, in denen die betreffenden Sachen vorkommen. (Siehe *Tractatus* 4.122.) Die Wörter »Name«, »Gegenstand«, »Bedeutung« bringen formale Begriffe zum Ausdruck; und kein Satz kann behaupten, etwas sei ein Gegenstand, der unter einen formalen Begriff fällt. Daß es sich um einen solchen Gegenstand handelt, wird durch das Zeichen für diesen Gegenstand gezeigt. (Siehe 4.126.) Die Bemerkung 3.203 läßt sich als Hinweis lesen auf die syntaktische Rolle der Namen in unserer Sprache sowie als Hinweis auf die Art und Weise, in der der Gebrauch des Wortes »Bedeutung« mit dieser Rolle verflochten ist. Diese Bemerkung ist weder der Absicht nach noch faktisch das letzte Wort im *Tractatus* über die Rolle, welche die Namen in der Sprache spielen.

Was tatsächlich darüber gesagt wird, sollte jeden aus der Ruhe bringen, der die Bemerkung 3.203 so auffaßt, als werde damit behauptet, die Bedeutung jedes einzelnen Namens bestehe darin, daß er in Beziehung zu etwas Außersprachlichem, zu einem Gegenstand steht. Betrachten wir zum Beispiel die Bemerkungen 3.326-3.33:

> Um das Symbol am Zeichen zu erkennen, muß man auf den sinnvollen Gebrauch achten.
>
> Das Zeichen bestimmt erst mit seiner logisch-syntaktischen Verwendung zusammen eine logische Form.
>
> Wird ein Zeichen *nicht gebraucht*, so ist es bedeutungslos. Das ist der Sinn der Devise Occams.

(Wenn sich alles so verhält als hätte ein Zeichen Bedeutung, dann hat es auch Bedeutung.)

In der logischen Syntax darf nie die Bedeutung eines Zeichens eine Rolle spielen; sie muß sich aufstellen lassen, ohne daß dabei von der *Bedeutung* eines Zeichens die Rede wäre, sie darf *nur* die Beschreibung der Ausdrücke voraussetzen.

Ist es nicht erstaunlich, daß Wittgenstein das sagt? Das heißt, *falls* er wirklich glaubt, das Wesentliche am Namen – das, wodurch er zum Namen wird – sei seine Beziehung zu etwas Außersprachlichem, stellt sich die Frage, ob es nicht befremdlich ist, daß es uns untersagt ist, dieses wesentliche Etwas zu nennen, durch das der Gebrauch des Zeichens bestimmt wird. Damit will ich natürlich keineswegs suggerieren, daß der Name nach Wittgenstein *nicht* für einen Gegenstand stehe. Der Angriff richtet sich vielmehr gegen eine irreführende Auffassung dessen, was darunter zu verstehen ist. Der Name hat eine Bedeutung, wenn er sich in der Sprache genauso verhält, als hätte er eine. Ja, daß er die ihm faktisch zukommende Bedeutung hat, besteht eben in seinem »sinnvollen Gebrauch«.

Die Bemerkung 3.334 lautet: »Die Regeln der logischen Syntax müssen sich von selbst verstehen, wenn man nur weiß, wie ein jedes Zeichen bezeichnet.« Wichtig ist, daß Wittgenstein hier nicht »was« schreibt, sondern »wie«. Das Was wird schon feststehen, sobald das Wie bestimmt ist. Dies erinnert an Wittgensteins Hinweis in den *Philosophischen Bemerkungen*, wo er im Zuge seiner Erörterung des Ausdrucks der Erwartung meint: »Sage mir, *wie* du suchst, und ich werde dir sagen, *was* du suchst.«[5] Diese Aussage stellt freilich, indem sie auf die Verhaltensäußerungen der Erwartung Bezug nimmt, einen Fortschritt dar gegenüber dem *Tractatus*, der sich vor allem um die reine Syntax kümmert. Doch dabei handelt es sich nicht um eine radikale Ablehnung der *Tractatus*-Auffassung des Zusammenhangs zwischen Sprache und Welt, sondern um eine Entwicklung, die im Keim bereits in diesem Buch angelegt ist.

Die hier vorgetragene Ansicht des Zusammenhangs zwischen

5 Wittgenstein, *Philosophische Bemerkungen*, Werkausgabe, Frankfurt am Main: Suhrkamp, 1984, Bd. 2, S. 67.

Bedeutung und Syntax im *Tractatus* steht offensichtlich der Auffassung einiger anderer Autoren nahe, zum Beispiel der, die Hidé Ishiguro in ihrem Aufsatz »Use and Reference of Names« vertritt.[6] Was ihre Formulierung der Sache betrifft, habe ich vor allem insofern Bedenken, als sie die *Tractatus*-Namen »Namenattrappen« nennt. Darin schwingt leider die (vermutlich allerdings unbeabsichtigte) Andeutung mit, solche »Namen« stünden im Gegensatz zu *eigentlichen* Namen und seien nicht so aufzufassen, als bezögen sie sich wirklich auf etwas. Das hat Wittgenstein jedenfalls sicher nicht gemeint. Bei der Erörterung dessen, was es heißt, daß ein Name in einem Symbolismus in bestimmter Weise fungiert, geht es tatsächlich um die Frage, was es heißt, daß ein solcher Name Bezug hat. Die Bemerkung 3.203 wird durch 3.328 oder gar 3.33 keineswegs außer Kraft gesetzt oder auch nur eingeschränkt. Diese späteren Bemerkungen *erweitern* die frühere und warnen vor einem Mißverständnis, nämlich vor dem Mißverständnis der Annahme, die Bedeutung eines Namens sei etwas anderes als seine logisch-syntaktische Rolle und dieser vorgeordnet. Und obwohl die Namen des *Tractatus* natürlich nicht mit umgangssprachlichen Namen – denen die nötige Einfachheit abgeht – gleichgesetzt werden können, muß man dennoch annehmen, daß das, was über den Zusammenhang zwischen Bedeutung und Syntax gesagt wird, auch für diese letzteren Namen gilt. Dies geht zum Beispiel deutlich aus der parenthetischen Bemerkung am Schluß von 3.323 hervor: »(Im Satze ›Grün ist grün‹ – wo das erste Wort ein Personenname, das letzte ein Eigenschaftswort ist – haben diese Worte nicht einfach verschiedene Bedeutung, sondern es sind *verschiedene Symbole*.)«
Wenn man hier anmerkt, es sei doch zweifellos möglich, mit Hilfe einer Festsetzung in Verbindung mit einer hinweisenden Definition jemandem die Bedeutung eines Zeichens beizubringen beziehungsweise ein Zeichen in die Sprache einzuführen, so ist das kein Einwand gegen meine Behauptung. Man darf nicht vergessen, daß die hinweisende Geste und ihre Verbindung mit den geäußerten Worten zuerst einmal verstanden werden müssen, damit die Zeremonie die gewünschten Konsequenzen hat.

6 Dt. Übers. »Namen: Gebrauch und Bezugnahme« in Schulte (Hg.), *Texte zum Tractatus*, Frankfurt am Main: Suhrkamp, 1989.

Diese Verfahrensweisen gehören demnach mit zum Symbolismus – und sie bilden einen Bestandteil dieses Symbolismus, der von der Bedeutung des derart eingeführten Zeichens vorausgesetzt wird, welches darum nicht als *elementares* Zeichen – als »Name« im *Tractatus*-Sinne dieses Worts – angesehen werden kann, sofern ein solcher »Name« als Zeichen interpretiert wird, das seine Bedeutung schlicht durch Zuordnung zu etwas Außersprachlichem erhält. Es zeigt sich nämlich, daß diese »Zuordnung«, wenn man sie in dieser Weise auffaßt, weitere Zeichen voraussetzt, die deshalb *elementarer* sind als das derart eingeführte Zeichen.

Die Zuordnungsbeziehung zwischen Name und Gegenstand, von der im *Tractatus* die Rede ist, muß demnach anders verstanden werden. Und das ist auch gar nicht anders zu erwarten, wenn man an die hervorstechende und oft zitierte Bemerkung 3.3 denkt: »Nur der Satz hat Sinn; nur im Zusammenhange des Satzes hat ein Name Bedeutung.«

Diese Bemerkung folgt einer anderen überaus wichtigen und auf den ersten Blick rätselhaften Aussage: »Die Bedeutungen von Urzeichen können durch Erläuterungen erklärt werden. Erläuterungen sind Sätze, welche die Urzeichen enthalten. Sie können also nur verstanden werden, wenn die Bedeutungen dieser Zeichen bereits bekannt sind.« (3.263) Für sich genommen könnte man den letzten Satz so auffassen, als hieße er, daß die Bedeutungen der Urzeichen unabhängig von ihrem Gebrauch in Sätzen gewußt werden müssen (denn sie müssen ja »bereits« bekannt sein, wenn man die Sätze, in denen sie vorkommen, verstehen will). Und dies könnte man so auffassen, als spräche es für die Ansicht, daß Namen dem *Tractatus* zufolge ihre Bedeutung durch eine unmittelbare Gegenüberstellung mit Gegenständen und sozusagen durch ein Zusammenschweißen mit diesen Gegenständen erhalten, so daß sie für den späteren Gebrauch in Sätzen gerüstet sind. Dies läuft aber allem Anschein nach den ersten beiden Sätzen der Bemerkung 3.263 zuwider, in denen von der »Erklärung der Bedeutung« von Urzeichen durch ihre Präsentation in Sätzen die Rede ist; ganz zu schweigen von 2.0122: »Es ist unmöglich, daß Worte in zwei verschiedenen Weisen auftreten, allein und im Satz.«

Mir scheint, es gibt zwei Möglichkeiten, diese Bemerkungen

befriedigend zu interpretieren. Die eine besteht darin, daß man die »Erklärung«, von der hier die Rede ist, als Bedeutungserklärung der Art auffaßt, wie man sie in der Philosophie bezweckt, also weder als eine Erklärung, durch die einem Unwissenden der Ausdruck beigebracht wird, noch als eine, durch die ein neuer Ausdruck in die Sprache eingeführt wird, sondern als Erklärung, die das Verständnis der Bedeutung eines bereits bekannten Ausdrucks weiter klärt. Dies ist eine Interpretation, die dem Text ohne weiteres entspricht.

Es ist aber ebenfalls möglich, aus der Stelle klug zu werden und dennoch einzuräumen, daß durch die Erklärung, von der dort die Rede ist, einem Ausdruck eine Bedeutung verliehen wird, die er vorher nicht besaß. Nach dieser Lesart scheint 3.263 auf den ersten Blick einen Circulus vitiosus zu beinhalten: Die Erläuterungen müssen schon verstanden sein, damit man die Bedeutungen der in ihnen enthaltenen Namen erfassen kann; und die Bedeutungen dieser Namen müssen schon erfaßt sein, damit man den Sinn der Erläuterungen verstehen kann. Aber dieser Zirkel ist gar nicht vitiös. Der Witz ist, daß man die Bedeutungen der Namen nicht getrennt voneinander lernen kann; ihre Bedeutungen lernen heißt nichts anderes als: lernen, wie sie sich in Sätzen miteinander verbinden lassen. Um das zu lernen, müssen einem Sätze vorgelegt werden, und man muß lernen, diese von sinnlosen Wortfolgen zu unterscheiden. Wenn man den Sinn eines Satzes erfaßt hat, so heißt das, daß man die Bedeutungen der Namen, aus denen er sich zusammensetzt, erfaßt hat. Außerdem gilt: Weil das Erfassen dieser Bedeutungen beinhaltet, daß man die zahllosen weiteren Verbindungen erkennt, in die die Namen eingehen können, handelt es sich dabei um etwas, was nur mit dem Beherrschen eines ganzen Kalküls einhergeht, und zwar eines Kalküls, den zu beschreiben eines der Hauptanliegen des *Tractatus* ist. Wie der Erwerb eines solchen Könnens im einzelnen aussieht, wird nicht erörtert. Die Einsicht, daß eine solche Erörterung nötig ist, sollte erst viel später kommen; und diese Einsicht war dann auch verantwortlich für große Teile der *Philosophischen Untersuchungen* und von *Über Gewißheit.*

Indem diese Interpretation die Syntax als etwas Autonomes hinstellt, könnte es den Anschein gewinnen, daß sie sie zugleich als etwas in einem dem *Tractatus* fremden Sinne Willkürliches darstellt. In diesem Zusammenhang sind die Bemerkungen 3.342-3.3421 wichtig:

> An unseren Notationen ist zwar etwas willkürlich, aber *das* ist nicht willkürlich: Daß, *wenn* wir etwas willkürlich bestimmt haben, dann etwas anderes der Fall sein muß. (Dies hängt von dem *Wesen* der Notation ab.)

> Eine besondere Bezeichnungsweise mag unwichtig sein, aber wichtig ist es immer, daß diese eine *mögliche* Bezeichnungsweise ist. Und so verhält es sich in der Philosophie überhaupt: Das Einzelne erweist sich immer wieder als unwichtig, aber die Möglichkeit jedes Einzelnen gibt uns einen Aufschluß über das Wesen der Welt.

Hier heißt es, daß das, was an unserer Notation nicht willkürlich ist, vom Wesen der *Notation* abhängt (also von etwas Sprachlichem). Es wird nicht behauptet, daß es durch das Wesen irgendwelcher »außersprachlichen Gegenstände« bestimmt wird. Gesagt wird, daß wir uns *im Rahmen der Sprache* bewegen, wenn wir willkürlich festsetzen, daß ein bestimmtes wahrnehmbares Zeichen eine bestimmte Rolle spielen soll. Das heißt, hier wird vorausgesetzt, dieses Zeichen müsse sich derart mit anderen verbinden, daß es in einer projektiven Beziehung zur Welt steht. Da es sich so verhält, hat unsere willkürliche Bestimmung die nicht willkürliche Konsequenz, daß dafür nur bestimmte Verbindungen mit anderen Zeichen zulässig sind. Dies ist nichts anderes als eine Konsequenz, die sich aus dem Wesen des Symbolismus ergibt. Freilich, wenn man vom »Symbolismus« spricht, so spricht man eo ipso von einer projektiven Beziehung zur Welt. Und deshalb kann Wittgenstein den Folgesatz hinzufügen, daß die Möglichkeit einer bestimmten Bezeichnungsmethode »Aufschluß gibt über das Wesen der Welt«.
Soviel zu der Vorstellung, der *Tractatus* biete eine metaphysische Grundlage für eine Theorie der Sprache. Nun komme ich auf die damit eng zusammenhängende Vorstellung zu sprechen, der *Tractatus* enthalte eine Philosophie der Psychologie oder setze eine solche voraus, um die Beziehung zwischen Sprache und Welt zu erklären. Ganz kurz gefaßt könnte man die Begründung für eine solche Interpretation wie folgt formulieren:

Der *Tractatus* spricht *sowohl* von »Gedanken« *als auch* von »Sätzen« und trifft eine Unterscheidung zwischen ihnen. So lautet die Bemerkung 3: »Das logische Bild der Tatsachen ist der Gedanke.« Und 3.1: »Im Satz drückt sich der Gedanke sinnlich wahrnehmbar aus.« Daraus läßt sich soweit der richtige Schluß ziehen, daß das Wort »Gedanke« einen allgemeineren Begriff ausdrückt als das Wort »Satz«, denn es kann Gedanken geben, die *nicht* »sinnlich wahrnehmbar« ausgedrückt werden und mit Bezug auf die darum kein entsprechender Satz geäußert wird.

Es wäre jedoch ein zusätzlicher (und meines Erachtens unrichtiger) Schritt zu folgern, daß es für jeden zu Recht Satz genannten Sachverhalt einen weiteren, von diesem also *verschiedenen* Sachverhalt gibt, der als Gedanke bezeichnet wird. Dies wäre die Auffassung, wonach eine gegebene Zeichenkette dadurch zum Satz wird, daß etwas anderes dahinter steht – ein anderer Sachverhalt, ein Gedanke –, der dieser Zeichenkette Sinn verleiht (und ihr Sinn *ist*), wodurch diese Zeichenkette den Status eines Satzes erhält. Vielleicht hat es den Anschein, daß eine solche Auffassung durch Wittgensteins Bemerkung in seinem Brief an Russell vom 19. August 1919 gestützt wird.[7] Diese Bemerkung sagt gewiß etwas Neues, das hinausgeht über den von mir eingeräumten Inhalt der *Tractatus*-Unterscheidung zwischen »Gedanke« und »Satz« (nämlich daß es Gedanken geben kann, die nicht in Sätzen zum Ausdruck gebracht werden). Sie deutet an, was für eine Erklärung von den Gedanken gegeben werden sollte, die nicht wahrnehmbar zum Ausdruck gebracht worden sind, nämlich eine Erklärung, die in der Analyse von Sätzen Wörter einfach durch gewisse unbekannte psychische Bestandteile ersetzt. Doch sie bleibt entschieden hinter der weitergehenden Behauptung zurück, ein solcher psychischer Sachverhalt sei nötig, um eine wahrnehmbare Zeichenkette in einen Satz zu verwandeln. Dies ist die Schlüsselthese der *Tractatus*-Interpretation, die ich jetzt betrachten möchte.

Der *Tractatus* enthält einen Satz, von dem manchmal angenommen wird, er spreche diese These explizit aus, nämlich der letzte Satz der Bemerkung 3.11, die ich nun vollständig zitiere: »Wir benützen das sinnlich wahrnehmbare Zeichen (Laut- oder

7 *Briefe*, S. 90; zitiert oben, S. 13.

Schriftzeichen etc.) des Satzes als Projektion der möglichen Sachlage. Die Projektionsmethode ist das Denken des Satz-Sinnes.« In der englischen Übersetzung von Pears und McGuinness wird der letzte Satz so wiedergegeben: »The method of projection is to think of the sense of the proposition«, und damit wird (im Gegensatz zu der Fassung der Ausgabe von Ogden) die Mehrdeutigkeit des Originals verhüllt, das sich (zumindest, wenn man es kontextunabhängig nimmt) in einer der beiden folgenden Weisen auffassen läßt: (a) als Erklärung, die angibt, welches die Projektionsmethode ist, nämlich das Denken[8] des Satz-Sinnes, oder (b) als Erklärung, die angibt, was das Denken des Satz-Sinnes ist, nämlich die Projektionsmethode.

Es ist offensichtlich von ausschlaggebender Bedeutung, welche dieser Lesarten wir uns zu eigen machen. Durch (a) wird der mentalistischen Interpretation des Sinnes Tür und Tor geöffnet, während die Lesart (b) genauso ausschaut, als wäre sie dazu bestimmt, dieser Interpretation vorzubeugen. Es kommt sicher nicht überraschend, daß ich die Lesart (b) bevorzuge.

Ich glaube allerdings nicht, daß man in dieser Sache nach Lust und Laune wählen kann. 3.11 ist im deutschen Original, wie ich gesagt habe, doppeldeutig, »zumindest, wenn man es kontextunabhängig nimmt«. Aber wenn man die Bemerkung in ihrem Kontext auffaßt, erscheint sie mir, wie ich sagen muß, nicht im mindesten doppeldeutig. Die Hauptthese 3, der 3.11 untergeordnet ist, lautet: »Das logische Bild der Tatsachen ist der Gedanke.« Der Subjektausdruck – »das logische Bild der Tatsachen« – drückt hier Kontinuität aus mit den vorangehenden Äußerungen, nämlich mit der ausführlichen Erörterung der Beschaffenheit des Bildes und der Art, in der es dem Bild gelingt, einen Sachverhalt abzubilden. Kurz vorher heißt es in 2.182:

8 Ich bevorzuge die englische Übersetzung »think the sense«, während sowohl Ogden als auch Pears und McGuinness »think of the sense« schreiben. Diese letztere Formulierung klingt zu sehr nach einer *Betrachtung* des Sinnes, wodurch dieser als *Objekt* des Denkens hingestellt wird; dabei verlangt der Kontext jedoch offensichtlich, daß der Sinn der Inhalt des Denkens sei. In der Formulierung »thinking the sense« – »Denken des Sinnes« – *kennzeichnet* der Ausdruck »the sense« die Tätigkeit des Denkens; in der Formulierung »thinking of the sense« scheint sich der Ausdruck dagegen auf einen gleichsam unabhängigen Gegenstand dieser Tätigkeit zu beziehen.

»Jedes Bild ist *auch* ein logisches«, und der Satz 3 führt den neuen Ausdruck »Gedanke« in einer Weise in die Erörterung ein, die ihn offensichtlich mit den vorangehenden Ausführungen in Verbindung bringen soll. Alles mögliche wird unternommen, um zu betonen, daß es sich um einen *logischen* Terminus handelt; von Psychologie ist gar nicht die Rede. Und ebenso wird im folgenden der logisch-sprachbezogene Begriff »Projektion« als das dem Gedanken Wesentliche herausgegriffen. Die Bemerkung 3.1 charakterisiert den Satz als sinnlich wahrnehmbaren Ausdruck des Gedankens (das heißt, eines logischen Bildes). Der erste Teil von 3.11 greift darauf zurück, indem dort der Ausdruck »Projektion« verwendet wird, um die Beziehung zwischen dem sinnlich wahrnehmbaren Zeichen und der möglichen Sachlage zu artikulieren. In dem problematischen letzten Satz dieser Bemerkung wird dieser Ausdruck (»Projektion«) *sodann* verwendet, um zu erklären, wie wir das »Denken des Satz-Sinnes« aufzufassen haben. Eigentlich ist dieser Satz eine Erweiterung der in 3 gegebenen Erklärung des »Gedankens«, indem er sich der intervenierenden Erklärung des Ausdrucks »Satzzeichen« mit Hilfe des Projektionsbegriffs bedient.

Es gibt eine weitere Stelle im *Tractatus*, an der etwas Wichtiges gesagt wird, das mit der mentalistischen Interpretation des Gedankens nicht zu vereinbaren ist. Hierbei denke ich an die Erörterung »gewisser Satzformen der Psychologie, wie ›A glaubt, daß p der Fall ist‹, oder ›A denkt p‹, etc.«, die von 5.541 bis 5.5423 reicht. Dort erhebt Wittgenstein Einwände gegen Russells Theorie, wonach in der durch solche Sätze beschriebenen Situation das Subjekt A in einer bestimmten Relation zum Satz p steht. Die betreffende Relation ist sicher die, welche die von mir abgelehnte Interpretation der Bemerkung 3.11 unter dem »Denken des Satz-Sinnes« versteht. Nach dieser Interpretation ist es ebendieses Denken, das dem Satz wirklich seinen Sinn verleiht. Doch der Einwand, den Wittgenstein in 5.5422 gegen Russell erhebt, lautet: »Die richtige Erklärung der Form des Satzes ›A urteilt p‹ muß zeigen, daß es unmöglich ist, einen Unsinn zu urteilen. (Russells Theorie genügt dieser Bedingung nicht.)« Es ist also ganz klar, daß Wittgenstein nicht glaubt, ein Denkakt könne einem Ausdruck, dem der Sinn ansonsten abginge, Sinn *verleihen*. Im Gegenteil, Wittgenstein meint, jede Erklärung des Gedankens müsse als *Grundlage* eine Erklärung dessen haben, was es heißt, daß ein Ausdruck Sinn hat.

An dieser Stelle möchte ich darzulegen versuchen, welches nach meiner Auffassung die *Tractatus*-Erklärung der Beziehung zwischen Satz und Gedanke ist: Ich kann *denken*, daß p, und ich kann *sagen*, daß p. Sagen, daß p, ist *eine* Gestalt, welche das Denken, daß p, annehmen kann. Also: Wenn ich den Satz, daß p, behaupte, habe ich außerdem den Gedanken, daß p, allerdings nicht in dem Sinne, daß ich neben dem Behaupten des Satzes p auch noch etwas anderes vollziehe, nämlich das Denken, daß p, sondern in dem Sinne, daß das Behaupten des Satzes p das Denken, daß p, *ist* (beziehungsweise eine Form des Denkens, daß p). Ich kann aber auch denken, daß p, ohne den Satz, daß p, zu behaupten, das heißt, ohne meinen Gedanken in sinnlich wahrnehmbarer Weise zum Ausdruck zu bringen. In einem solchen Fall besteht mein Gedanke aus gewissen psychischen Bestandteilen (unbekannter Beschaffenheit), die zueinander in genau der gleichen Beziehung und auch zur Welt in genau der gleichen projektiven Beziehung stehen wie die Wörter, in denen der Satz p zum Ausdruck kommt. Dieser psychische Sachverhalt, dessen Gestalt mein Gedanke (unter *diesen* Umständen) annimmt, ist als Sinnträger weder besser noch schlechter geeignet als der sprachliche Sachverhalt, der – in den Fällen, in denen ich meinen Gedanken in der Form eines Satzes artikuliere – den Satz bildet. In jedem dieser beiden Fälle ist nichts weiter nötig als die erforderliche projektive Beziehung zur Welt. Daß sich Wittgenstein in seinem Brief an Russell offenbar so nonchalant über die Beschaffenheit der »psychischen Bestandteile« äußert, kann er sich deshalb erlauben, weil diese völlig belanglos sind für das, was den Gedanken zum Gedanken macht, und (a fortiori) auch für das, was den Satz zum Satz macht. Nach der anderen Interpretation jedoch würde ein derart unbekümmertes Verhalten gewiß erstaunlich wirken. Wie wäre es möglich, daß sich Wittgenstein nicht für das Wesen der letzten Sinnträger interessiert? Ist das denn nicht das Thema, von dem das ganze Buch handeln soll?

Was Wittgenstein in den *Philosophischen Untersuchungen* am *Tractatus* kritisiert, ist nicht die These, der für den Sinn des wahrnehmbaren Satzzeichens konstitutive eigentliche Gedanke sei etwas Psychisches (denn dies ist ja *keine* These des *Tractatus*),

sondern die Ansicht, der »eigentliche Gedanke« sei etwas in irgendeinem Sinne *Verborgenes*, was sich durch »Analyse« aufzeigen lasse. In der Bemerkung 4.002 des *Tractatus* heißt es: »Die Sprache verkleidet den Gedanken. Und zwar so, daß man nach der äußeren Form des Kleides nicht auf die Form des bekleideten Gedankens schließen kann; weil die äußere Form des Kleides nach ganz anderen Zwecken gebildet ist als danach, die Form des Körpers erkennen zu lassen.«
Der Gegensatz *Außen/Innen* wird in der Philosophie freilich häufig verwendet, wenn es darum geht, die Beziehung zwischen dem Physischen und dem Geistigen zu erörtern. Es gibt jedoch keinen Hinweis darauf, daß dies der hier intendierte Gegensatz ist. Das Bild des Kleides und der Form des Körpers darunter muß offenbar im Sinne der *logischen Auffassung* einer *Analyse* von Sätzen verstanden werden, die diese als Wahrheitsfunktionen von Elementarsätzen darstellt: einer Auffassung also, deren Darlegung ebendas Ziel der auf die Bemerkung 4 folgenden und ihr untergeordneten Bemerkungen ist.
Die Interpretation, die den Gegensatz im Sinne des Kontrastes zwischen Physischem und Geistigem deuten will, wird in diesen Abschnitten sogar nachgerade ausdrücklich abgelehnt. Die Bemerkung 4.112 stellt die Philosophie als einen Vorgang der logischen Klärung hin (was später im Sinne einer wahrheitsfunktionalen Analyse erweitert wird): »Die Philosophie soll die Gedanken, die sonst, gleichsam, trübe und verschwommen sind, klar machen und scharf abgrenzen.« Und dann bestreitet Wittgenstein in einer Bemerkung, deren Numerierung (4.1121) ihre Rolle als Erläuterung des vorangehenden Zitats hervorhebt, daß diese Klärung irgend etwas mit Psychologie zu tun habe:

> Die Psychologie ist der Philosophie nicht verwandter als irgend eine andere Naturwissenschaft.
>
> Erkenntnistheorie ist die Philosophie der Psychologie.
>
> Entspricht nicht mein Studium der Zeichensprache dem Studium der Denkprozesse, welches die Philosophen für die Philosophie der Logik für so wesentlich hielten? Nur verwickelten sie sich meistens in unwesentliche psychologische Untersuchungen und eine analoge Gefahr gibt es auch bei meiner Methode.

Daß geistige Vorgänge (ja Denkprozesse) nicht enger mit den Belangen der Philosophie (also mit der Untersuchung des Sinns) zusammenhängen als die Zeichensprache selbst, könnte kaum deutlicher ausgesprochen werden. Was untersucht werden muß, ist die allgemeine Regel des Übergangs von einer Struktur zur anderen (vergleiche 4.0141), aber nicht irgendwelche Merkmale dieser Strukturen, sofern diese unabhängig betrachtet werden.
Damit möchte ich keineswegs suggerieren, daß alles, was im *Tractatus* über diese Themen gesagt wird, völlig in Ordnung ist. Die Vorstellung, daß unausgedrückte Gedanken satzähnliche Gebilde sein müssen, die bloß aus anderen »Bestandteilen« zusammengesetzt seien, gerät in den *Philosophischen Untersuchungen* derart unter Beschuß, daß sie nicht heil davonkommt. Der Angriff der *Untersuchungen* richtet sich zugleich gegen die Vorstellung, ein solches psychisches Gebilde sei der *eigentliche* Sinnträger. Ich glaube jedoch – und habe Argumente dafür genannt –, daß der *Tractatus diese* Idee bereits fallengelassen hatte und zu der Einsicht gelangt war, daß ein derartiges psychisches Gebilde als Sinnträger weder in einer besseren noch in einer schlechteren Lage wäre als ein wahrnehmbar ausgedrückter Gedanke (also ein Satz). Im *Tractatus*, glaube ich, hat Wittgenstein allerdings noch nicht wirklich erkannt, daß eine solche Auffassung der Beziehung zwischen Satz und Gedanke den Begriff des Sinns im Grunde immer noch im dunkeln läßt.
In den *Untersuchungen* stellt sich Wittgenstein dieser Problematik, indem er die Vorstellung kritisiert, der Sinn eines Zeichens sei durch eine *Deutung* anzugeben. Meiner Meinung nach hat er schon im *Tractatus* erkannt, daß für die Entwirrung dieses Rätsels der Begriff der *Anwendung* der Zeichen fundamental ist. Doch die Frage, worauf dieser Begriff hinausläuft, wird im *Tractatus* nicht einmal ausführlich besprochen. Es wird uns kaum mehr geboten als der Begriff einer »Projektionsmethode«. Soweit dieser Ausdruck überhaupt erklärt wird, handelt es sich hauptsächlich um geometrische Analogien; und dadurch wird eine angemessene Einsicht in die *Vielfalt* der Anwendungen, mit denen wir uns auseinandersetzen müssen, verhindert.[9] Ebendiese Einsicht ist es, die die *Philosophischen Untersuchungen*

9 Siehe unten, Kapitel 6.

wirklich auszeichnet und sie zu einem derart radikalen Neubeginn macht. Die Erörterung des Anwendungsbegriffs hat eigentlich keine weiteren Fortschritte gemacht, ehe der Sprachspielbegriff eingeführt und weiter ausgebildet wurde. Aber darauf gehe ich jetzt nicht ein. Mir kommt es hier vielmehr auf den Nachweis an, daß sich diese späteren Entwicklungen nicht gegen eine im *Tractatus* vertretene Auffassung richten, sondern Versuche darstellen, sich erfolgreicher mit Verwirrungen auseinanderzusetzen, die schon im *Tractatus* als solche erkannt worden sind.

3
Text und Kontext

I

Dieser Aufsatz geht auf eine Einladung zurück, in Southamptom auf einem Kongreß von Hochschullehrern der englischen Literatur über diesen Gegenstand zu sprechen. Das allgemeine Thema dieses Kongresses war die Idee des Kontexts eines literarischen Werks und die Beziehung des Kontexts zur Bedeutung des Werks.

Literaturwissenschaftler haben sich natürlich schon vielfach mit diesem Thema auseinandergesetzt und bei ihren Versuchen, die genannte Beziehung zu erklären, komplizierte Theorien aufgestellt, und zwar Theorien völlig verschiedenen Typs, wie zum Beispiel soziologische, ökonomische, politische, psychologische und »strukturelle« Theorien. Meine Kenntnis solcher Theorien ist nur überaus oberflächlich, und ich werde keinen Versuch machen, irgendeine von ihnen darzulegen oder zu kritisieren. Ja, ich werde sie alle mehr oder weniger vollständig außer acht lassen.

Statt dessen werde ich unmittelbar einige unser Verständnis von Kunstwerken und unser Gefühl für sie betreffende Fragen betrachten, die mir philosophisch interessant zu sein scheinen, und diese Fragen werde ich in einer nach meiner Auffassung philosophischen Manier erörtern. Ehe ich damit beginne, möchte ich jedoch die Formulierungen erwähnen, die der genannte Veranstalter des Kongresses in seinem Schreiben an mich gebrauchte, sowie das Problem, das mir auf seine Anregung hin im Kopf herumzugehen begann.

Er sprach von der Art und Weise, in der die Vertreter des sogenannten »New Criticism« in den vierziger und fünfziger Jahren nachdrücklich die »Autonomie« des Textes literarischer Werke betont hatten, und davon, wie wenig die Literaturwissenschaftler anschließend zufrieden waren mit der Weise, in der ein solcher Ansatz die komplexen und mannigfaltigen Hintergrundbedingungen eines solchen Werks offenbar unberücksichtigt läßt.

Er erwähnte auch, wie es kam, daß verschiedene kontextbezogene »Theorien« der von mir genannten Art in Reaktion auf dieses Gefühl der Unzufriedenheit entwickelt wurden. Allerdings, fuhr er fort, gelangten immer mehr Literaturwissenschaftler zu der Ansicht, diese Theorien riskierten, zu weit zu gehen und die betrachteten schöpferischen Werke in »reduktionistischer« Weise »wegzuerklären«, so daß man die innere Bedeutung des Werkes aus den Augen verlöre.

Dies ist also der Kontext meiner eigenen Erörterung. Ich werde diese Erörterung damit beginnen, daß ich eine bissige Schilderung des Verfahrens eines schlechten Kunstrichters zitiere. Sodann werde ich genau das herauszuarbeiten versuchen, was an seiner Vorgehensweise verfehlt ist. Anschließend werde ich meine Erörterung unabhängig von diesem Beispiel fortführen.

Das Beispiel ist dem 20. Kapitel von George Eliots Roman *Middlemarch* entnommen. Mr. Casaubon, ein fader, alternder Gelehrter, hat seine begeisterte und idealistische junge Braut Dorothea auf der gemeinsamen Hochzeitsreise nach Rom geführt, und nun besuchen sie die künstlerischen Wunderwerke dieser Stadt. Für die Braut ist es das erste Mal.

> ... die Art und Weise, in der sich ihr Mann über die Gegenstände in ihrer Umgebung, die sie so seltsam berührten, ausließ, hatte begonnen, in ihr so etwas wie einen seelischen Schauer auszulösen. Vielleicht hatte er die besten Absichten, sich seiner Aufgabe würdig zu entledigen, aber er wollte sich eben nur seiner Aufgabe entledigen. Was für ihr Gemüt neu war, erschien dem seinen abgestanden. Und welche Fähigkeit zu denken und zu fühlen das Allgemeinmenschliche je in ihm entfacht haben mochte, sie war schon längst zu so etwas wie einem trockenen Präparat zusammengeschrumpft, zu einer leblosen Wissensmumie.
>
> Wenn er sagte: »Interessiert dich das, Dorothea? Sollen wir ein wenig länger bleiben? Ich bin bereit zu bleiben, wenn du es wünschst«, kam es ihr vor, als wären Gehen oder Bleiben gleich langweilig. Oder wenn er sagte: »Möchtest du zur Villa Farnesina fahren, Dorothea? Dort befinden sich berühmte Fresken, die von Raffael entworfen oder gemalt wurden und die nach Ansicht der meisten einen Besuch wert sind.«

»Aber liegt dir denn etwas daran?« war immer wieder Dorotheas Frage.

»Sie werden, wie ich glaube, hochgeschätzt. Einige von ihnen stellen die Legende von Cupido und Psyche dar, welche wahrscheinlich die romantische Erfindung einer literarisch geprägten Epoche ist und meines Erachtens nicht als echt mythische Hervorbringung gelten kann. Aber wenn du diese Wandgemälde magst, können wir ohne weiteres dorthinfahren. Dann wirst du auch, wie ich meine, das Hauptwerk Raffaels gesehen haben, und es wäre schade, sich eines seiner Werke entgehen zu lassen, wenn man sich schon in Rom aufhält. Von diesem Maler heißt es, er verbinde die vollkommenste Grazie der Form mit der Erhabenheit des Ausdrucks. Dies ist meines Wissens zumindest die Meinung der Kenner.«

Casaubon ist ein recht extremes Beispiel dafür, wie eine bestimmte Art der Betrachtung des Kontexts eines Kunstwerks dazu führen kann, das Werk selbst auszulöschen, anstatt es klarer in den Blick zu rücken. Sein Fall erinnert mich an eine hübsche Bemerkung Wittgensteins aus dem Jahre 1941: »Die Menschen, die immerfort ›warum‹ fragen, sind wie die Touristen, die, im Baedeker lesend, vor einem Gebäude stehen und durch das Lesen der Entstehungsgeschichte etc. etc. daran gehindert werden, das Gebäude zu *sehen*.«[1]
Dennoch wäre es offenbar ein Fehler anzunehmen, dies ließe sich vermeiden, indem man beim Herangehen an einen Text oder irgendein Kunstwerk jede Art von Hintergrundwissen aus dem eigenen Bewußtsein streicht. Es wäre eine Illusion, wollte man annehmen, ganz ohne alle Voraussetzungen könne es überhaupt einen Leser (Betrachter, Hörer usw.) und einen Text (beziehungsweise ein Bild, ein Gebäude, ein Musikstück usw.) geben. Sofern der Leser nicht schon eine ganze Menge Wissen und Können an den Text heranträgt, gibt es für ihn in einem wichtigen Sinne gar keinen Text zu betrachten. Ebendieser Gedanke wird in einer weit früheren (1914 geschriebenen) Bemerkung Wittgensteins aus demselben Band ausgesprochen: »Wenn wir einen Chinesen hören, so sind wir geneigt, sein Sprechen für ein

1 Wittgenstein, *Vermischte Bemerkungen*, Werkausgabe, Bd. 8, S. 506.

unartikuliertes Gurgeln zu halten. Einer, der chinesisch versteht, wird darin die *Sprache* erkennen. So kann ich oft nicht den *Menschen* im Menschen erkennen.«[2]

Wir müssen imstande sein, unser Wissen und Können in solcher Weise auf einen Text anzuwenden, daß sie sich nicht zwischen uns und den Text schieben, sondern diesen lebendig machen. Derselbe Gedanke ließe sich auch formulieren, indem man sagt, mein Urteil über ein Werk müsse wirklich mein eigenes Urteil – und zugleich ein Urteil über das vorliegende Werk – bleiben und dabei durchdrungen sein von dem erforderlichen Wissen über die Umgebung des Werks. Diese Umgebung wird in ihrer Art freilich ganz verschiedenartig und in ihrem Ausmaß unbestimmt sein. Kritische Urteile von seiten anderer werden häufig einen unentbehrlichen Aspekt dieser Umgebung bilden.

Solche Urteile lassen sich jedoch (ebenso wie die übrige Umgebung des Texts) aus verschiedenen Blickwinkeln betrachten. Man kann sie aus einem solchen Winkel betrachten, daß sie sich zwischen einen selbst und das Werk schieben und einen daran hindern – beziehungsweise es zu vermeiden gestatten –, ein eigenständiges und in der ersten Person formuliertes Urteil abzugeben.

Hier – wie in vielen anderen philosophischen Zusammenhängen – ist die Beziehung zwischen Urteilen in der ersten und Urteilen in der dritten Person von grundlegender Bedeutung und eine Quelle vieler Probleme.

George Eliots Schilderung Casaubons macht diesen Gedanken in meisterhafter Weise deutlich: »Aber liegt dir etwas daran?... Sie werden, wie ich glaube, hochgeschätzt.... Von diesem Maler heißt es, er verbinde die vollkommenste Grazie der Form mit der Erhabenheit des Ausdrucks. Dies ist meines Wissens zumindest die Meinung der Kenner.« Es ist charakterisch für Casaubons Antworten auf Dorothea (und charakteristisch für ihn), daß diese Antworten grammatisch in der dritten Person gehalten sind. Dieses syntaktische Faktum ist zwar interessant, aber nicht wesentlich für die Hauptsache, die ich hier verdeutlichen möchte. Wir alle kennen vermutlich Äußerungen, die sprachlich die Form von Urteilen seitens des Sprechers haben, dabei aber

2 *Vermischte Bemerkungen*, S. 451. Auf diese Bemerkung gehe ich unten, im 12. Kapitel, weiter ein.

mehr oder weniger offen erkennen lassen, daß sie aus zweiter Hand stammen.
Nun mag es zunächst so aussehen, als wäre eine solche Ersetzung des eigenen Urteils durch die Urteile anderer eine Geste der Zurückhaltung, so daß die eigene Person aus den Urteilen herausgehalten wird. In gewissem Sinne könnte man das zweifellos wirklich sagen, doch es wäre ein schwerer Fehler anzunehmen, damit wäre schon alles gesagt. In einem anderen Sinne verhält es sich nämlich genau entgegengesetzt: Es ist dann eine Geste, durch die man sich in die eigenen Urteile hineindrängt, wenn man dort gar nichts zu suchen hat. Dies wird durch die folgende Bemerkung George Eliots über Casaubon hervorgehoben: »Vielleicht hatte er die besten Absichten, sich seiner Aufgabe würdig zu entledigen, aber er wollte sich eben nur seiner Aufgabe entledigen.« Seine Aufmerksamkeit gilt nicht den Fresken, die er angeblich erläutert, sondern seiner eigenen Beziehung zu den Urteilen anderer über die Fresken. Und in dieser Hinsicht steht seine Einstellung freilich ganz in Einklang mit seiner argwöhnischen Furcht vor der Meinung der akademischen Kollegen über sein eigenes jämmerliches und zum Scheitern verurteiltes Gelehrtenwerk »Der Schlüssel zu allen Mythologien«.
Casaubon ist offensichtlich eine Art Sonderfall. (Aber sind wir nicht alle Sonderfälle?) Man kann ihn nicht als Modell hinstellen für alle mißbräuchlichen Bezugnahmen auf den Kontext, die bei der Beurteilung von Werken der Kunst und der Literatur vorkommen. Aber man braucht gar nicht ebenso verzagte Angst vor der Meinung anderer zu haben wie er, um den Fehler zu begehen, die Kenntnis der Umgebung des Texts in das Bild hineinzuverlagern, das man im Zuge der kritischen Beurteilung sozusagen von dem Text zeichnet.
Was heißt es, die Kenntnis des Kontexts so einzusetzen, daß der Text nicht verdunkelt, sondern erhellt wird? Was heißt es, die eigene Kenntnis so einzubringen, daß sie nicht zum Inhalt des Urteils gehört, sondern für dieses konstitutiv wird?
Nun möchte ich eine allgemeinere Frage stellen hinsichtlich der Beziehung des Subjekts – also desjenigen, der das Urteil abgibt – zu dem von ihm ausgesprochenen Urteil: Dieses urteilende, verstehende, wertende oder, je nachdem, nicht urteilende, nicht verstehende, nicht wertende Subjekt ist ein konstantes Merkmal

allen kritischen Urteilens. Welche Rolle spielt es in der Form eines solchen Urteils?
In den Bemerkungen 5.6-5.641 des *Tractatus logico-philosophicus* vergleicht Wittgenstein die Beziehung zwischen dem erkennenden Subjekt und der Welt mit der Beziehung zwischen Auge und Gesichtsfeld. Das Auge ist kein *Teil* des Gesichtsfelds. Denn das Gesichtsfeld hat nicht etwa folgende Form:

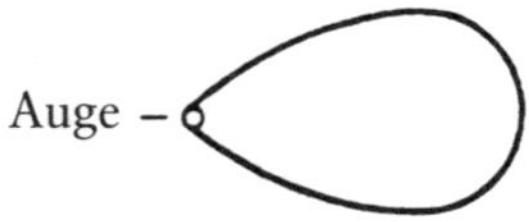

Einen ganz ähnlichen Hinweis gibt Simone Weil, und zwar in einer Weise, die seine Relevanz für unsere gegenwärtigen Belange deutlicher erkennen läßt:

> Der Maler zeichnet nicht die Stelle, an der er steht. Doch indem ich sein Bild betrachte, kann ich seinen Standort anhand der Beziehung zu den gemalten Dingen erschließen.
>
> Wenn er sich dagegen selbst in das Bild hineinstellt, weiß ich mit Sicherheit, daß die Stelle, an der er sich sehen läßt, nicht der Ort ist, an dem er sich befindet.[3]

Die Formulierung »der Ort, an dem er sich befindet« ist offensichtlich nicht *nur* im Sinne des räumlichen Standorts zu deuten. Der Ort Casaubons zum Beispiel ist im Hinblick auf seine Beziehungen zu den akademischen Kollegen zu ermitteln sowie im Hinblick auf seine Einstellung zur eigenen Arbeit, zu Dorothea und zu vielem anderen. Seine Urteile lassen auch erkennen, daß *dies* die Dinge sind, von denen er redet, und nicht die Fresken, die sein vorgebliches Thema sind.
Wenn wir allgemein von einer Beziehung zwischen dem Subjekt und »der Welt« sprechen – und in diesen recht bombastischen philosophischen Phrasen liegt natürlich eine gewisse Gefahr –, ist das Subjekt durch Bezugnahme auf Kontexte dieser (und anderer) Art zu orten. Dies sind Kontexte, die in gewissem Sinne

3 *First and Last Notebooks*, engl. Übers. Richard Rees, Oxford University Press, 1970, S. 146.

konstitutiv sind für die Art und Weise, in der sich die Welt dem Subjekt darstellt, und ebendarum tragen sie zur Konstitution des Subjekts selbst mit bei. So ist zum Beispiel die Art und Weise, in der sich Dorothea, Casaubons junge Frau, ihm darstellt, durch seine im folgenden geschilderte Einstellung bestimmt:

> Er war zu dem Entschluß gelangt, daß es nun an der Zeit war, sein Leben mit der Anmut weiblicher Gesellschaft zu schmükken, die Düsternis, die die Erschöpfung über die Pausen gelehrter Mühen zu breiten neigte, durch das Spiel weiblicher Phantasie aufzuhellen, und sich nun, da er auf dem Zenith stand, den Trost weiblicher Fürsorge für den Lebensabend zu sichern.

Diese Ansicht Dorotheas könnten wir nun mit den verschiedenen Weisen vergleichen, in denen sie sich den übrigen Figuren des Romans darstellt: ihrer Schwester, ihrem Onkel, Will Ladislaw, Rosamund Vincy und anderen. Um einen solchen Vergleich anzustellen, müßte man weit hinausgehen über die sozusagen je für sich genommenen diversen Einzelwahrnehmungen Dorotheas seitens dieser Personen. Man müßte vorgehen wie George Eliot selbst und ihre unterschiedlichen Lebensweisen, ihre unterschiedlichen Einstellungen zur Welt wiedergeben, denn das, was ich hier ihre verschiedenen »Ansichten Dorotheas« nenne, sind verschiedene Rollen, die sie in der allgemeinen Weltwahrnehmung dieser Personen spielt.

Dieses Beispiel veranschaulicht einen weiteren wichtigen Gedanken, den Simone Weil hervorhebt und der eng zusammenhängt mit der bereits zitierten Stelle aus ihren Tagebüchern. Die Welt konstituiert sich für das menschliche Subjekt nicht als Menge sinnlicher Eindrücke, die durch einen geistigen Akt der Interpretation zu sinnvollen Situationen gruppiert werden. Nein, man »liest«, um mit Simone Weil zu reden, (mehr oder weniger) verständliche Situationen so, wie man die Sätze der Muttersprache liest. Meistens ist man sich der visuellen Erscheinung der Worte auf dem Blatt, das man vor sich hat, gar nicht bewußt; es ist so, als wäre der Sinn der Sätze der unmittelbare Gegenstand des Bewußtseins (vergleiche das angeführte Zitat aus den *Vermischten Bemerkungen*). Dergleichen zu sagen ist aber freilich nur sinnvoll, sofern das eigene Sprachverständnis als Hintergrund *gegeben* ist – und daneben noch vieles andere, wie zum Beispiel die Kenntnis der Thematik, zu der die gelesene Stelle etwas beiträgt. Diese Dinge werden normalerweise nicht zu den Gegenständen des Bewußtseins gehören, doch sie werden helfen, den Sinn, die Bedeutung dessen zu konstituieren, was tatsächlich der unmittelbare Gegenstand des Bewußtseins ist.

Wenn man Simone Weils Anregung aufnimmt und diesen Gedankengang allgemeiner anwendet, können wir folgendes sagen: Die Situationen, denen man sich im tagtäglichen Leben bewußt gegenübersieht, werden in jeder einzelnen Phase zu dem, was sie sind, weil sie vor dem Hintergrund des übrigen Lebens eine bestimmte Stelle einnehmen. Und das Subjekt, das diesen Situationen gegenübersteht und in seiner eigenen charakteristischen Weise auf sie reagiert, offenbart sich gerade durch die Struktur, die sein Leben den ihm gegenüberstehenden Situationen verleiht, als das, was es ist. Aus diesem Gedanken ergibt sich der wichtige Folgesatz, daß die Aufgabe, es als menschliches Individuum zu anständiger Kohärenz zu bringen, kaum zu trennen ist von der Aufgabe, aus den Situationen, vor die einen das Leben stellt, in anständiger Weise klug zu werden.

Ich komme jedoch zu weit ab von meinem erklärten Thema der Beziehung zwischen einem Text und seinem Kontext. Es muß, wie ich meine, hinlänglich einleuchtend sein, daß der hier umrissene Gedankengang in wichtiger Weise mit dem Wesen dieser Beziehung zusammenhängt. Im Grunde ergibt sich daraus, daß die Aussage, ein Text werde unabhängig von jedem Kontext studiert, eine unsinnige Formulierung wäre. Außerhalb jedes Kontexts überhaupt gäbe es (sofern dieser Ausdruck irgendeinen Sinn hat) gar keinen Text zu studieren.

Dieser Gedanke ist derart allgemein, daß er kaum mehr darstellt als eine Binsenweisheit. Es läßt sich jedoch noch ein wenig mehr daraus herausholen. Betrachten wir die Unterscheidung, die ich zu Anfang genannt habe, also die Unterscheidung zwischen dem literaturwissenschaftlichen Ansatz, der die »Autonomie« eines Texts zu respektieren trachtet, und dem Ansatz, der die Bedeutung eines Texts durch Bezugnahme auf die weitere Umgebung zu erklären sucht. Ein Ansatz der ersten Art würde sich vermutlich auf die innere Struktur des Texts, auf die Beziehungen zwischen den ihn bildenden Elementen beschränken, während sich

der zweite Ansatz auf die Beziehungen zwischen dem Text und ihm äußerlichen Merkmalen konzentrieren würde.
Nun könnte niemand plausibel bestreiten, daß es tatsächlich einen wirklichen Unterschied der literaturwissenschaftlichen Akzentuierung gibt, der durch diese beiden Beschreibungen angedeutet wird. Die Konfusion wäre jedoch gravierend, wollte man annehmen, einer dieser beiden Ansätze ließe sich völlig isoliert vom jeweils anderen verständlich machen.
Deutlicher wird das, wenn wir die Frage aufwerfen, wie die inneren Elemente, deren wechselseitige Beziehungen die Hauptaufmerksamkeit des am »autonomen Text« orientierten Ansatzes auf sich ziehen, identifiziert werden sollen. Betrachten wir ein einfaches Beispiel! Vor vielen Jahren fiel mir bei der Lektüre des *New Yorker* eine Karikatur von Charles Addams auf. Darauf abgebildet war ein von der Bühne her gesehener Zuschauerraum mit vielen Reihen grob und brüllend lachender Gesichter, als wohnten sie einer recht vulgären Varietévorstellung bei. An wenig auffälliger Stelle, in einer der hinteren Reihen des Theaters konnte man – aber erst, nachdem man eine Zeitlang hingeschaut hatte – das Gesicht von Leonardo da Vincis Mona Lisa erblikken: la Gioconda.
Für meine jetzigen Zwecke ist diese Karikatur aufgrund der Art und Weise von Interesse, in der Addams sie sich zunutze macht: Es geht um die Fähigkeit eines neuen Begriffs, unsere Wahrnehmungen zu verändern. Vielleicht kann man sich ausmalen, wie frappierend das Nebeneinander der grobschlächtig lachenden Gesichter und des bekannten Lächelns der Mona Lisa wirkt. Der Effekt ist eher unheimlich als komisch, und obwohl man vielleicht darüber lacht, ist es doch ein ziemlich nervöses Lachen. Je für sich genommen, wirken weder die lachenden Gesichter noch das Lächeln der Mona Lisa sonderlich unheimlich; dazu kommt es erst, wenn man sie in dieser Weise nebeneinander sieht.
Indem ich dies sage, rede ich offenbar über die *interne* Struktur der Karikatur, über die Beziehungen zwischen den Elementen, aus denen sie zusammengesetzt ist. Aber daß ich in dieser Weise reden kann – und daß andere mich verstehen können –, liegt offensichtlich daran, daß wir allesamt mit vielen, vielen Dingen *außerhalb* dieser Karikatur gleich vertraut sind: mit Lachen und Lächeln und deren vielen verschiedenen Erscheinungsformen,

mit Theatersälen, mit verschiedenen Menschentypen, mit Kunstmuseen und Bildern, namentlich mit Leonardos berühmtem Gemälde und der Art kunstkritischer und kunsthistorischer Mutmaßungen, die darüber angestellt worden sind. Eine der Bedeutungsschichten von Addams' Karikatur ist vermutlich die Bombe, die dort unter dem besonders hochgestochenen Geschwafel über die Unbeschreiblichkeit des rätselhaften Lächelns der Mona Lisa gezündet wird. Ich kann nicht umhin, die Karikatur im Kontext eines Wissensreservoirs unbestimmten Ausmaßes zu sehen, und ich muß die in dieses Wissen eingebetteten Begriffe verwenden, um die interne Struktur der Karikatur in der hier vorgeführten Weise zu beschreiben.

Daß das Hintergrundwissen die Quelle der Begriffe ist, die ich anwende, zeigt, daß dieses Wissen trotz der Unbestimmtheit seines Umfangs eine Ordnung, eine Struktur hat. Und die Karikatur macht sich diese Struktur zunutze, indem sie bislang unvermutete Verwandtschaften nahelegt und andere, mit denen wir vertraut sind, auseinanderbrechen läßt. So gibt es zum Beispiel viele verschiedene Erscheinungsformen des Lächelns und Lachens, und diese hängen mehr oder weniger eng miteinander zusammen, je nach dem Hintergrund, vor dem man sie betrachtet. Es gibt nicht nur Lächeln, sondern auch Grinsen und Feixen; und ein Lächeln kann entweder warm oder frostig sein. Neben dem Lachen »schlechthin« gibt es stillvergnügtes, glucksendes, schallendes, wieherndes, gackerndes und kicherndes Lachen, und diese können allesamt ganz verschiedenen Charakter haben. Ihr Charakter kann sich auch durch Veränderungen im Kontext wandeln. Dabei denke ich etwa an eine Geschichte von Katherine Mansfield, in der ein Mädchen ein recht verwöhntes Kind auf der Gartenschaukel anstößt und sich dabei zunächst mit ziemlich gekünstelter Fröhlichkeit verhält, bis es in geradezu unmerklichen Übergängen den Zustand äußerster Hysterie erreicht. Der Effekt von Addams' Zeichnung wird offenbar dadurch ermöglicht, daß es derartige Beziehungen und Spannungen gibt, die man sich zunutze machen kann.

Was ich hier beschreibe, ist ein Beispiel eines überall anzutreffenden Merkmals unseres Denkens und unserer Wahrnehmung, ohne das ein großer Teil unserer Kunst kaum denkbar wäre. Denken wir etwa an die Ausnutzung der Tonwerte und ihrer

Beziehungen zu anderen Valeurs in der Musik, die sich Thomas Mann im *Doktor Faustus* wiederum in literarischer Form brillant zunutze macht. Oder betrachten wir etwa die Beziehungen und Spannungen, die eine Rolle spielen, wenn es um gesellschaftliche Klassen und Sexualität geht, die in spezifisch englischer Form von D. H. Lawrence in *Lady Chatterley's Lover* thematisiert werden. Und um ein letztes Beispiel anzuführen: Denken wir an die komplexen, zärtlichen und ironischen Anspielungen auf den Cherubino aus Mozarts *Le Nozze di Figaro*, die in Richard Strauss' *Rosenkavalier* in der Figur des Oktavian verkörpert sind.

Dies sind alles Beispiele für »interne« Beziehungen, wie ich sagen würde, Beziehungen also, die aus der wesentlichen Beschaffenheit der Relata hervorgehen oder diese sogar zu konstituieren helfen. Ein einfacheres Beispiel wird dazu beitragen, diesen Begriff zu erläutern: Wenn man sagt, Rot sei dunkler als Rosa, verweist man auf eine »interne« Beziehung zwischen diesen beiden Merkmalen; sagt man dagegen, ein Stück Stoff sei dunkler als ein anderes, deutet man auf eine »externe« Beziehung hin. Rot ist seinem Wesen nach dunkler als Rosa; es könnte nicht aufhören, dunkler als Rosa zu sein, ohne zu einer anderen Farbe zu werden. Doch ein Stück Stoff kann zu einem Zeitpunkt dunkler sein als ein anderes Stück und – während es doch dasselbe Stück Stoff bleibt – zu einem anderen Zeitpunkt heller, vielleicht weil es durch das Sonnenlicht vergilbt ist.

Das Lächeln der Mona Lisa und das Lachen der anderen Personen im Publikum stehen in einer *internen* Beziehung zueinander. Die Eigenschaften, die sie haben, kommen ihnen ausschließlich deshalb zu, weil sie im Verhältnis zueinander gesehen werden. Das Lachen der Geschäftsleute im Publikum wirkt nur dann unheimlich, wenn man es in Beziehung zum Lächeln der Mona Lisa sieht.

Dieser allgemeine Gedanke steht in einem wichtigen Zusammenhang mit den zu Anfang genannten Befürchtungen, wonach Bestrebungen, Werke der Kunst und Literatur durch Bezugnahme auf psychologische, soziologische, historische, kunstkritische und sonstige Kontexte, denen sie angehören, zu interpretieren, irgendwie dem Versuch abträglich seien, diese Werke als das zu sehen, was sie an sich sind. Dabei handelt es sich um die

Befürchtung, solche Unternehmungen müßten »reduktionistisch« sein, was auf die Behauptung hinausläuft, daß ihnen beim Versuch, die Bedeutung eines Werks zu erklären, nichts weiter gelingt, als diese Bedeutung wegzuerklären und sie – ebenso verfahrend wie Casaubon mit den Fresken in Rom – in einem Meer unzugehöriger Fakten untergehen zu lassen.

Ich möchte natürlich keineswegs bestreiten, daß dies tatsächlich geschehen kann. Aber es läßt sich, wie ich zu zeigen versucht habe, ohnehin nicht umgehen, ein Werk in einen Kontext zu stellen, und dies *braucht* nicht reduktionistisch zu sein. Ob es reduktionistisch ist oder nicht, hängt eng mit der Frage zusammen, ob die hervorgehobenen Kontextbeziehungen in dem angedeuteten Sinne »intern« oder »extern« sind. Wenn man die *interne* Beziehung eines Texts zu Elementen in seiner Umgebung deutlich macht, läßt man ihn nicht in etwas Unzugehörigem untergehen, sondern man trägt im Gegenteil dazu bei aufzuzeigen, was er eigentlich ist.

Nehmen wir uns ein Beispiel vor! Angenommen, ich erfahre, ein bestimmtes Musikstück sei komponiert worden, um Schulden zu bezahlen. Dies kann in allen möglichen Hinsichten von Interesse sein und sogar erklären, warum dieses Werk, wie wir annehmen wollen, von schlechterer Qualität ist als die meisten Sachen dieses Komponisten (obwohl ich nicht suggerieren möchte, daß dies eine notwendige Folge wäre). Meistens wird eine solche rein externe Kontext-Beziehung aber nicht dazu dienen, die inneren Eigenschaften des Werks zu erläutern. Ästhetisch gesprochen, wird die Kenntnis eines solchen Sachverhalts mehr oder weniger belanglos sein.

Stellen wir dies dem folgenden Beispiel gegenüber: Janáčeks Komposition »Tagebuch eines jungen Mannes, der verschwand« handelt von der Liebe eines jungen Mannes zu einer Zigeunerin, mit der er dann fortläuft. Dieses Werk ist von zarten, aber äußerst heftigen erotischen Gefühlen geprägt. Wie ich gelesen habe, hat Janáček dieses Stück in hohem Alter geschrieben, zu einer Zeit, als er selbst in einer ganz innigen Beziehung zu einem jungen Mädchen stand. Sieht man das Werk nun vor *diesem* Hintergrund, so trägt das, wie mir scheint, dazu bei, etwas verzweifelt Sehnsüchtiges an seiner Erotik zu erhellen und hervortreten zu lassen, das man andernfalls womöglich nicht bemerken würde. Dies liegt, wie ich meine, an der *internen* Beziehung zwischen der im Werk ausgedrückten sexuellen Bindung und der Bindung eines alten, aber dennoch leidenschaftlich gefühlvollen Komponisten an eine junge Frau. Diese beiden Arten der Bindung – die des Komponisten und die des jungen Mannes an die Zigeunerin – sind natürlich ganz verschieden; aber gerade der Gegensatz zwischen ihnen bringt ebenso etwas ans Licht wie der Gegensatz zwischen dem Lächeln der Mona Lisa und den lachenden Gesichtern, die sie in der Karikatur von Addams umgeben.

Dieser Gedanke steht offensichtlich in Zusammenhang mit den Problemen, die sowohl Kritiker als auch Philosophen beschäftigen – oder zumindest zu beschäftigen pflegten –, hinsichtlich der Relevanz der *Absichten* des Künstlers für die ästhetische Beurteilung seines Werks. Diejenigen, die Einwände dagegen erheben, daß man sich hier auf Absichten bezieht, machen sich vermutlich Sorgen darüber, daß das Interesse an der *Entstehungsgeschichte* eines Werks von dem Werk selbst ablenken kann. (Hier könnten wir uns an Wittgensteins oben zitierten Hinweis auf die Touristen mit ihrem Baedeker erinnern.)

Doch die Unterscheidung zwischen dem, was etwas ist, und dem, wie es zustande gekommen ist (also die Platonische Unterscheidung zwischen »Sein« und »Werden«), wird dadurch kompliziert, daß die Entstehung einer Sache *manchmal* – aber nicht immer – einen wesentlichen Aspekt ihres Seins darstellt. Und der Begriff der Absicht betrifft tatsächlich beide Seiten der Unterscheidung zwischen Sein und Werden. Wenn mich jemand im Bahnhof am Fahrkartenschalter stehen sieht, kann er mich entweder »Was tust du da?« oder »Warum kaufst du eine Fahrkarte?« fragen, und die Erwiderung »Ich habe vor, nach Helsinki zu fahren« könnte eine Antwort auf *beide* Fragen sein. Und wie mein Beispiel der Komposition von Janáček und der diesem gegenübergestellte Fall der Absicht eines Komponisten (»Geld zu verdienen«) vielleicht nahelegen, kann die Bezugnahme auf die Absicht eines Künstlers manchmal die ästhetische Beschaffenheit seines Werks erhellen, wenngleich dies nicht immer so sein wird.

II

Jetzt möchte ich mich einer etwas andersartigen, aber mit der vorigen zusammenhängenden Frage zuwenden. Bisher habe ich mich, grob gesprochen, mit Casaubons Versäumnis – beziehungsweise Weigerung – beschäftigt, die Fresken, welche er Dorothea zeigt, zu *betrachten*, also damit, wie er sich des Kontexts derart bedient, daß dieser sich zwischen ihn und die Fresken schiebt. Sein Verhalten wirft jedoch noch ein weiteres Problem auf: Die Fresken scheinen ihm gar nichts zu bedeuten; er legt keine persönliche Reaktion an den Tag. Und nun fragen wir uns vielleicht, welches die Beziehung ist zwischen einer Wahrnehmung des Kunstwerks, die es so sieht, wie es ist, und einer Reaktionsweise, die ihm ästhetisch angemessen ist.

Ein Aspekt dieser Beziehung scheint durchaus klar zu sein. Keine Reaktion auf ein Werk wird in irgendeinem ausgeprägten Sinne dem Werk »ästhetisch angemessen« sein, insofern sie nicht von einem gewissen Verständnis der Beschaffenheit des Werks und seines eigentlichen Wesens durchdrungen ist. Hier möchte ich, grob formuliert, nur sagen, daß ein Verständnis des Werks eine *notwendige Bedingung* ist für eine angemessene Reaktion darauf, wobei ich Schwierigkeiten außer acht lasse, die mich zwingen würden, diese Formulierung einzuschränken.

Die Frage, auf die ich nun eingehen möchte, lautet, ob es auch eine *hinreichende Bedingung* ist. Das heißt, wird jemand, der ein Werk richtig versteht, notwendig in ästhetisch angemessener Weise darauf reagieren? Oder, um dieselbe Frage anders herum zu stellen, ist eine ästhetisch angemessene Reaktion eine notwendige Bedingung dafür, daß man das Werk richtig versteht? Und damit in Zusammenhang steht die Frage, in welchem Verhältnis eine Erklärung des Wesens eines Werks – eine Erklärung seiner Bedeutung – zu einer angemessenen Reaktion steht. Bezweckt eine solche Erklärung die Auslösung einer solchen Reaktion, oder sollte sie eine solche Reaktion auslösen?

Die Schwierigkeit bei der Auseinandersetzung mit dieser Frage hängt offenbar zusammen mit einer bestimmten Art von Komplexität – ja, mit einer gewissen Unbestimmtheit – des Begriffs »das eigentliche Wesen eines Kunstwerks verstehen«. Dabei handelt es sich um eine Komplexität und eine Unbestimmtheit, die die Beziehung dieses Begriffs zu dem der angemessenen Reaktion betreffen.

Daneben gibt es andere, ähnliche Fälle, in denen wir das Gefühl haben, eine bestimmte Art von Reaktion werde sozusagen notwendig von einer bestimmten Art von Gegenstand gefordert, so daß jeder, der das Wesen dieses Gegenstands verstünde, in dieser Weise reagieren *müßte*. So meinte Wittgenstein zum Beispiel, die Ethik beinhalte die Vorstellung einer solchen Beziehung, und dies fand er verblüffend. In seinem »Vortrag über Ethik« heißt es über das »*absolut Gute*«: »wäre es es ein beschreibbarer Sachverhalt, müßte ihn jeder – unabhängig von seinen jeweiligen Vorlieben und Neigungen – *notwendig* herbeiführen oder sich schuldig fühlen, weil er ihn nicht herbeiführt.«[4] Doch dann fährt er fort und nennt die Vorstellung eines solchen Sachverhalts ein »Hirngespinst«. »Es gibt keinen Sachverhalt, der – wie ich es einmal nennen möchte – die Zwangsgewalt eines absoluten Richters besitzt.«

In der Ästhetik, um die es mir jetzt geht, würde die entsprechende Vorstellung besagen, daß ein bestimmtes Bild, ein Gedicht, ein Roman, ein Schauspiel oder dergleichen aus seinem Wesen heraus von jedem, der sein Wesen versteht, eine bestimmte Reaktion *erzwingt*. Und damit wäre keine psychologische Generalisierung gemeint, sondern eine metaphysische Wahrheit.

Betrachten wir diese Vorstellung, indem wir auf das Beispiel des Witzes zurückkommen. Hier würde diese Vorstellung besagen, daß ein Witz gleichsam von Natur aus komisch ist und daß jeder, der das Komische daran versteht, darüber lachen *muß*. Ich möchte nun ganz kurz erörtern, wie die Erklärung eines Witzes (die vermutlich sein »Wesen« offenbaren soll) mit der Neigung zu lachen zusammenhängt.

Wenn ich jemandem die Karikatur von Charles Addams zeige, und er reagiert darauf mit einem unruhigen Schmunzeln, so fasse ich das als ein Zeichen dafür auf, daß er sie verstanden, daß er »die Pointe begriffen« hat. Schaut er dagegen ausdruckslos drein, nehme ich an, daß er sie nicht verstanden hat. Nehmen wir an, daß ich in diesem Fall beschließe, ihm den Witz zu *erklären*.

4 »Vortrag über Ethik«, S. 13f.

Nun sage ich darüber vielleicht so etwas Ähnliches, wie ich es auch hier gesagt habe, und womöglich noch mehr. Ferner wollen wir annehmen, daß er darauf erwidert: »Ja, schon gut, das sehe ich natürlich alles ein, und ich habe es von Anfang an verstanden; aber was ist denn daran, das einen zum Lachen bringen könnte?« Falls seine Äußerung aufrichtig ist, stellt sich die Frage, ob er den Witz verstanden hat oder nicht.

Es ist vermutlich ganz offensichtlich, daß eine derartige Erklärung – eine Erklärung, warum *ich* über die Karikatur gelacht habe – keinen anderen zum Lachen bringen wird (es sei denn vielleicht aus Höflichkeit), auch wenn die Sache vollständig begriffen ist. Woran liegt das? Nun, unter anderem ist ein Lachen seinem Wesen nach eine spontane Reaktion, eine Art Geste der Überraschung – und eine ausführliche Erklärung wäre kaum imstande, *so etwas* hervorzubringen. Aber wieso kann die Erklärung in diesem Fall überhaupt eine Erklärung meines Lachens gewesen sein? Freilich ist das Lachen über einen Witz ein recht spezieller Fall einer ästhetischen Reaktion, denn gewiß sind nicht alle derartigen Reaktionen Gesten der Überraschung. Dennoch ist man, glaube ich, ziemlich generell geneigt zu behaupten, daß eine im Anschluß an eine Erklärung geäußerte Reaktion verschieden ist von einer Reaktion, die ohne eine derartige Erklärung geäußert wird. Ich sage nicht, daß sie besser oder schlechter ist – das würde von den Umständen abhängen –, sondern daß sie verschieden ist.

Die Behauptung, die Erklärung (des Witzes) erkläre, warum ich lache, erweckt vielleicht in allzu hohem Maße den Eindruck, mit der Erklärung gäbe ich zugleich einen Handlungsgrund an; und dann stellt sich die Frage, warum der andere nicht genauso handelt wie ich, wenn die Erklärung ihm denselben Grund gibt, den auch ich selbst hatte. Um diesen Eindruck zu vermeiden, möchte ich sagen, bei meiner Erklärung gehe es eher darum, *das Wesen meines Lachens* zu erklären und darzulegen, was für eine Art von Lachen das ist. Diese Erklärung stellt eine Beziehung her zwischen meinem Lachen und all den komplexen Merkmalen der Karikatur von Addams, und damit offenbart sie eine wichtige Dimension meines Lachens. Aber vielleicht könnte jemand im gleichen Verhältnis zu der Karikatur stehen und dieses Verhältnis anders zum Ausdruck bringen, das heißt auf andere Weise als durch ein Lachen.

Ich nenne ein weiteres Beispiel: In Solschenizyns Roman *Krebsstation* spielt sich der folgende kurze Dialog zwischen zwei Patienten ab (die beide glauben, sie würden bald sterben). Kostoglotow (Oglojed – »Knochenbeißer«) hat Tolstois Geschichte »Wovon die Menschen leben« gelesen und ist tief davon beeindruckt. Er sagt zu Jefrem:

> »Jefrem! Hör auf zu jammern. Nimm das Buch da und lies.«
>
> ... »Wozu lesen? Wozu, wenn wir doch bald krepieren?«
>
> Oglojeds Narbe zuckte: »Na, eben deshalb sollst du dich beeilen ... Na los.«[5]

In diesem Dialog kommt in konkreten Worten der gleiche Gedanke zum Ausdruck, den Wittgenstein im *Tractatus* artikuliert, wenn er sagt, die Welt des Glücklichen sei eine andere als die des Unglücklichen. Es ist nicht so, daß Jefrem und Kostoglotow an ihrer jeweiligen Situation verschiedene Dinge wahrnehmen, sondern ihre Situationen haben ganz verschiedenen Sinn für sie (oder es verhält sich wie in Jefrems Fall, der in seiner Situation gar keinen Sinn sieht). Was sollen wir da sagen? Daß ihre diametral entgegengesetzten Reaktionen gleichermaßen Anzeichen dafür sind, daß sie dasselbe erkannt haben?

Wenn wir das tatsächlich sagen und das gleiche auch im Hinblick auf diejenigen zu sagen versuchen, die in radikal unterschiedlicher Weise auf Werke der Kunst oder der Literatur – beziehungsweise auf einen Witz – reagieren, dann mag das den Eindruck erwecken, die ästhetische Reaktion sei im Verhältnis zu den Merkmalen des betreffenden Werks oder Witzes, die durch dessen kritische Erklärung verdeutlicht werden, ganz willkürlich. Wenn jemand die Merkmale eines Witzes, die in einer Erläuterung seiner Komik erwähnt werden, einsehen kann und den Witz trotzdem nicht komisch findet, fragt es sich doch, in welchem Sinne seine Komik erläutert worden ist.

Eine mögliche Erwiderung hierauf besteht darin, daß man sagt, es sei nicht gezeigt worden, daß mein Lachen *in keiner Beziehung* steht zu den Merkmalen des Witzes, die in der Erläuterung

5 Alexander Solschenizyn, *Krebsstation*, Reinbek: Rowohlt, 1990, 2. Kapitel, S. 18.

dargelegt worden sind. Im Gegenteil, das Wesen meines Lachens ist ebendadurch, daß es zu dem, was in der Erläuterung des Witzes genannt wird, in Beziehung gesetzt wurde, als das erwiesen worden, was es ist. Wenn jemand anders darüber lacht und dann zeigt, daß er für die Merkmale des Witzes, auf die ich reagiere, gar keinen Sinn und kein Gespür hat, dann ist sein Lachen von dem meinen verschieden; es hat nicht den gleichen Sinn.

Wenn man die Sache so formuliert, wird die Erklärung (des Witzes, des Bildes, des Stückes usw.) als Darstellung des Wesens möglicher Reaktionen auf das Werk gedeutet. Und hier ist folgender Zusatz wichtig: Welche Reaktionen tatsächlich möglich oder denkbar sind, steht in interner Beziehung zu dem Werk, auf das reagiert wird. Nehmen wir zum Beispiel an, jemand würde sagen, er fände Bachs Matthäuspassion komisch und er lache darüber in der gleichen Weise, in der er über Rossinis Barbier von Sevilla lache. Wäre diese Behauptung verständlich? Hat es überhaupt Sinn, mit Bezug auf die Matthäuspassion zu sagen, es werde »darüber gelacht«? (Daß *über* etwas gelacht wird, heißt ja nicht bloß, daß in seiner Gegenwart ein Geräusch von der Art eines Lachens geäußert wird.)

Es gibt jedoch Fälle, in denen man vielleicht etwas ganz anderes sagen will, nämlich daß zwei Personen, die völlig verschieden auf ein Werk reagieren, es *nicht* in der gleichen Weise verstehen. Es ist wichtig einzusehen, daß es eine gewisse Unbestimmtheit gibt hinsichtlich der Unterscheidung zwischen einem derart beschreibbaren Fall und einem, der so geschildert werden kann, daß zwei Personen das Werk in der gleichen Weise verstehen, aber verschieden darauf reagieren. Zur Verdeutlichung kann vielleicht folgender Vergleich beitragen. (Die Sache, um die es hier geht, ist eng begrenzt, und dieser Vergleich sollte nicht auf andersartige Fälle übertragen werden.) Angenommen, ich höre in einer bestimmten Phase meines Lebens auf, Schokolade zu mögen. Sollen wir da sagen, Schokolade habe immer noch den gleichen Geschmack für mich wie früher, doch während ich ihn sonst angenehm fand, mache ich mir jetzt nichts mehr daraus? Oder sollen wir statt dessen sagen, die Schokolade schmecke mir jetzt anders? Nun, es gibt natürlich wirklich Fälle, in denen man darauf eine entschiedene Antwort geben könnte, die entweder das eine oder das andere besagt. Aber in vielen Fällen würden wir uns vermutlich fragen, welches eigentlich genau die gestellte Frage sei. Schon der Sinn der Frage wäre unklar.

Dieser Vergleich hilft vielleicht zu verdeutlichen, daß die *Unterscheidung* zwischen dem Verstehen eines Werks (eines Texts usw.) als solchen und der ästhetisch angemessenen Reaktionsweise darauf keineswegs so klar ist, wie ich vielleicht angenommen zu haben scheine.

Hier gibt es auch Analogien zu Beispielen aus der Ethik. Wenn ich entsetzt bin über das Verhalten einer Person, etwa über ihre Grausamkeit gegenüber einem anderen, kann es mitunter vorkommen, daß ich zu dem Betreffenden sage: »So kannst du dich doch nicht benehmen« (was offenbar voraussetzt, daß er versteht, was er tut). In anderen Fällen dagegen rede ich ihn vielleicht anders an und frage: »Begreifst du denn nicht, was du da tust?« Das heißt, ich kann seine gegenüber der eigenen Handlung bezeigte Gleichgültigkeit selbst als Kriterium dafür auffassen, daß er das Wesen dessen, was er tut, nicht versteht. Man denke hier an die bewegenden Worte, die Christus am Kreuz spricht: »Vater, vergib ihnen, denn sie wissen nicht, was sie tun« (Lukas 23).

Es mag vielleicht seltsam klingen, daß wir so etwas als Kriterium des *Nichtverstehens* auffassen. Doch darauf kann ich nichts weiter erwidern, als daß wir in vielen Fällen tatsächlich so verfahren. Womöglich wirkt es auch weniger seltsam, wenn wir andere vertraute Fälle betrachten, in denen sich herausstellt, daß die Verhaltensweisen, die wir als Kriterien dafür auffassen, daß jemand etwas verstanden oder nicht verstanden hat, nicht das sind, was man anfangs hätte erwarten können, wenn man mit großartigen philosophischen Problemstellungen im Kopf an die Frage herangeht.

4

Im Anfang war die Tat

I

Die Philosophen machen heutzutage einen Unterschied zwischen den Wahrheitsbedingungen eines Satzes und den Behauptungsbedingungen dieses Satzes. Häufig wird behauptet, während Wittgenstein im *Tractatus* den ersteren dieser Begriffe hervorgehoben habe, beinhalteten die späteren Entwicklungen seines Denkens eher eine Betonung des zweiten. Damit werden die wichtigen Veränderungen in Wittgensteins Denken nach meiner Auffassung durchaus nicht deutlich wiedergegeben, und hier möchte ich die Gründe dafür betrachten.

In der Bemerkung 4.0312 des *Tractatus* sagt Wittgenstein, sein Grundgedanke sei der, »daß die ›logischen Konstanten‹ nicht vertreten«. Diese Äußerung reflektiert sein Interesse, eine Erklärung des logischen Schließens zu geben, die die Gültigkeit eines Schlusses nicht als etwas hinstellt, was von der Berufung auf das »der-Fall-Sein« von etwas anderem abhängt. Die Formulierung seiner Erklärung bedient sich der Terminologie eines Systems von Wahrheitsfunktionen, das durch wiederholte Anwendungen der Operation der Negation auf Elementarsätze erzeugt wird, deren Wesen wiederum darin liegt, daß sie entweder wahr oder falsch sein können. Diese Erklärung scheint daher eines Beweises dafür zu bedürfen, daß es solche Elementarsätze geben kann und muß. Zu diesem Beweis gehört auch die Vorstellung, Elementarsätze seien Bilder möglicher Sachverhalte. Diese Vorstellung hat viele weitere Konsequenzen, die ich unberücksichtigt lassen muß, doch einer ihrer wesentlichen Aspekte ist der Gedanke, daß Elementarsätze logisch voneinander unabhängig sein müssen. Und dieser Gedanke ist von Bedeutung für die Sache, die ich hier darlegen möchte.

Wären die Elementarsätze nicht logisch unabhängig, gäbe es Beziehungen der logischen Abhängigkeit zwischen Sätzen, die von der *Tractatus*-Erklärung der Wahrheitsfunktionen nicht erfaßt werden. (In seinen Schriften aus der Zeit nach dem *Trac-*

tatus hat Wittgenstein natürlich schon sehr rasch erkannt, daß es solche Beziehungen tatsächlich gibt.)[1] Außerdem könnte es den Anschein haben, daß wir ohne logisch unabhängige Elementarsätze niemals imstande wären, überhaupt irgend etwas zu behaupten. Denn sofern wir *jemals* in der Lage sind zu sagen, ein Satz sei wahr (oder falsch), muß es offensichtlich manche Sätze geben, deren Wahrheit (oder Falschheit) wir bestimmen können, ohne zunächst die Wahrheit (oder Falschheit) anderer Sätze zu bestimmen.

Dies führt aber nur deshalb zur Theorie der logisch unabhängigen Elementarsätze, weil der *Tractatus* so enthaltsam ist und jene erkenntnistheoretischen Erwägungen ausschließt, die nach Wittgensteins späterer Einsicht maßgeblich sind für die Erörterung solcher Fragen. Dazu, daß ich die Wahrheit oder Falschheit von p unabhängig von der Wahrheit oder Falschheit von q bestimmen kann, ist es nicht erforderlich, daß p und q logisch unabhängig sind. Daß dieses Jackett blau ist (p), kann ich sehen, ohne daß Fragen hinsichtlich der Wahrheit oder Falschheit seines Gelbseins (q) oder Rotseins (r) überhaupt in meine Überlegungen hineinspielen. Dennoch *kann* p nur dann wahr sein, wenn sowohl q als auch r falsch sind.

Diese Schwierigkeit wird (zum Beispiel in den *Philosophischen Bemerkungen* und in der *Philosophischen Grammatik*) behoben, indem die *Tractatus*-Anschauung – wonach das, was wir »an die Wirklichkeit anlegen«, einzelne Elementarsätze sind – durch die Anschauung verdrängt wird, daß das, was wir an die Wirklichkeit anlegen, *Systeme* von Sätzen sind. Dieser Schritt geht einher mit der Anerkennung, daß es eine Unzahl verschiedener Systeme dieser Art gibt, die zugleich verschiedene Auffassungen dessen beinhalten, was es heißt, daß ein Satz »der Wirklichkeit entspricht«. Daher geht mit diesem Schritt auch einher, daß der Versuch aufgegeben wird, eine einzige allgemeine Erklärung dessen zu geben, worin die Bestimmung der Wahrheit oder Falschheit eines Satzes besteht. Die Behauptung, alles, was wahr oder falsch sein könne, sei ein Satz, *sieht zwar so aus*, als bestimme sie, was ein Satz ist, aber das liegt nur daran, daß wir irrtümlich glauben, wir seien imstande, Wahrheit und Falschheit

1 Siehe zum Beispiel *Philosophische Bemerkungen*, Werkausgabe, Bd. 2, VIII, *Philosophische Grammatik*, Werkausgabe, Bd. 4, Teil I, Anhang 4.

unabhängig zu erfassen, wodurch uns die Möglichkeit gegeben werde zu bestimmen, was ein Satz ist und was keiner ist. Dabei können wir nichts weiter sagen, als »daß wir ›wahr‹ und ›falsch‹ nur von dem prädizieren, was wir einen Satz nennen«.[2] Unser Verständnis der Verwendungsweise dieser Termini wechselt pari passu mit unserem Verständnis der Sätze, auf die wir sie anwenden, und als Bezugspunkte zur Festlegung des Sinns der Sätze sind sie nicht zu gebrauchen.

Im *Tractatus* werden Bilder (und folglich Sätze) mit Maßstäben verglichen, die wir »an die Wirklichkeit anlegen« (2.1512). Daß Wittgenstein später die Mannigfaltigkeit hervorhebt, nimmt diesem Vergleich natürlich seine zentrale Stellung. Doch der Vergleich als solcher war nicht hinlänglich durchdacht, wie aus einer schwierigen und wichtigen Erörterung des 1. Teils der *Philosophischen Grammatik* (Abschnitt VI, §79) hervorgeht. Ein eingehender Blick auf diese Stelle lohnt sich, denn sie wirft Licht auf Verwirrungen, die mir in Auseinandersetzungen mit unserem Thema immer noch endemisch zu sein scheinen. An der genannten Stelle wird die Frage aufgeworfen, ob wir wie im *Tractatus* verfahren und

»p« ist wahr

schreiben sollen oder statt dessen:

p ist wahr.

Sollten wir nicht so verfahren wie in diesem letzteren Fall? »Der Tintenstrich ist doch nicht *wahr*; wie er schwarz und krumm ist.« Wenn wir sagen, daß ein Satz »mit der Wirklichkeit übereinstimmt«, fragt es sich, wovon wir das aussagen. Nehmen wir einmal folgende Formulierungen:

p = dieser Gegenstand ist 1 m lang

und

»p« ist wahr = dieser Gegenstand hat die Länge dieses Meterstabes.

2 *Philosophische Untersuchungen*, § 136.

Die zweite Gleichung macht den Vergleich eines Gegenstands mit einem anderen, der im Gebrauch von »wahr« enthalten sein soll, explizit. Der Meterstab muß hier so aufgefaßt werden, daß er den Satz »p« vertritt; er »stimmt mit der Wirklichkeit überein«, wenn seine Enden mit denen des Gegenstands zusammenfallen. Um von dem Vergleich Gebrauch zu machen, müßten wir behaupten, der Maßstab »sage«, daß dieser Gegenstand 1 m lang ist, und die Übereinstimmung der Enden des Meterstabs mit denen des Gegenstands »sage«, es sei wahr, daß der Gegenstand 1 m lang ist. Es ist wichtig, daß wir hier schon in Schwierigkeiten geraten, indem wir es so hinzustellen versuchen, als »sagten« der Maßstab und die Übereinstimmung der Enden etwas. Wir müssen uns vielleicht vorstellen, daß ich einfach den Maßstab hervorziehe und mit ihm an den Gegenstand herangehe; und vielleicht müssen wir *dies* im Sinne meiner Aussage deuten, daß der Gegenstand 1 m lang ist. Es ist jedoch offenbar, daß diese Interpretation schon einen Hintergrund von Techniken und Standards voraussetzt. Und ebendarauf will Wittgenstein hinaus, wenn er sagt, der ganze Vergleich sei falsch, weil der Ausdruck »dieser Meterstab« eine *Beschreibung* sei und der Ausdruck »Meterstab« eine *Begriffsbestimmung*. Mit anderen Worten, daß ich dieses Metallstück an diesen Gegenstand anlege, ist vorerst nichts weiter als eben das; es ist kein Beispiel des *Messens* dieses Gegenstands, außer insoweit das Metallstück *als* Meterstab *gesehen* wird, was wiederum nur innerhalb des ganzen Kontexts der Praktik metrischen Messens möglich ist. Dieser Kontext bestimmt den Begriff *Metermaß* und liefert somit die Möglichkeit, das Metallstück als »Meterstab« zu beschreiben.

Ich lege den Maßstab und den Gegenstand nebeneinander, und ihre Enden fallen zusammen. Das heißt (im Kontext des metrischen Messens), ich kann sagen, daß der Gegenstand ebenso lang ist wie der Meterstab, was im Sinne des hier untersuchten Vergleichs dem folgenden Satz entspricht: »›Dieser Gegenstand ist 1 m lang‹ ist wahr.« Dazu merkt Wittgenstein an, daß »in ›»p« ist wahr‹ der Maßstab unmittelbar in den Satz ein[tritt]. ›p‹ repräsentiert hier einfach die Länge und nicht den Meterstab.« Mit anderen Worten, das Metallstück (das ich als Meterstab beschreibe) gehört zur Methode der Anwendung des Begriffs *ein*

Meter lang; es tritt einfach als *Muster* der Länge in das Bild ein. Der Maßstab ist hier, wie Wittgenstein sagt, ein »rein geometrisches Anhängsel der gemessenen Strecke«. Wir könnten sagen, daß ich den Gegenstand nicht an dem Metallstück messe, sondern an dem Begriff *ein Meter lang*, obwohl auch das Metallstück – als »rein geometrisches Anhängsel« – bei dieser Anwendung des Begriffs eine Rolle spielt. Nun zieht Wittgenstein folgendes Resümee:

> Man kann es auch so sagen: Den Satz »›p‹ ist wahr« kann man nur dann verstehen, wenn man die Grammatik des Zeichens »›p‹« als eines Satzzeichens versteht; nicht, wenn »›p‹« einfach der Name der Gestalt eines bestimmten Tintenstriches ist. Und endlich kann man sagen die Anführungszeichen im Satz »›p‹ ist wahr« sind einfach überflüssig.

Nun können wir die Äquivalenz von *»p ist wahr«* und »p« wie folgt erweitern: Der Satz »Dieser Gegenstand ist ebenso lang wie dieser Meterstab« sagt dasselbe wie »Dieser Gegenstand ist ein Meter lang«, während er betont, daß »p« aus angemessenen Gründen behauptet wird. Das heißt, der Satz betont, daß ich berechtigt bin, p zu behaupten. Und die Äußerung »p stimmt mit der Wirklichkeit überein« ist bloß eine andere nachdrückliche Formulierung, wonach wir (aus geeigneten Gründen) berechtigt sind, p zu behaupten.

II

Im Lichte des bisher Gesagten möchte ich nun einige Behauptungen betrachten, die Bernard Williams und Michael Dummett über Wittgenstein aufgestellt haben.

Bernard Williams macht in seinem Aufsatz »Wittgenstein and Idealism«[3] geltend, Wittgensteins Auffassung der Beziehung zwischen Wahrheit und berechtigter Behauptung sei entweder »eine Binsenweisheit« oder sie müsse »ganz verblüffende Konsequenzen« haben. Die verblüffenden Konsequenzen werden durch das folgende Argumentationsschema erzeugt:

3 In Vesey (Hg.), *Understanding Wittgenstein*, London: Macmillan, 1974, S. 93f.

(1) »S« hat die Bedeutung, die wir ihm geben.

(2) Eine notwendige Bedingung dafür, daß wir »S« eine Bedeutung geben, ist Q. Also gilt:

(3) Wenn nicht Q, dann hätte »S« keine Bedeutung.

(4) Wenn »S« keine Bedeutung hätte, wäre »S« nicht wahr. Also gilt:

(5) Wenn nicht Q, dann wäre »S« nicht wahr.

Dazu merkt Williams an: »Da alle möglichen Einsetzungen, die man in (2) für Q vornimmt und die mit menschlicher Existenz, Sprachgebrauch usw. zu tun haben, (2) bei jedem beliebigem ›S‹ wahr machen, und da (1) laut Voraussetzung bei jedem ›S‹ und (4) bei jedem wahren ›S‹ wahr ist, können wir dafür sorgen, daß die Wahrheit jedes wahren ›S‹ von der menschlichen Existenz usw. abhängig ist; das heißt, wir können den uneingeschränkten Idealismus beweisen.« Wie Williams einräumt, braucht uns diese Argumentation nicht zu beunruhigen, wenn (5) im Sinne von »Wenn nicht Q, dann würde ›S‹ keine Wahrheit ausdrükken« aufgefaßt wird, denn daraus folgt nicht »Wenn nicht Q, dann nicht S«. Williams meint jedoch, daß man durch Wittgensteins sogenannte »Theorie der gerechtfertigten Behauptung« daran gehindert werden könne, einen Unterschied zu machen »zwischen dem die Wahrheit ausdrückenden Satz ›S‹ und dem, was der Fall ist, wenn S«.

Aber Williams' Formulierung »der die Wahrheit ausdrückende Satz ›S‹« wirkt hier verwirrend. (Williams wechselt von »drückt *eine* Wahrheit aus« zu »drückt *die* Wahrheit aus«.) »›S‹ drückt die Wahrheit aus« *klingt* wie eine andere Formulierung für »S ist wahr«. Doch im Zusammenhang von Williams' Argumentation werden durch diese Formulierung zwei Ausdrücke zu einem komprimiert, nämlich:

(a) »›S‹ drückt einen Satz aus«

und

(b) »S ist wahr«.

Unter Voraussetzung von (a) sind in (b) keine Anführungszeichen um »S« nötig, und wenn (a) nicht gilt, dann ist (b) ebenso sinnlos wie »S« selbst. Ist »S« jedoch sinnlos, dann ist offensichtlich auch der Ausdruck »was der Fall ist, wenn S« sinnlos. Williams irrt sich, wenn er annimmt, Wittgensteins Standpunkt gestatte es uns, dafür zu sorgen, daß »die *Wahrheit* [Kursive von mir] jedes wahren ›S‹ von der menschlichen Existenz, dem Sprachgebrauch usw. abhängig ist«. Wenn wir tatsächlich so verfahren wie Williams und Wittgensteins Gedanken so artikulieren, »daß sich die Bestimmtheit der Realität dem verdankt, was wir beschlossen haben oder bereit sind, als bestimmt gelten zu lassen«, darf man nicht vergessen, daß die betreffende »Bestimmtheit« keine Bestimmtheit der *Wahrheit*, sondern eine des *Sinnes* ist. Ob Wittgensteins Standpunkt durch diese Vorstellung auf eine »Binsenweisheit« reduziert wird, muß im Hinblick darauf beurteilt werden, welche Rolle diese Vorstellung bei seiner Erörterung damit zusammenhängender Fragen spielt.

Diese Problematik ist von maßgeblicher Bedeutung für jegliches Verständnis von Wittgensteins Werk, und ich werde der Sache jetzt weiter nachgehen, indem ich Michael Dummetts Darstellung der Auseinandersetzung zwischen »realistischen« und »antirealistischen« Wahrheitsauffassungen bespreche.[4] Da Wittgenstein der einzige namentlich genannte angebliche[5] Antirealist ist, werde ich die in Dummetts Erörterung vorgebrachten antirealistischen Argumente auch dann, wenn das nicht ausdrücklich behauptet wird, so auffassen, als sollten sie auch für Wittgenstein gelten.

Zunächst möchte ich einige Ausführungen Dummetts betrachten, in denen er Wittgenstein ausdrücklich bestimmte Positionen zuschreibt. Er bezieht sich auf die *Bemerkungen über die Grundlagen der Mathematik* (Teil I, Anhang I)[6], wo Wittgenstein an einer Stelle schreibt: »Was heißt denn, ein Satz ›*ist wahr*‹? ›*p*‹ *ist wahr* = *p*. (Dies ist die Antwort.)« Vermutlich ist es die Bemer-

4 Michael Dummett, *Frege: Philosophy of Language*, London: Duckworth, 1973, Kapitel 13.

5 Vgl. *Bemerkungen über die Grundlagen der Mathematik*, Werkausgabe, Bd. 6, VI, §23: »Nicht Empirie und doch Realismus in der Philosophie, das ist das schwerste.«

6 In der hier zitierten dritten Auflage Teil I, Anhang III.

kung in Klammern, die Dummett dazu veranlaßt, Wittgensteins Auffassung so zu kennzeichnen, »daß die einzige Erklärung, die sich im Hinblick auf den Wahrheitsbegriff anführen läßt, eben in der unumwundenen Aufstellung der Äquivalenzthese besteht«.[7] Allerdings geht aus der Art und Weise, in der Wittgenstein an dieser Stelle fortfährt, deutlich hervor, daß er ebendies *nicht* behauptet. Der Punkt, auf den es ihm ankommt, ist eigentlich ganz ähnlich dem, den Dummett selbst an einer früheren Stelle desselben Kapitels hervorhebt, wenn er sich über den ungerechtfertigten Optimismus derjenigen äußert, die glauben, daß die Begriffe der Wahrheit und der Falschheit von sich aus genügen, um eine ausreichende Grundlage für eine Bedeutungstheorie zu liefern. Wenn Wittgenstein sagt: »Man will also etwa fragen: unter welchen Umständen behauptet man einen Satz«, kann man seine Äußerung nicht so auffassen, als werde diese Frage *im Gegensatz* gesehen zu der Frage: »Unter welchen Umständen ist ein Satz wahr?« Denn er hat ja schon dargelegt, daß, wenn man einen Satz »wahr« nennt, dies auf eine Behauptung dieses Satzes *hinausläuft*. Das, worauf er es damit abgesehen hat, wird sogar noch klarer in den *Philosophischen Untersuchungen*, wo er sagt, daß das, was ein Satz ist, in *einem* Sinne bestimmt ist »durch den Gebrauch des Zeichens im Sprachspiel. Und der Gebrauch der Wörter ›wahr‹ und ›falsch‹ kann auch ein Bestandteil dieses Spiels sein; und dann gehört er für uns zum Satz, aber er ›paßt‹ nicht zu ihm.«[8] Und im §200 von *Über Gewißheit* heißt es: »›Der Satz ist wahr oder falsch‹ heißt eigentlich nur, es müsse eine Entscheidung für oder gegen ihn möglich sein. Aber das sagt nicht, wie der Grund zu so einer Entscheidung ausschaut.« Wittgenstein ist also nicht nur weit davon entfernt, die ihm von Dummett zugeschriebene These zu vertreten, wonach »die *ganze* Erklärung des Wortes ›wahr‹ mit Bezug auf einen gegebenen Satz durch die Äquivalenzthese gegeben wird«, sondern er bestreitet diese These ausdrücklich. Die Äquivalenzthese nennt uns alles, was wir *generell* über das Wort »wahr« sagen können, doch die eigentliche Funktion wird von einer detaillierten Untersuchung erfüllt, die darauf eingeht, wie es in einzelnen Fällen angewendet wird, und eine solche Untersuchung ergibt in verschiedenen

7 Dummett, a. a. O., S. 458.
8 *Philosophische Untersuchungen*, §136.

Fällen verschiedene Resultate. In den Untersuchungen, die Wittgenstein selbst anstellt, legt er wenigstens ebensoviel Gewicht wie Dummett auf das, was dieser die »Konsequenzen« der Akzeptierung von p (= der Akzeptierung, daß p wahr ist) nennt. Und in diesen Konsequenzen ist nach Wittgenstein auch die Möglichkeit enthalten, den Kalkül der Wahrheitsfunktionen darauf anzuwenden:

> Und zu sagen, ein Satz sei alles, was wahr oder falsch sein könne, kommt darauf hinaus: Einen Satz nennen wir das, worauf wir in unserer Sprache den Kalkül der Wahrheitsfunktionen anwenden. (*Philosophische Untersuchungen*, § 136)

Wittgenstein betont die Gefahren, die drohen, wenn man die Sache anders herum ansieht, das heißt, wenn man vom Kalkül der Wahrheitsfunktionen ausgeht und dabei annimmt, unsere Fähigkeit, diesen Kalkül zu konstruieren, beruhe auf einer intuitiven Vorstellung von dem, was es heißt, ein Satz sei wahr oder falsch. Sodann stoßen wir auf verschiedene Ausdrücke, die wie Sätze aussehen, und nehmen an, daß sie sich umstandslos in den Kalkül einfügen lassen. Wir meinen, *deshalb* verstünden wir, was es heißt, die Wahrheitsbedingungen der mutmaßlichen Sätze anzugeben. Dann sind wir versucht, eine mythologische Erklärung der Wahrheitsbedingungen von p zu geben, weil unsere Aufmerksamkeit abgelenkt worden ist von den etwaigen wirklichen Umständen, unter denen wir jemanden als berechtigt ansehen, p zu behaupten. Wir können uns dann gar nicht losreißen von einem bestimmten Bild, haben dabei jedoch keine klare Vorstellung von dem, worüber wir eigentlich reden, wenn wir von »den Wahrheitsbedingungen von p« sprechen.

Dummetts Realist stürzt sich geradewegs in eine solche Mythologie, wenn er seine These vertritt, »ein Gedanke könne nur wahr sein, wenn es etwas gibt, vermöge dessen er wahr ist« – eine These, von der er annimmt, sie verlange ein »ontologisches Reich der Tatsachen, die konstitutiv sind für das, vermöge dessen Gedanken wahr sein können«.[9]

Wenn man die »These des Realisten« in bestimmter Weise liest,

9 Dummett, a. a. O., S. 464.

ist gar nichts an ihr auszusetzen, nämlich dann, wenn damit gemeint ist, daß wir nicht einfach nach Belieben alles mögliche behaupten können. – In welchem Sinne »können« wir das nicht? – Freilich kann ich durchaus willkürlich bestimmte Worte von mir geben, die, unter anderen Umständen geäußert, eine Behauptung bilden würden. Doch im gleichen Maße, in dem der andere denkt, daß ich sie tatsächlich willkürlich geäußert habe, wäre er abgeneigt zu glauben, daß ich wirklich eine Behauptung ausgesprochen habe. Im Zuge der Erörterung einer anderen, aber eng damit verbundenen Problematik schreibt Wittgenstein: »›*Kann* das geschehen?‹ – Gewiß. Beschreib es nur bis in die Einzelheiten und Du wirst schon sehen, daß der Vorgang den Du beschreibst sich zwar leicht vorstellen läßt, daß Du aber freilich die und die Ausdrücke nicht auf ihn anwenden wirst.«[10]

Denken wir uns, ich gehe zusammen mit einem anderen eine uns vertraute Straße entlang und aus heiterem Himmel mache ich eine zeigende Gebärde, wobei ich sage: »Das Haus dort besteht aus Pappmaché.« Aufgefordert, dies zu erklären, habe ich nichts zu bieten, was mein Begleiter (oder sonst jemand) auch nur im entferntesten als Grund zur Annahme akzeptieren würde, dieses Haus bestehe aus Pappmaché. Da der andere Geduld hat und sich Sorgen macht, führt er mich in das Haus, und dort tasten wir die (völlig normalen) Wände, Türen usw. ab. Ich wiederhole dennoch meine anfänglich geäußerten Worte in der Manier einer Person, die Behauptungen aufstellt. Der andere wüßte nicht, *welchen* Reim er sich darauf machen soll.

Aber habe ich denn nicht etwas Falsches behauptet? Die Frage ist, ob die Beschreibung, ich hätte »etwas behauptet«, überhaupt angebracht ist. An diesem Punkt wird man einwenden, der andere müsse meine Worte doch als Behauptung aufgefaßt haben, denn er habe mich ja ins Haus geführt und jene Handlungen ausgeführt, die geeignet sind, eine solche Behauptung zu prüfen. Aber freilich wird nicht bestritten, daß mein Verhalten in vielen Hinsichten dem einer Person *gleicht*, die eine Behauptung ausspricht. Dennoch wäre es genausogut, ja besser, die Handlung des anderen im Sinne einer Prüfung zu deuten, ob ich wirklich

10 »Ursache und Wirkung: Intuitives Erfassen«, in: Schulte (Hg.), *Vortrag über Ethik und andere kleine Schriften*, Frankfurt am Main: Suhrkamp, 1989, S. 109.

die Behauptung aufstellte, die ich in *mancher* Hinsicht zu äußern schien.

Klarer wird die Sache, wenn wir uns eine Gesellschaft vorstellen, in der die Leute ständig dergleichen tun, obwohl sie *auch* »echte Behauptungen aufstellen« (das heißt, sie sprechen unter Umständen, die denen gleichen, unter denen wir es normalerweise so auffassen, daß die Leute Behauptungen äußern). Könnten die Angehörigen einer solchen Gesellschaft die Fälle, die uns wie Anomalien vorkommen, in der gleichen Weise behandeln, in der sie mit den »echten« Fällen umgehen? »Könnten sie das?« Das heißt, können wir uns vorstellen, daß sie Dinge tun, die wir bereitwillig als »gleichartige Behandlung dieser Fälle« gelten lassen würden, und zwar als gleichartig in Hinsichten, die relevant sind für das, was wir unter »Behauptungen« verstehen? Wenn jemand zum Beispiel von einem vollkommen normalen Haus sagt, es bestehe aus Pappmaché, brechen sie es systematisch ab, betrachten den Schutt genau, indem sie die Bruchstücke neben Stücke aus Pappmaché halten, und am Schluß all dieser Handlungen sagen sie: »Vielleicht besteht es ja doch aus Pappmaché.« Würden *wir* da sagen, daß sie »eine Untersuchung anstellen, ob ... usw.« und daß sie die Ergebnisse für »nicht schlüssig« erachten? Diese Frage muß jeder für sich beantworten. Ich für mein Teil antworte, daß ich es nicht sagen würde.

Die These des »Realisten«, wonach ein Gedanke nur dann wahr sein kann, wenn es etwas gibt, vermöge dessen er wahr ist, läßt sich also in völlig akzeptabler Weise interpretieren. Dabei darf man nicht vergessen, daß dieses »Etwas« bei dieser Interpretation im Kontext dessen aufzufassen ist, was wir als einen Fall gelten zu lassen bereit sind, in dem der Nachweis dafür erbracht wird, und daß dies je nach den verschiedenen Arten von Fällen enorm variieren wird. Wie aus dem Hinweis des Realisten hervorgeht, wenn er von einem »ontologischen Reich der Tatsachen« spricht, »die konstitutiv sind für das, vermöge dessen Gedanken wahr sein können«, ist das Mißliche an seinem Standpunkt, daß er ein vages Bild von einer ganz andersartigen Interpretation hat, die sich zwar auf einige Arten von Fällen tatsächlich anwenden läßt, aber nicht auf problematische Fälle. Was den Realisten von seinem Gegenspieler unterscheidet, liegt nicht, wie Dummett behauptet, darin, daß der Realist die Wahrheitsbedingungen als grundlegend für den Bedeutungsbegriff hinstellt, während sein Gegenspieler das nicht täte, sondern darin, daß er die »Wahrheitsbedingungen« einem bestimmten Modell entsprechend zu interpretieren versucht, welches er als »die elementarste Ebene« auffaßt, nämlich die Ebene der »Beobachtungssätze«.[11] Dieses Bild möchte er ganz uneingeschränkt anwenden, weil er irrtümlich glaubt, es gebe eine bestimmte Art systematischen Zusammenhangs zwischen den verschiedenen Fällen, die durch den Kalkül der Wahrheitsfunktionen aufgezeigt werde. Dabei übersieht er die Tatsache, daß es noch *andere* Systeme von Operationen gibt, die der Kalkül der Wahrheitsfunktionen nicht in den Griff bekommt und die vorausgesetzt werden müssen, ehe wir je zu den notwendigen »elementaren« Grundlagen gelangen können, auf deren Basis sich die wahrheitsfunktionalen Operationen ausführen lassen.[12]

Dummett seinerseits meint: »daß es etwas gibt, was eine Aussage wahr macht, erfassen wir zunächst aufgrund unseres Gebrauchs grundlegender Aussagenformen, die als Beobachtungsberichte verwendet werden«, und dies liefere uns »ein Modell dessen, was es hieße, die Sätze mit den direktesten Mitteln als wahr zu erkennen«. Der »Realist« glaubt, daß ein Satz, dessen Wahrheit nur »indirekt« – wenn überhaupt – erkannt werden kann, so beschaffen ist, daß er »Ausdrücke enthält, deren Sinn angegeben wird durch Operationen der Wahrnehmung oder der geistigen Leistung, die über unsere Fähigkeiten hinausgehen«, zum Beispiel ein Satz, in dem über einen unendlichen Bereich quantifiziert wird. Einen solchen Satz können wir »in Analogie zum endlichen Fall« verstehen, »obwohl wir der Beschränkung unterliegen, nur endlich viele Beobachtungen oder Prüfungen innerhalb eines endlichen Zeitraums anstellen zu können«.[13] Eine solche Analogie kann man weiter ausführen, indem man »ein hypothetisches Wesen« postuliert, »das über hinreichend erweiterte Fähigkeiten verfügt und günstig placiert ist«.[14]

11 Dummett, a. a. O., S. 466f.
12 Vgl. *Philosophische Bemerkungen*, VIII, insbesondere §76.
13 Dummett, a. a. O., S. 465.
14 Dummett, a. a. O., S. 467.

Hier sind mehrere Anmerkungen am Platze. Erstens, die Behauptung, daß wir das, was es heißt, etwas mache eine Aussage wahr, zunächst aufgrund fundamentaler Beobachtungsaussagen begreifen, scheint kaum mehr zu sein als ein empiristisches Vorurteil. »Nicht Empirie und doch Realismus in der Philosophie, das ist das schwerste.«[15] Jedenfalls zeigt die weiter oben erörterte Stelle aus dem ersten Teil der *Philosophischen Grammatik* (VI, §79), wie komplex sogar diejenigen Fällen sind, die wir am ehesten als »grundlegende Beobachtungsberichte« zu bezeichnen geneigt sein könnten. Und wenn das Beispiel der Längenmessung als nicht »grundlegend« genug angesehen wird, sollte man bedenken, daß wir, um überhaupt über etwas berichten zu können, einen Begriff anwenden müssen, der in irgendeiner Weise bestimmt worden ist[16], und zwar durch ein System von *Praktiken*, wie Wittgenstein wiederholt geltend macht.
Was ferner die Vorstellung betrifft, daß wir dort, wo es um die Quantifikation über einen unendlichen Bereich geht, die Wahrheit des Gesagten »nur indirekt« erfassen können, sollte man die folgende Stelle aus dem zweiten Teil der *Philosophischen Grammatik* (II, §10) betrachten:

> Was aber macht ein Zeichen zum Ausdruck der Unendlichkeit? Was gibt den eigentümlichen Charakter dessen, was wir unendlich nennen? Ich glaube, daß es sich ähnlich verhält wie das Zeichen einer enormen Zahl. Denn das Charakteristische des Unendlichen, wie man es so auffaßt, ist seine enorme Größe.
>
> Aber es gibt nicht etwas, was eine Aufzählung ist und doch keine Aufzählung. Eine Allgemeinheit, die quasi nebelhaft aufzählt, aber nicht wirklich und bis zu einer bestimmten Grenze.
>
> Die Punkte in »1 + 1 + 1 + 1 ....« sind eben nur die vier Pünktchen. Ein Zeichen, für das sich gewisse Regeln angeben lassen müssen. (Nämlich dieselben, wie für das Zeichen »u. s. w. ad inf.«.) Dieses Zeichen ahmt zwar die Aufzählung in gewisser Weise nach, ist aber keine Aufzählung. Und das heißt wohl, daß

15 *Bemerkungen über die Grundlagen der Mathematik*, VI, §23.
16 Vgl. die Erörterung des Aspektsehens in den *Philosophischen Untersuchungen*, II. xi.

die Regeln, die von ihm gelten, bis zu einem Punkt mit denen, die von einer Aufzählung gelten, übereinstimmen, aber nicht ganz übereinstimmen.

Es gibt kein Mittelding zwischen der bestimmten Aufzählung und dem allgemeinen Zeichen.

Man würde mißverstehen, worauf es Wittgenstein hier ankommt, wollte man annehmen, daß er dem Realisten Dummetts hier einfach widerspricht. Freilich greift er die ganze Unterscheidung zwischen »direkt« und »indirekt« an, die nötig ist, um die Auffassung des »Realisten« zum Ausdruck zu bringen. Der »Realist« glaubt, daß »1 + 1 + 1 + 1 ...« in einem gleichartigen Verhältnis zu »1 + 1 + 1 + 1« steht wie etwa »1 + 1 + 1 + 1 + 1 + 1 + 1 + 1«, nur daß das Verhältnis sozusagen viel gewaltiger ist, ja so viel gewaltiger, daß es (buchstäblich) unsere Kräfte übersteigt anzugeben, wieviel gewaltiger es ist. Dabei hängen diese Ausdrücke zwar tatsächlich zusammen, aber eben nicht in dieser Weise. Wie wir den Sinn des Ausdrucks, der die Unendlichkeit ins Spiel bringt, begreifen, das ist tatsächlich schwer zu beschreiben (wobei die Schwierigkeit daher rührt, daß wir nicht merken, wann wir aufhören und einfach sagen sollten: dies *ist* die Beschreibung). Das ist es, was Wittgenstein beschreibt, wenn er das *Regelfolgen* erörtert und die Art der Abrichtung, auf der das Regelfolgen beruht. Die Reaktion auf die Abrichtung ist nicht das Erfassen eines Hinweises, der sich auf etwas Jenseitiges bezieht, sondern sie *ist* eben das Begreifen des Sinns.
Anders formuliert: Die Reaktion auf die Abrichtung ist in der Tat eine Reaktion – ein Schritt, der über die Abrichtung selbst hinausgeht.[17] Dieser Schritt besteht in der Übernahme eines neuen Begriffs, der in grammatischen Unterschieden in der Ausdrucksweise des Abgerichteten zutage tritt. Doch die Ausdrucks-

17 Vgl. *Bemerkungen über die Grundlagen der Mathematik*, VI, §10: »Du ziehst aus dem Beweis eine Lehre. Wenn du aus dem Beweis eine Lehre ziehst, so muß ihr Sinn unabhängig sein vom Beweis; denn sonst hätte sie nie vom Beweis getrennt werden können. / Ähnlich kann ich die Konstruktionslinien in einer Zeichnung wegziehen und das Übrige stehen lassen. / Es ist also als bestimmte der Beweis den Sinn des bewiesenen Satzes nicht; und doch wieder als bestimmte er ihn. / Aber ist das nicht so mit jeder Verifikation eines jeden Satzes?«

weise, deren er sich jetzt bedient, ist vollkommen beschreibbar. Sie ist freilich in anderer Weise zu beschreiben als der, die der »primitiveren« Redeweise entspricht, aus der der neue Begriff hervorgegangen ist, aber dennoch ist die neue Ausdrucksweise *vollständig* beschreibbar. Der Anschein der Unvollständigkeit rührt daher, daß die Beziehung zwischen der neuen und der alten Ausdrucksweise nicht richtig begriffen wird, so daß die neue Ausdrucksweise bloß als erneute Anwendung eines schon vorhandenen Begriffs gesehen wird statt als Artikulation eines *anderen* Begriffs.

Der Versuch von seiten des Dummettschen Realisten, seine Vorstellung durchzusetzen, indem er »ein hypothetisches Wesen« postuliert, »das über hinreichend erweiterte Fähigkeiten verfügt und günstig placiert ist«, muß scheitern. Denn dieses Wesen wird ausschließlich im Sinne seiner »günstigen Placierung« und seiner »hinreichend erweiterten Fähigkeiten« erdacht, und dabei liegt *das ganze Problem* von vornherein darin, daß wir außerstande sein sollten, diese Dinge zu beschreiben. Wenn man ein Wesen postuliert, das imstande ist, in endlicher Zeit unendlich viele Beobachtungen anzustellen, dann ist das etwas anderes als das auf einen sehr viel größeren Maßstab übertragene Postulat eines Wesens, das lang genug lebt, um den gesamten Entwicklungszyklus einer Eibensequoie vom Keim bis zur Verdorrung zu erleben. Wir können beschreiben, wie es wäre, Beobachtungen der letzteren Art anzustellen, während wir das im Hinblick auf die Beobachtungen der ersteren Art nicht können. Folglich können wir auch kein Wesen beschreiben, das Beobachtungen der ersteren Art anzustellen vermag. Wenn wir dazu imstande wären, hätte das Anfangsproblem uns nie Schwierigkeiten bereitet.

Diese Erörterung gibt uns, wie ich glaube, die Mittel an die Hand, um auf den letzten Einwand zu erwidern, den Dummetts Realist erhebt:

> Ersetzt man die für die Bedeutungstheorie zentralen Begriffe der Wahrheit und der Falschheit durch die Begriffe der Verifikation und der Falsifikation, so muß das in einer anderen Logik resultieren, das heißt in der Ablehnung bestimmter Argumentationsformen, die nach einer klassischen, also zweiwertigen Interpretation der logischen Konstanten gültig sind. In dieser Hinsicht

> steht die Sprachpraxis, die wir tatsächlich erlernen, in Einklang mit dem Bedeutungskonzept des Realisten: Lehnt man den Realismus als philosophische Theorie ab, so ergibt sich daraus, daß man im Hinblick auf bestimmte Merkmale des tatsächlichen Sprachgebrauchs Revisionist sein muß.[18]

Diesen Einwand veranschaulicht Dummett anhand von Aussagen in der Vergangenheitsform. Wird eine derartige Aussage zum Beispiel aus der Erinnerung geäußert, dann ist die jetzige Erinnerung »konstitutiv für die Verifikation der Behauptung«. Dadurch wird der Satz in der Vergangenheitsform, wie Dummett sagt, »unentscheidbar«, denn entscheidbar machen würde ihn nur eine frühere Beobachtung des Ereignisses, dessen Vorkommen behauptet wird, doch »die Verifikation kann der Aufstellung der verifizierten Behauptung nicht vorhergehen«.[19]
Die »Sprachpraxis, die wir tatsächlich erlernen«, beinhaltet jedoch in bestimmten Fällen wirklich, daß wir (aufgrund der Erinnerung) *wissen*, daß sich dieses oder jenes vergangene Ereignis abgespielt hat. Wir suchen da nicht nach weiteren Verifikationen. Oder wenn wir doch danach suchen, gelangt die Verifikation an ein Ende, und am Ende sagen wir, daß das Ereignis bestätigt ist. (Oder freilich, daß es nicht bestätigt ist. Dabei ist unstrittig, daß wir in bezug auf viele Angelegenheiten *faktisch* oft außerstande sind, die Wahrheit nachzuweisen.) Unsere Sprachpraxis besteht nicht darin, daß wir sagen, unsere Aussage in der Vergangenheitsform *bedeute dasselbe* wie die Beschreibung jener gegenwärtigen Umstände, die wir als Rechtfertigung der Aussage auffassen, sondern *in* der gegenwärtigen Situation (die natürlich beschrieben werden kann) äußern wir zuversichtlich die Aussage in der Vergangenheitsform, und über einen bestimmten Punkt hinaus legen wir augenscheinlichen »Ausdrücken des Zweifels«, ob die Aussage wahr ist oder nicht, keinen Sinn mehr bei. Werden wir durch ein bestimmtes Bild irregeführt, erachten wir es beim Philosophieren womöglich für seltsam, daß wir über eine derartige Praxis verfügen; und dieser Anschein der Seltsamkeit läßt sich nur ausräumen, indem man genauer darauf achtet, um was für eine Praxis es

18 Dummett, a. a. O., S. 468.
19 Dummett, a. a. O., S. 469. Zur weiteren Erörterung dieser Problematik siehe *Philosophische Bemerkungen*, V.

sich handelt. Dies ist genau das Gegenteil von »Revisionismus«. Besondere Sorgen macht sich Dummetts Realist in bezug auf die Fälle, in denen sich jemand erinnert, »daß entweder A oder B, ohne daß er sich erinnert, ob A oder nicht oder ob B oder nicht«, woraufhin er zu dem Schluß kommt, »mit Hilfe eines Wahrheitsbegriffs für solche Sätze, der mit dem Vorhandensein einer Berechtigung zu ihrer Behauptung zusammenfällt«, lasse sich eine solche Disjunktion nicht interpretieren.[20] Nun sagt Wittgenstein gar nicht, daß sie »zusammenfallen«. Wie bereits bemerkt, sagt er (unter anderem):

1. p ist wahr = p

2. Um in Zusammenhang mit einem gegebenen »p« den Gebrauch von »wahr« und »falsch« zu verstehen, sollten wir fragen, unter welchen Umständen »p« behauptet wird.

3. Ein Merkmal dieses Gebrauchs ist die Anwendung des Kalküls der Wahrheitsfunktionen auf »p«.

Wenn wir dies auf Dummetts Beispiel anwenden, erhalten wir:

1. »p oder q ist wahr« = »p oder q«.

2. »p« oder »q« kann behauptet werden, wenn wir außerstande sind, »p« zu behaupten oder »q« zu behaupten.

3. Bei der Konstruktion von »p oder q« ist der Kalkül der Wahrheitsfunktionen schon angewendet worden.

Wenn mich jemand überzeugt, daß nicht p und daß nicht q, dann ziehe ich meine ursprüngliche Behauptung zurück. Wenn er bestätigt, daß p (und/oder daß q), bestätigt er meine ursprüngliche Behauptung. Dies ist sozusagen ein Bestandteil des logischen Raums, zu dem meine Behauptung gehört. Hier gibt es gewiß keine Abweichung von der klassischen Logik, keine Ablehnung von Argumentationsformen, die »nach einer zweiwertigen Interpretation der logischen Konstanten gültig sind«.
Es geht hier auch nicht um eine Revision unseres tatsächlichen

20 Dummett, a. a. O., S. 469. Überaus relevant ist hier die Erörterung im Abschnitt IX der *Philosophischen Bemerkungen*.

Sprachgebrauchs. Es ist ein bestimmtes Bild der Beziehung dieses Gebrauchs zum Kalkül der Wahrheitsfunktionen, welches zum »Revisionismus« führt. Durch dieses Bild zu dem Gedanken verleitet, daß »Elementarsätze« in unserer Sprache eine Sonderstellung einnehmen müssen, können wir auf den Gedanken kommen, daß niemand berechtigt ist, auf der Wahrheit von p oder q zu beharren, es sei denn, er ist berechtigt, entweder auf der Wahrheit von p oder auf der Wahrheit von q zu beharren. Dummett selbst weist darauf hin, daß die Wahrheit von p oder q für einen Sprecher in höherem Maße feststehen kann als die Wahrheit eines der Disjunktionsglieder. Dem kann man vielleicht hinzufügen, daß er sich bei der Behauptung von p oder q überhaupt nicht dafür zu interessieren braucht, *welches* der Disjunktionsglieder wahr ist.

Der Ausdruck »Wahrheitsbedingungen« ist ein Kunstwort der Logiker. Sein Gebrauch setzt vielleicht schon einen Ansatz zur Behandlung von Fragen über den Bedeutungsbegriff voraus, den Wittgenstein ablehnt. Daraus folgt nicht, er bestritte, daß die Wörter »wahr« und »falsch« bei unserem Satzverständnis eine wichtige Rolle spielen. Die Aussage, er habe in der »Bedeutungstheorie« die »Wahrheitsbedingungen« durch »Behauptungsbedingungen« (ein weiteres Kunstwort!) *ersetzt*, ist irreführend, insofern sie den Gedanken nahelegt, er habe eine alternative Bedeutungstheorie angeboten. Dabei ging es ihm gerade darum, daß der Bedeutungsbegriff und sein Zusammenhang mit Wahrheit und Falschheit gar nicht durch eine allgemeine Theorie zu erläutern sind.

III

Nahe an der Oberfläche all der bisher erörterten Probleme liegt die Frage nach der Art der »Beziehung zwischen Sprache und Welt«, die erforderlich ist, damit wir überhaupt etwas unabhängig Fundiertes sagen können. Im *Tractatus* ist der Berührungspunkt in der Möglichkeit eines direkten »Vergleichs« zwischen Elementarsatz und Sachverhalt angesiedelt. Diese Möglichkeit wiederum hängt von der Rolle der im Satz vorkommenden »Namen« ab, deren Bedeutungen eben ihre Träger sind, mithin »Gegenstände«, die »die Substanz der Welt bilden«. Namen und

Gegenstände jedoch werden als rein logische Forderung dargestellt, als etwas, was einfach akzeptiert werden muß. In bezug auf sie können wir keine Fragen stellen, denn dazu müßten wir in unseren Fragen ebenjene Namen verwenden und dabei voraussetzen, daß sie tatsächlich Bedeutung haben. Hier sollte man die Bemerkung 3.263 des *Tractatus* heranziehen, in der es heißt, daß die Urzeichen durch Erläuterungen erklärt werden, die ebendiese Zeichen enthalten, deren Bedeutungen also schon bekannt sein müssen, ehe die »Erläuterungen« verstanden werden können. Obwohl Wittgenstein die irreführenden Vorstellungen, die mit »Namen« und »Gegenständen« assoziiert werden, später natürlich fallenläßt, bringen seine nachdrückliche Behauptung, die Harmonie von Denken und Wirklichkeit sei in der Grammatik unserer Sprache zu finden, und seine Betonung der »Willkürlichkeit« der Grammatik[21] den unablässigen Widerstand gegen die Idee zum Ausdruck, unsere Ausdrucksweisen ließen sich durch so etwas wie eine außersprachliche Einsicht in die Beziehung zwischen Worten und Dingen rechtfertigen.
Viele Philosophen haben jedoch geglaubt, sie hätten eine derartige Rechtfertigung anzubieten. Russell etwa unternimmt einen solchen Versuch in seinem Aufsatz »The Limits of Empiricism«[22], der Wittgenstein den Anstoß gibt, in der Zeit um 1937 einige seiner anregendsten Gedanken zu entwickeln: Gedanken, die vieles von dem andeuten, was in seinen letzten Schriften – also in *Über Gewißheit* – im Mittelpunkt steht.[23]
Dort macht Russell geltend, unsere Worte stünden in kausalem Zusammenhang mit dem, was wir wahrnehmen, und dieser kausale Zusammenhang lasse sich seinerseits unmittelbar wahrnehmen, das heißt, er sei nicht aus wiederholten vergangenen Erfahrungen erschlossen, obwohl er durch die Entwicklung von Gewohnheiten, die bisherige Erfahrungen beinhalten, hergestellt werden kann.

> Aber wenn ich weiß, daß ich »Katze« gesagt habe, weil da eine Katze war, so weiß ich damit nicht, daß in zahlreichen ähnlichen

21 *Zettel*, Werkausgabe, Bd. 8, §320.
22 Dieser Aufsatz wurde 1936 in *The Proceedings of the Aristotelian Society* veröffentlicht.
23 »Ursache und Wirkung: Intuitives Erfassen.«

> Fällen auf ähnliche visuelle Erscheinungen ähnliche Äußerungen gefolgt sind.... Ich behaupte etwas, was ich wissen kann, ohne über das jetzige Geschehen hinauszugehen. Das ist wesentlich, denn dieses Wissen ist erforderlich für die Verknüpfung sinnlich wahrnehmbarer Vorkommnisse mit ihrer sprachlichen Äußerung durch Behauptungen.[24]

Russells Gedankengang ist hier vermutlich folgender: Wenn ich »hinausgehen« müßte über das jetzige Geschehen, könnten die Belege zeigen, daß eben doch kein kausaler Zusammenhang besteht zwischen meinen Worten und den sinnlich wahrnehmbaren Vorkommnissen. Das hieße, daß ich mich geirrt habe in dem, was ich zu meinen glaubte, vielleicht sogar in meiner Annahme, ich hätte überhaupt etwas gemeint. Und wenn ich niemals unwiderleglich sicher sein kann, daß ich etwas meine, fragt es sich, wie ich jemals sicher sein kann, daß ich überhaupt irgend etwas meine. Vielleicht würde sich ja herausstellen, daß alle meine Äußerungen sinnlose Geräusche sind. Russells Standpunkt besagt also, daß unser Sprachgebrauch auf einer letzten Gewißheit basieren muß, auf einem gegen etwaige Falsifizierung gefeiten Wissen, *daß etwas so ist*.

Wittgenstein geht darin einig mit Russell, daß wir häufig davon sprechen, etwas sei die Ursache von etwas anderem gewesen, ohne daß wir zunächst durch wiederholte Beobachtungen oder Experimente ein allgemeines Gesetz aufstellen. Wenn ich zum Beispiel an einer Schnur, die ich halte, einen Zug spüre, dann in Richtung der Schnur blicke und sehe, wie jemand am anderen Ende zieht, brauche ich normalerweise keine weiteren Belege, um zu der Überzeugung zu gelangen, daß diese Person den Zug, den ich gespürt habe, verursacht hat. Dieses Beispiel wird dem Fall eines Bauern gegenübergestellt, der Experimente mit verschiedenen Arten von Futter ausführt, um zu bestimmen, welches die Ursache dafür ist, daß seine Ziegen unterschiedlich viel Milch geben.[25]

Andererseits beruht unsere Anwendung des Wortes »Ursache« in einem Fall der ersten Art (sowie in Russells Beispielen) ihrerseits nicht bloß auf unserer unmittelbaren Erfahrung des gegen-

24 Russell, a. a. O., S. 136.

25 »Ursache und Wirkung: Intuitives Erfassen«, S. 111.

wärtigen Augenblicks (»ohne über das jetzige Geschehen hinauszugehen«). Wittgenstein schreibt (etwa 1937) in sein Taschennotizbuch:

> »Ich bin mir unmittelbar bewußt, daß mein Ausruf durch etwas verursacht ist.« – Bin ich mir also unmittelbar bewußt, daß das Wort »Ursache« zu diesem Fall paßt? Bedenke jedoch, daß *Wörter* öffentliches Eigentum sind.
>
> ...
>
> Wie wäre es denn, wenn ich sagte: Das Wort »Ursache« paßt privat zu meinem Eindruck? – »Passen« ist aber ein öffentliches Wort.
>
> Frage dich: Wozu machen wir dieses Geräusch mit Worten?[26]

Ganz verheerend sind diese Bemerkungen für Russells Position, die in ihrem Kern besagt, daß wir das, was unsere Worte bedeuten, nur deshalb verstehen, weil wir sehen, daß sie durch etwas Außersprachliches verursacht sind. Wenn diese »Wahrnehmung der Ursache« ihrerseits nur *innerhalb* eines etablierten Sprachgebrauchs denkbar ist, verliert die Grundlegung der Sprache, die Russell geliefert zu haben glaubt, ihren Halt. Er bewegt sich einfach im Kreis herum, und zwar *innerhalb* der Sprache.

Man könnte die Sache so formulieren: Ist ein etablierter Gebrauch des Wortes »Ursache« gegeben, ist es gewiß möglich, es in Fällen zu gebrauchen, in denen wir keine wiederholten Beobachtungen und Experimente ausgeführt haben, um »den kausalen Zusammenhang zu bestätigen«. Dennoch ist es, wenn wir A die Ursache von B nennen, möglich, daß wir recht haben oder uns irren; unser Urteil ist nicht dagegen gefeit, durch weitere Belege umgestoßen zu werden. (Das heißt nicht, daß wir nicht vollständig – und berechtigterweise – gewiß sein können, daß unser Urteil *nicht* umgestoßen werden wird. Daß wir unmittelbar und mit Sicherheit urteilen, macht das Urteil allerdings nicht unfehlbar.) »Es ist, wie wenn jemand behauptete, er besitze die Kenntnis der Anatomie des Menschen durch Intuition; und

26 »Ursache und Wirkung«, S. 121.

wir sagen: ›Wir zweifeln nicht daran; aber wenn Du Arzt werden willst, mußt Du alle Prüfungen ablegen, wie jeder Andere.‹«[27]

Wittgensteins erste Reaktion auf Russell besagt also: Es gibt zwar so etwas wie eine »unmittelbare Erkenntnis der Ursache von etwas«, doch diese ist kein unfehlbares, sich selbst bestätigendes »Wissen«. Zur gleichen Zeit anerkennt Wittgenstein jedoch, daß Russell auf etwas Wichtiges gestoßen ist, wenn er glaubt, es gehöre zu den Grundlagen unseres Gebrauchs der Sprache, daß wir ohne Zögern auf Situationen reagieren und daß es diesbezüglich unverständlich wäre anzunehmen, wir »könnten uns irren«, was nicht deshalb unverständlich wäre, weil wir unfehlbar *recht* haben, sondern deshalb, weil »der Witz gerade darin besteht, daß es in dieser Beziehung gar kein Recht- oder Unrechthaben gibt. (Und natürlich würde niemand sagen: Ich bin sicher, ich habe recht mit meiner Feststellung, daß ich Schmerzen habe.)«[28] Hierauf werde ich weiter unten zurückkommen, doch zunächst möchte ich die Gründe dafür untersuchen, daß Wittgenstein zustimmt, es sei fundamental für die Sprache, daß es »Gewißheit« ohne zu zögern gibt.

> Die *Grundform* unseres Spiels muß eine sein, in der es den Zweifel nicht gibt. – Woher diese Sicherheit? Es kann doch nicht eine historische sein.
>
> ›Die Grundform des Spiels kann den Zweifel nicht enthalten.‹ Wir *stellen* uns da vor allem eine Grundform *vor*; eine Möglichkeit, und zwar eine *sehr wichtige* Möglichkeit. (Die wichtige Möglichkeit verwechseln wir ja sehr oft mit geschichtlicher Wahrheit).[29]

Wittgenstein beschreibt daher verschiedene Möglichkeiten des Handelns und Sprechens, bei denen man scheinbar sagen könnte, daß Zögern oder Zweifeln mit Bezug darauf, ob etwas der Fall ist oder nicht, sozusagen den Ausgangspunkt dieser Möglichkeiten des Handelns und Sprechens bilden. Zum Beispiel:

27 »Ursache und Wirkung«, S. 114.
28 »Ursache und Wirkung«, S. 121.
29 »Ursache und Wirkung«, S. 105.

> Denken wir also eine Mutter, deren Kind schreit und sich dabei die Wange hält. *Eine* Art der Reaktion ist also die, daß die Mutter das Kind zu trösten trachtet und es, auf irgendeine Art und Weise, pflegt. Hier ist nichts, was dem Zweifel daran entspricht, ob das Kind wirklich Schmerzen habe. Ein anderer Fall wäre der: die Reaktion auf die Klage des Kindes ist für gewöhnlich die eben beschriebene, unter gewissen Umständen aber verhält sich die Mutter skeptisch. Sie schüttelt dann etwa mißtrauisch den Kopf, unterbricht das Trösten und Pflegen des Kindes, ja: äußert Unwillen und Teilnahmslosigkeit. Nun aber denken wir uns die Mutter, die von vornherein skeptisch ist: Wenn das Kind schreit, zuckt sie die Achseln und schüttelt den Kopf; manchmal sieht sie es prüfend an, untersucht es; ausnahmsweise macht sie auch vage Versuche des Tröstens oder Pflegens. – Sähen wir ein solches Verhalten, so würde es uns nur seltsam und närrisch anmuten. »Das Spiel kann nicht mit dem Zweifel anfangen« heißt: wir würden es nicht ›Zweifel‹ nennen, wenn das Spiel damit anfinge.[30]

Die auf den ersten der geschilderten Fälle bezogene Aussage, es gebe hier »nichts, was dem Zweifel entspricht«, soll uns vor der Versuchung warnen zu glauben, die Mutter mache »ohne Bedenken eine Annahme« oder »wisse etwas intuitiv«. Daß etwas angenommen oder gewußt wird, steht hier gar nicht zur Debatte; die Mutter *handelt* eben in bestimmter Weise, ohne zu zögern. Ist ein solcher Hintergrund anstandsloser Reaktionen *gegeben*, können wir uns *anschließend* Verhaltensformen vorstellen, die sich, wie im zweiten Fall, als Ausdruck des Zweifels auffassen ließen. Doch wenn die Mutter, wie im dritten Fall, *ohne* einen solchen Hintergrund ein derartiges Verhalten an den Tag legt, würden wir dies nicht mehr »den Ausdruck eines Zweifels« nennen wollen: »Die *Gründe* des Zweifels sind jetzt Gründe, ein eingefahrenes Geleise zu verlassen«, und: »Der Zweifel ist ein retardierendes Moment und ist, sehr wesentlich, eine Ausnahme von der Regel.«[31]

In welcher Beziehung steht diese Erörterung zu den weiter oben aufgeworfenen Fragen bezüglich der »Bipolarität« Wahr/Falsch,

30 »Ursache und Wirkung«, S. 108.
31 »Ursache und Wirkung«, S. 106.

die zu unserer Vorstellung des Satzes gehört? Wir verwenden die Ausdrücke »wahr« und »falsch« zum Beispiel in Kontexten, in denen wir uns fragen oder in denen wir untersuchen, ob sich etwas so verhält oder nicht, in denen wir zögern, ob wir es akzeptieren sollen, daß es sich so verhält, in denen wir Zweifel darüber an den Tag legen, ob sich etwas so verhält, oder in denen wir angesichts einer skeptischen Haltung darauf bestehen, daß etwas so ist – in Kontexten also, die die Betrachtung zweier einander wechselseitig ausschließender Möglichkeiten beinhalten. Ohne diese Phänomene des menschlichen Lebens hätten die Wörter »wahr« und »falsch« nicht den Sinn, den sie tatsächlich für uns haben. Daß diese Phänomene zu den Grundlagen des Lebens, das wir führen, gehören, steht in vielerlei Zusammenhängen damit, daß uns daran liegt, »das Wesen der Dinge zu erkunden« oder »herauszubekommen, wie sich die Dinge verhalten«. Daher ist es überaus natürlich – und vollkommen richtig –, daß wir die Unterscheidung zwischen Wahrheit und Falschheit in den Mittelpunkt stellen wollen, wenn wir versuchen, die Art von Harmonie zu erklären, die zwischen unserem Denken (sowie unserer Sprache) und der Welt besteht. Die sorgfältige Untersuchung des Wahren und des Falschen ist eben der Vorgang, durch den man ein sozusagen stramm sitzendes Übereinstimmungsverhältnis erreicht zwischen unseren Gedanken, unseren Überzeugungen und dem wirklichen Sosein der Dinge. Aber obwohl die Unterscheidung zwischen Wahrheit und Falschheit in diesem Sinne tatsächlich grundlegend ist für die Verbindung zwischen dem, was wir sagen, und dem Verhalten der Dinge, ist es doch nicht *die* »primitive« Verbindung. Wittgensteins Erörterungen zeigen dies, indem sie nachweisen, daß die Phänomene des menschlichen Verhaltens, zu denen der Gebrauch der Wörter »wahr« und »falsch« gehört, nicht den ihnen faktisch zukommenden Sinn hätten – nicht als Äußerung von Zweifel und Fragen angesehen würden –, wenn es nicht den Hintergrund eines Musters bedenkenloser Reaktionen gäbe, wobei diese Reaktionen in dem Sinne »bedenkenlos« sind, daß die Kontexte, in denen sie vorkommen, keinen Platz lassen für den Gedanken einer möglichen Fragestellung. Im Rahmen einer Untersuchungspraxis (bei der es etwa darum geht, die Ursache von etwas aufzusuchen) gibt es, wie Wittgenstein sich ausdrückt,

> etwas, was wir Zweifel und Unsicherheit nennen können, aber dies ist ein Zug zweiter Größe. Wie es charakteristisch für das Funktionieren der Nähmaschine ist, daß sich ihre Teile abnützen und verbiegen, und die Achsen in den Lagern schlottern können, aber doch ein Charakteristikum zweiter Ordnung verglichen mit dem normalen Gang der Maschine.[32]

Und ferner:

> Die Sprache – will ich sagen – ist eine Verfeinerung, ›im Anfang war die Tat‹.
>
> Erst muß ein fester, harter Stein zum Bauen da sein, und die Blöcke werden *unbehauen* aufeinandergelegt. *Dann* ist es freilich wichtig, daß er sich behauen läßt, daß er nicht gar zu hart ist.[33]

In Goethes Wort »Im Anfang war die Tat« schwingen natürlich mancherlei Anklänge mit. Alles in allem kann man nichts Besseres tun, als solche Anklänge unbehelligt weiterschwingen zu lassen. Wittgensteins Zitat dieser Zeile hallt jedoch durch viele verschiedene Winkel seiner Philosophie, und abschließend möchte ich auf einige von ihnen wenigstens hinweisen. Goethe lenkt unsere Aufmerksamkeit auf die *schöpferische* Rolle der »Tat«, und bei Wittgenstein findet das seinen Ausdruck in der Bedeutung, die bestimmten primitiven menschlichen Handlungen und Reaktionen für die *Begriffsbildung* zugeschrieben wird. In seiner allgemeinsten Form wird dieses Thema an den vielen Stellen behandelt, an denen erörtert wird, was zum Lernen des Regelfolgens gehört. Und wenn sich Wittgenstein mit der Rolle auseinandersetzt, die hinweisende Definitionen beim Benennen von Gegenständen spielen, lenkt er die Aufmerksamkeit auf die Tatsache, daß ich dann, wenn ich jemanden mit dem Finger zeigen sehe, bezeichnenderweise nicht auf seinen Finger blicke, sondern von diesem Finger weg »in die Richtung, in die er zeigt«, wie man sagt. Und über diesen letzteren Begriff verfüge ich nur aufgrund der Tatsache, daß ich – ebenso wie jeder andere

32 »Ursache und Wirkung«, S. 115.
33 »Ursache und Wirkung«, S. 115.

auch – von Natur aus tatsächlich in dieser Weise auf seinen ausgestreckten Arm und den Finger reagiere. In den 1937 geschriebenen Notizen, auf die ich hier Bezug genommen habe, betont Wittgenstein, wie wichtig es für unseren Kausalitätsbegriff ist, daß die Leute in einer bestimmten typischen Weise auf Sachverhalte reagieren, von denen sie sich gern befreien wollen.

> *Wir reagieren auf die Ursache.*
>
> Etwas »Ursache« nennen, ist ähnlich, wie, zeigen und sagen: »*Der* ist schuld!«
>
> Wir stellen instinktiv die Ursache ab, wenn wir die Wirkung nicht wollen. Wir schauen instinktiv vom Gestoßenen auf das Stoßende. (Ich nehme an, wir tun es.)[34]

Simone Weil gibt einen ganz ähnlichen Hinweis, indem sie *systematische Verfahrensweisen* in unserem Umgang mit der Natur als dasjenige hervorhebt, was den Begriff der Naturnotwendigkeiten hervorbringt. Wenn wir zum Beispiel einen Stein heben wollen, der zu schwer für uns ist, lenken wir – was paradox erscheinen könnte – unsere unmittelbare Aufmerksamkeit von dem Stein ab und suchen etwas, was wir als Hebel benutzen können. Simone Weil spricht im Hinblick auf die Beziehung der Menschen zu physischen Gegenständen, die die Unterscheidung ihrer verschiedenen Eigenschaften ermöglicht, auch von einer Art »Tanz«[35], womit sie ganz buchstäblich ein von den *Körpern* der Menschen ausgeführtes Bewegungsmuster meint, das zum Beispiel dann eine Rolle spielt, wenn man Gewicht, Gestalt, Oberflächenbeschaffenheit, Elastizität und so weiter eines Gegenstands unterscheidet. Diese Bewegungsmuster *folgen* nicht auf eine vorhergehende Erkenntnis solcher Eigenschaften, sondern sie gehören zur Bildung und Anwendung der Begriffe der betreffenden Eigenschaften. Simone Weil will hier auf einen Gedanken hinaus, der mit dem Wittgensteins eng verwandt ist. Etwas Ähnliches steckt auch in der Weise, in der Wittgenstein

34 »Ursache und Wirkung«, S. 103.

35 Simone Weil, *Lectures on Philosophy*, engl. Übers. Hugh Price, Cambridge University Press, 1978, S. 52.

unsere Reaktion auf das Stöhnen und Sichwinden eines Menschen im Verhältnis zum Begriff der Schmerzen und sogar zum Begriff des Menschen behandelt: »Wie bin ich von Mitleid *für diesen Menschen* erfüllt? Wie zeigt es sich, welches Objekt das Mitleid hat? (Das Mitleid, kann man sagen, ist eine Form der Überzeugung, daß ein Andrer Schmerzen hat.)«[36] Es ist aufschlußreich, über den Gegensatz zwischen Wittgensteins Auseinandersetzung mit diesem Thema und der Strawsons nachzudenken.[37] Strawsons Ausgangspunkt ist die *Aussage*, in der einem identifizierten Subjekt ein Prädikat zugeschrieben wird; Wittgensteins Ausgangspunkt ist die primitive *Reaktion*. Freilich ist es nicht so, als bestritte Wittgenstein, daß wir wahre und falsche Behauptungen über Personen aufstellen können, sondern er will darauf hinaus, daß diese Behauptungen einen Begriff benutzen, der durch eine Handlungsweise erzeugt wird, für die die Bipolarität Wahr/Falsch nicht gilt. Die »Tat« erfüllt jetzt die Aufgabe, die im *Tractatus* von der Beziehung zwischen »Name« und »Gegenstand« wahrgenommen wird. Ein wichtiger Unterschied liegt darin, daß Taten – im Gegensatz zu den »Gegenständen« – beschrieben werden können. Ein weiterer Unterschied besteht darin, daß die Betonung der Tat es zu verstehen ermöglicht, wie *neue* Begriffe geschaffen werden können, und eine Möglichkeit erkennen läßt, Begriffe und Denkweisen zu erfassen, die von unseren eigenen ganz verschieden sind. Und gerade weil es auf der Ebene der Tat keine Anwendung der Bipolarität Wahr/Falsch gibt, ist es *nicht* so, als würden damit dem »Idealismus« oder dem »Relativismus« Tür und Tor geöffnet.

36 *Philosophische Untersuchungen*, §287. Siehe hierzu auch die weitere Erörterung in Kapitel 10.

37 P. F. Strawson, *Individuals*, London: Methuen, 1959, dt. Übers. von F. Scholz, *Einzelding und logisches Subjekt*, Stuttgart: Reclam, 1972 (siehe das Kapitel über Personen). Strawsons Aufsatz »Freedom and Resentment« (dt. Übers. von Ch. Taul, »Freiheit und Übelnehmen«, in: U. Pothast (Hg.), *Seminar: Freies Handeln und Determinismus*, Frankfurt am Main: Suhrkamp, 1978, S. 201-233) enthält allerdings Hinweise, die auf eine Wittgenstein näherstehende Position schließen lassen.

5
Tatsachen und übermäßige Tatsachen

Das vorige Kapitel – »Im Anfang war die Tat« – ist eine überarbeitete Fassung meines Beitrags zu dem 1976 in London, Ontario, veranstalteten Wittgenstein-Kolloquium.[1] Zufälligerweise hat Saul Kripke im Rahmen desselben Kolloquiums die ursprüngliche Fassung des Vortrags gehalten, auf der sein einflußreiches Buch über Wittgenstein[2] basiert. Kripkes Buch ist ein hervorragendes Beispiel jener Wittgenstein-Deutung, gegen die sich mein eigener Beitrag richtet.

Der erste Absatz des Abschnitts 201 des ersten Teils der *Philosophischen Untersuchungen* liefert Kripke den Ausgangspunkt: »Unser Paradox war dies: eine Regel könnte keine Handlungsweise bestimmen, da jede Handlungsweise mit der Regel in Übereinstimmung zu bringen sei. Die Antwort war: Ist jede mit der Regel in Übereinstimmung zu bringen, dann auch zum Widerspruch. Daher gäbe es hier weder Übereinstimmung noch Widerspruch.«

Nach Kripkes Meinung wirft Wittgenstein hier in Analogie zu Humes Kausalitätsproblem ein »skeptisches Problem« bezüglich des Regelfolgens auf. Außerdem glaubt er, das »Privatsprachenargument« gehöre zu einer von Wittgenstein selbst diesem Problem gewidmeten »skeptischen Lösung« (und auch dieser Ausdruck soll bewußt an Hume anklingen). Um einen klaren Überblick zu gewinnen über das, worauf sich nach Kripkes Ansicht Wittgensteins Skepsis bezieht, müssen wir auf seine eigene Auffassung des Regelfolgens achten. Unter Verwendung des Beispiels der elementaren Additionsregel erklärt Kripke auf Seite 17 seine Auffassung wie folgt:

> Ich verwende, wie die meisten Sprecher des Deutschen, das Wort »plus« und das Symbol » + « zur Bezeichnung einer wohlbekann-

1 Siehe Irving Block (Hg.), *Perspectives on the Philosophy of Wittgenstein*, Oxford: Blackwell, 1981.

2 Saul Kripke, *Wittgenstein über Regeln und Privatsprache*, Frankfurt am Main: Suhrkamp, 1987.

ten mathematischen Funktion, nämlich der Addition. Diese Funktion ist für jedes Paar von positiven ganzen Zahlen definiert. Durch meine äußere symbolische Wiedergabe und durch meine innere geistige Wiedergabe »erfasse« ich die Regel der Addition. Ein Umstand ist für mein »Erfassen« dieser Regel entscheidend: Ich selbst habe bisher zwar nur endlich viele Additionen ausgeführt, doch die Regel legt meine Antworten in bezug auf beliebig viele neue Rechenaufgaben fest, an die ich noch nie gedacht habe. Der Witz des Gedankens, daß ich, indem ich addieren lerne, eine Regel erfasse, ist folgender: Meine bisherigen Intentionen hinsichtlich der Addition legen für beliebig viele neue Fälle in der Zukunft eine eindeutige Lösung fest.

Es ist, wie ich meine, wichtig, daß es kein Anzeichen dafür gibt, Kripke halte diese Kennzeichnung dessen, was beim Erfassen und Anwenden einer Regel eine Rolle spielt, in irgendeiner Weise für philosophisch tendenziös oder fragwürdig. Vielmehr soll diese Kennzeichnung die übliche Auffassung des Regelfolgens zum Ausdruck bringen. Dies trägt wesentlich zu seiner These bei, wonach »Wittgensteins Hauptproblem ist, daß er anscheinend nachgewiesen hat, daß *jegliche* Sprache und *alle* Begriffsbildung unmöglich, ja unbegreiflich ist.« (S. 82)
Welches sind nach dieser Auffassung die Merkmale des Regelfolgens, gegen die sich nach Kripkes Meinung Wittgensteins »Skepsis« richtet? Sein Text legt drei verschiedene Antworten auf diese Frage nahe.
Auf den Seiten 17 bis 20 schreibt er, es könne sein, daß jemand, dem man mit Bezug auf eine endliche Anzahl von Beispielen das Addieren beigebracht hat und der (wie er meint) die Regel jetzt auf ein neues Beispiel – etwa 68 + 57 – anwendet und 125 als Lösung nennt, »[s]einen eigenen früheren Sprachgebrauch falsch interpretiere«, der in Einklang mit ganz anderen Regeln stand, zum Beispiel mit denen, die die »quus«-Funktion definieren (einem erfundenen Phantasiebeispiel, das Kripke großes Vergnügen bereitet, dessen Einzelheiten uns hier allerdings nicht aufhalten dürfen). Jedoch allein aus den wenigen schon zitierten Sätzen des Abschnitts 201 der *Philosophischen Untersuchungen* geht natürlich deutlich hervor, daß dies *keine* Formulierung von Wittgensteins »Paradox« ist, bei dem es ja nicht darum geht, daß

ich mich hinsichtlich der Regel, der ich bei meiner Beschäftigung mit früheren Beispielen gefolgt bin, *irren* kann, sondern daß hier eigentlich weder ein Recht- noch ein Unrechthaben zur Debatte steht (»weder Übereinstimmung noch Widerspruch«).
Später, auf Seite 34, behauptet Kripke sodann, es handele sich nicht um das zunächst angedeutete erkenntnistheoretische Problem, sondern darum, daß es »in bezug auf mich keine Tatsache [gibt], aus der ein Unterschied hervorgeht zwischen meinem Plus-Meinen und meinem Quus-Meinen. Es gibt in der Tat keine Tatsache in bezug auf mich, die einen Unterschied macht zwischen der Situation, in der ich mit ›plus‹ eine bestimmte Funktion meine (die meine Antworten in neuen Fällen determiniert), und der Situation, in der ich gar nichts meine.« Demnach ist Wittgensteins Skepsis, wie es scheint, als Skepsis mit Bezug auf die Frage aufzufassen, ob wir jemals eine echte Tatsache mit Bezug auf einen Sprecher behaupten, wenn wir von ihm sagen, er meine mit seiner Aussage dies oder jenes. Diese Lesart von Kripkes Ausführungen wird noch untermauert durch den (mitunter sogar durch Kursive festgehaltenen) Nachdruck, den er an Stellen wie der eben zitierten auf das Wort »Tatsache« legt. Auf diese Kripke-Deutung werde ich in Kürze zurückkommen.
Die Parallele zwischen Hume und Wittgenstein, die Kripke aufzeigen möchte, verlangt jedoch eine andere Akzentuierung. Sowohl Wittgenstein als auch Hume »entwickeln ein skeptisches Paradox, das auf der Infragestellung einer bestimmten *Verknüpfung* zwischen Vergangenheit und Zukunft beruht. Wittgenstein zieht die Verknüpfung zwischen früheren ›Intentionen‹ oder früherem ›Meinen‹ und jetziger Praxis in Zweifel, zum Beispiel zwischen meinen früheren ›Intentionen‹ in bezug auf ›plus‹ und meiner jetzigen Rechnung ›68 + 57 = 125‹.« (S. 83) Anhand dieser Stelle gewinnt es den Anschein, als bezöge sich Wittgensteins Skepsis nicht darauf, ob es so etwas (eine »Tatsache«) wie ein Meinen gibt, sondern vielmehr darauf, ob es wirklich eine »Verknüpfung« gibt zwischen dem, was jemand in einer bestimmten Situation meint, und dem, was er womöglich anschließend tut. Auf den ersten Blick sieht es so aus, als könne sich diese Frage nur dann stellen, wenn die Menschen bei manchen Gelegenheiten mit ihren Äußerungen oder Handlungen tatsächlich etwas meinen (und wenn es also manchmal eine Tatsache wäre, daß jemand etwas meint).

In einen Zusammenhang gebracht werden diese beiden offenbar verschiedenen Interpretationen durch die Auffassung des »Meinens«, wonach dieses als übermäßige Tatsache« (*Philosophische Untersuchungen*, §192) hingestellt wird, so daß man sagen könnte: »›Die Übergänge sind *eigentlich* schon gemacht; auch ehe ich sie schriftlich, mündlich, oder in Gedanken mache.‹ Und es schien, als wären sie in einer *einzigartigen* Weise vorausbestimmt, antizipiert – wie nur das Meinen die Wirklichkeit antizipieren könne.« (§188) Das heißt, die Vorstellung einer merkwürdigen Verknüpfung, die zwischen dem Sachverhalt, daß man mit einem Wort das und das meint, und dem Sachverhalt besteht, daß man es in der Zukunft auf diese oder jene Weise anwendet, geht Hand in Hand mit der Vorstellung des Meinens als übermäßiger Tatsache. Verhält man sich mit Bezug auf die eine skeptisch, so verhält man sich auch mit Bezug auf die andere skeptisch.
Hier müssen wir die Frage stellen, wie sich Wittgensteins Kritik der Versuchung, einen solchen »philosophischen Superlativ« zu verwenden, zu der Auffassung des Regelfolgens verhält, die in unseren wirklichen Praktiken des Handelns, Sprechens, Zählens, Rechnens usw. zutage tritt. Wittgenstein gibt sich sehr große Mühe, einen Unterschied zu machen zwischen dieser Kritik und einer Ablehnung unserer Gebrauchsweisen der problematischen Ausdrücke im Kontext unserer normalen Praxis. Dieser Aspekt von Wittgensteins Denken läßt Kripke kalt. Er vergleicht ihn mit Berkeleys Behauptung, seine Leugnung der »materiellen Substanz« beinhalte keine Ablehnung irgendwelcher Überzeugungen des gemeinen Mannes, und mit Humes Bemerkung, es sei »fruchtlos zu fragen: ›*Gibt es Körper oder nicht?*‹ Dies ist etwas, was wir bei allen unseren Überlegungen als selbstverständlich voraussetzen müssen.«[3]
Es läßt sich nicht leugnen, daß es hier Parallelen gibt, die nicht nur historisch wichtig sind, sondern auch als Hinweise auf die zugrundeliegenden philosophischen Zwänge, die die Autoren dazu veranlaßt haben, in diesem Ton zu schreiben. Es bestehen hier aber auch große Unterschiede, und Kripke zieht diese kaum in Betracht. »Ich für mein Teil halte solche philosophischen

3 David Hume, *A Treatise of Human Nature*, Buch I, Teil IV, Abschnitt 2.

Ansprüche fast durchweg für verdächtig«, verkündet er in seiner bärbeißigen, verallgemeinernden Art (S. 86). Dabei merkt er zum Beispiel nicht, daß die von Wittgenstein betonte Unterscheidung nicht die zwischen »philosophischen« und »Common-sense-«Aussagen über das Regelfolgen ist, sondern die zwischen unserer normalen *Praxis* des Regelfolgens und den philosophischen *Erklärungen*, die wir von dieser Praxis zu geben geneigt sind. Was Kripke als »Common-sense-Philosophie« bezeichnet, ist – ebenso wie der Skeptizismus etwa – eine *Interpretation* unserer Praxis, während unsere Praxis jeder Interpretation vorgeordnet ist. Freilich, der Gebrauch bestimmter sprachlicher Ausdrücke ist oft ein wesentlicher Bestandteil unserer Praxis, und ständig droht die Gefahr, daß wir, wenn wir gerade nicht tätig an der Praxis beteiligt sind, die Beziehung unseres Gebrauchs solcher Ausdrücke zu dieser Praxis mißdeuten.

Dieser Punkt betrifft den Kern von Wittgensteins Philosophie. Mir scheint, daß Kripke seine Bedeutung durchweg übersieht und daß dieses Versäumnis seine ganze Darstellung verzerrt. Frappierend veranschaulicht wird dies durch die Tatsache, daß das dem Abschnitt 201 der *Philosophischen Untersuchungen* entnommene Zitat, mit dem Kripke seine Darlegung von Wittgensteins »Skeptizismus« beginnt, in Wirklichkeit nur eine Vorbereitung ist auf den Hauptgedanken, den Wittgenstein in diesem Abschnitt äußert. Nachdem Wittgenstein darauf hingewiesen hat, daß es unmöglich sein wird, Übereinstimmung und Widerspruch zur Regel auseinanderzuhalten, wenn wir annehmen, jede Handlungsweise könne so gedeutet werden, daß sie mit der Regel übereinstimmt, fährt er fort und sagt, dieses ganze Argument beruhe auf einem »*Mißverständnis*« (Kursive von mir). Das Mißverständnis besteht in dem Versäumnis zu sehen, »daß es eine Auffassung einer Regel gibt, die *nicht* eine *Deutung* ist; sondern sich, von Fall zu Fall der Anwendung, in dem äußert, was wir ›der Regel folgen‹, und was wir ›ihr entgegenhandeln‹ nennen«.

Um uns zu überzeugen, daß Wittgenstein hier keinen Strohmann attackiert, brauchen wir uns nicht weiter umzuschauen als bis zu der vorhin zitierten Stelle auf Seite 17 von Kripkes Buch, an der es heißt, daß ich eine Regel »durch meine äußere symbolische Wiedergabe und durch meine innere geistige Wiedergabe« er-

fasse. Hier, gerade an dem Punkt, an dem es darum geht, das Thema der Erörterung festzulegen, stoßen wir auf ebendas Mißverständnis, welches Wittgenstein kennzeichnet, wenn er sagt, daß wir »Deutung hinter Deutung [lies: Wiedergabe hinter Wiedergabe] setzen; als beruhige uns eine jede wenigstens für einen Augenblick, bis wir an eine Deutung denken, die wieder hinter dieser liegt« (§201).
Wenn Kripke schreibt, Wittgenstein bestreite, daß es eine Verknüpfung gibt zwischen dem Sachverhalt, daß jemand in der Vergangenheit etwas gemeint hat, und dem, was er jetzt tut, spielt er vermutlich auf das an, was Wittgenstein über die Behauptung sagt, die Übergänge, die bei der Anwendung der Regel eine Rolle spielen, seien durch ein Meinen »bestimmt«. Im Abschnitt 189 erwidert Wittgenstein auf die Frage, ob er *bestreite*, daß die Übergänge durch die Formel bestimmt seien, indem er (mit für ihn ungewöhnlicher Emphase) sagt: »In der Frage liegt ein Fehler.« Im folgenden erklärt er recht detailliert, worüber er sich nach Kripkes Behauptung auf Seite 92 nur »vorsichtig« äußert, nämlich die Frage, »*welche* ›irreführende Interpretation‹ [Wittgensteins] Opponent auf die gewöhnlichen Ausdrucksmittel anwendet«. Nach Wittgenstein gibt es hier eine Verwechslung zweier Verwendungsweisen des Wortes »bestimmen«: (a) um eine Gruppe von Menschen zu beschreiben, die so abgerichtet sind, »daß alle, wenn sie die gleiche Zahl für x einsetzen, immer die gleiche Zahl für y herausrechnen«; (b) um eine Formel einer bestimmten mathematischen Art anzugeben, nämlich eine, die für einen gegebenen Wert von x eine Zahl y bestimmt. Gebraucht Kripke an der zitierten Stelle das Wort »bestimmen« zur Kennzeichnung der arithmetischen Funktion der Addition oder zur Beschreibung der Praxis desjenigen, der in einer bestimmten Weise zur Verwendung von »+« abgerichtet worden ist? Die Antwort muß meines Erachtens lauten, daß er die beiden Verwendungsweisen in genau der Weise verquickt, die Wittgenstein als »Fehler« bezeichnet. So schreibt Kripke auf Seite 18, daß »›plus‹ gemäß der bisher von mir beabsichtigten Verwendungsweise dieses Wortes eine Funktion bezeichnet, die bei der Anwendung auf die von mir ›68‹ und ›57‹ genannten Zahlen den Wert 125 ergibt«. Dabei scheint ihm die Vorstellung vorzuschweben, daß meine bisherige Verwendungsweise auf einer

bestimmten Interpretation beruhte (sie »bezeichnete eine Funktion«); diese Funktion bestimmt einen spezifischen Wert von z, wenn in der Formel »x + y = z« gegebene Werte für x und y eingesetzt werden; da meine bisherige Verwendungsweise eine Absicht beinhaltet, diese Funktion solle bezeichnet werden, ist meine Antwort auf die Frage »68 + 57 = ?« gleichfalls bestimmt. Es ist, als nähme die arithmetische Bestimmung eine gewisse kausale Wirksamkeit an, sobald sie in meine Absicht einbezogen wird. Doch diese Denkweise können wir nur durchhalten, solange wir die von Wittgenstein aufgezeigte Mehrdeutigkeit von Wörtern wie »bestimmen« nicht einsehen. Und ein solcher Mangel an Einsicht wird durch Mißverständnisse gefördert wie das, auf welches Wittgenstein in dem von Kripke nicht zitierten Teil des Abschnitts 201 hinweist.
Die vorangehenden Ausführungen veranschaulichen, wie unentwirrbar miteinander verflochten die Einzelheiten von Wittgensteins Behandlung dieser Fragen und seine nachdrücklich vertretene Auffassung sind, wonach gilt: »Wir wollen nicht das Regelsystem für die Verwendung unserer Worte in unerhörter Weise verfeinern oder vervollständigen.« (§133) Aus diesem Grund scheint mir ein gewaltiges Mißverständnis in der folgenden Bemerkung Kripkes zu stecken, die maßgeblich ist für seine Auffassung, wonach Wittgenstein eine Art Skeptiker à la Hume ist: »hätte er [Wittgenstein] die Ergebnisse seiner Schlußfolgerungen in Gestalt eindeutiger Thesen artikuliert, wäre es überaus schwergefallen, seine Lehre anders zu formulieren als durch offenbar skeptische Gegenthesen zu unseren gewöhnlichen Behauptungen« (S. 91). Aber wenn Wittgenstein in der von Kripke offenbar für aufrichtiger erachteten Weise geschrieben *hätte*, so wäre das, was er gesagt hätte, etwas ganz anderes und viel weniger Interessantes gewesen als das, was er in Wirklichkeit gesagt hat. Kripke lehnt dies ausdrücklich ab: »... Dennoch möchte ich rückhaltlos behaupten: Wittgenstein ist, ebenso wie der Skeptiker, der Ansicht, es gebe keine Tatsache in bezug darauf, ob ich plus oder quus meine.« (S. 92)
Diese Formulierungsweise steht in Einklang mit Kripkes Ansicht (die er mit Dummett teilt), wonach Wittgenstein im *Tractatus* versucht habe, die Bedeutungen der Sätze durch ihre Wahrheitsbedingungen zu erklären, während er diese Auffassung in den

Philosophischen Untersuchungen ersetzt habe durch »ein Bild von der Sprache [...], das nicht auf *Wahrheitsbedingungen* basiert, sondern auf *Behauptbarkeitsbedingungen* oder *Rechtfertigungsbedingungen*: Unter welchen Umständen dürfen wir eine bestimmte Behauptung aufstellen?« (S. 96)
Dieser Gedanke ist so grundlegend für Kripkes Interpretation, daß es verwunderlich ist, daß er Wittgensteins ausführlichste – in den Abschnitten 134-142 der *Philosophischen Untersuchungen* ausgeführte – Auseinandersetzung mit dem Thema, in welcher Beziehung die Begriffe der Wahrheit und der Falschheit zum Begriff des Satzes stehen, in derart oberflächlicher Weise erörtert (S. 86). Kripke irrt sich, wenn er den Umfang von Wittgensteins Auseinandersetzung auf die Abschnitte 134 bis 137 beschränkt, und das ist symptomatisch dafür, daß ihm die Hauptsache entgangen ist, nämlich das irreführende Bild, das durch die Behauptung nahegelegt wird: »Was zum Begriff ›wahr‹ paßt, oder, worauf der Begriff ›wahr‹ paßt, das ist ein Satz.« Es ist, wie ausdrücklich gesagt wird, hauptsächlich das Wort »passen«, auf das dieses Bild zurückgeht, und dies ist es, was – von Kripke übersehen – in den Abschnitten bis 142 untersucht wird. Was uns zu der Annahme veranlaßt, wir hätten »einen Begriff von wahr und falsch, mit dessen Hilfe wir nun bestimmen können, was ein Satz ist und was keiner«, ist der Sachverhalt, daß eine bestimmte Formulierung ein unmittelbares Bild (gleichsam ein Bild der Wahrheitsbedingungen) heraufbeschwören kann, dessen Besitz wir als konstitutiv auffassen für unser Verständnis der betreffenden Worte, wobei wir die Komplexitäten in unserem Gebrauch der Wörter übersehen, die zu beachten sind, wenn man wissen will, unter welchen Umständen wir tatsächlich berechtigt sind zu sagen, die Wahrheitsbedingungen seien erfüllt oder nicht.
Wie zutreffend diese Diagnose ist, sollte jedem einleuchten, der die klassischen Symptome dieser Krankheit untersucht, wie sie sich zum Beispiel auf Seite 94 von Kripkes Buch zeigen: »der Satz ›Die Katze sitzt auf der Matte‹ [wird] von denjenigen Sprechern verstanden, die erkennen, daß er dann und nur dann wahr ist, wenn eine bestimmte Katze auf einer bestimmten Matte sitzt, ansonsten falsch.« Ja, das ist natürlich richtig, und diese Tarskische Formel läßt sich auf jeden Satz übertragen, dem sich sinn-

voll die Wörter »ist wahr« und »ist falsch« anhängen lassen, wie zum Beispiel »Er meinte die Addition, als er das Wort ›plus‹ gebrauchte« oder »Er hat Kopfschmerzen« (um ein Beispiel anderer Art zu wählen, das aus Kripkes Postskriptum »Wittgenstein über Fremdpsychisches« stammt). Als Erklärung der Bedeutung des betreffenden Ausdrucks wird eine solche Formel aber nur insofern nützlich sein, als derjenige, für den sie gedacht ist, schon weiß, wann es richtig ist zu sagen, diese Wahrheitsbedingungen seien erfüllt, das heißt nur dann, wenn er den Gebrauch der Wörter, durch die das Bestehen der Wahrheitsbedingungen artikuliert wird, beherrscht. Anders als Kripke zu glauben scheint (siehe zum Beispiel S. 170), kommt es Wittgenstein nicht darauf an, daß, wenn wir von einem anderen sagen, er habe Kopfschmerzen, keine »entsprechenden Fakten« gegeben sind, deren Bestehen meine Aussage wahr und deren Nichtbestehen meine Aussage falsch macht. Der springende Punkt ist vielmehr, daß es keine Abkürzung gibt, die zum Verständnis dieser Fakten führt und die es uns erspart, die Verwendungsweise von Ausdrücken wie »Er hat Kopfschmerzen« zu verstehen.
Übrigens läuft die Frage nach der Gebrauchsweise eines Ausdrucks nicht, wie Kripke an mehreren Stellen voraussetzt, auf die Frage hinaus: »Wozu ist der Ausdruck gut?« oder auf die Frage: »Welches ist sein Nutzen?« Diese Interpretation wird von Wittgenstein ganz nachdrücklich ausgeschlossen, zum Beispiel im § 320 der *Zettel*, in dem er die Regeln der Grammatik den Regeln des Kochens gegenüberstellt. Die letzteren geben das beste Verfahren zur Erreichung eines von ihnen unabhängig beschreibbaren Zwecks an. Dagegen *ist* das Reden über einen bestimmten Sachverhalt ja nichts anderes, als daß man den Regeln der Grammatik, die für das Reden über solche Sachverhalte konstitutiv sind, folgt; es gibt keine andere Weise, über sie zu reden. Unter anderem darauf will Wittgenstein auch in den Abschnitten 295 bis 301 der *Philosophischen Untersuchungen* hinaus, die Kripke auf der Seite 173 seines Buchs erörtert, aber mißdeutet, und zwar teilweise deshalb, weil er durch Anscombes Übersetzung des Wortes »Vorstellung« durch »image« verständlicherweise in die Irre geführt wird. Die Abschnitte 300 und 301 lauten:

Zu dem Sprachspiel mit den Worten »er hat Schmerzen« gehört – möchte man sagen – nicht nur das Bild des Benehmens, sondern auch das Bild des Schmerzes. Oder: nicht nur das Paradigma des Benehmens, sondern auch das des Schmerzes. – Zu sagen »Das Bild des Schmerzes tritt ins Sprachspiel mit dem Worte ›Schmerz‹ ein«, ist ein Mißverständnis. Die Vorstellung des Schmerzes ist kein Bild, und *diese* Vorstellung ist im Sprachspiel auch nicht durch etwas ersetzbar, was wir ein Bild nennen würden. – Wohl tritt die Vorstellung des Schmerzes in einem Sinn ins Sprachspiel ein; nur nicht als Bild.

Eine Vorstellung ist kein Bild, aber ein Bild kann ihr entsprechen.

Wenn man hier verfährt wie in der offiziellen englischen Übersetzung und »Vorstellung« durch »image« wiedergibt, geht der Gegensatz zu »Bild«, auf den es in diesem Abschnitt ja gerade ankommt, verloren. Wenn Wittgenstein sagt, daß die Vorstellung des Schmerzes in das Sprachspiel eintritt, meint er nach meiner Auffassung in etwa, daß das Sprachspiel sowohl vom Begriff des Schmerzes als auch vom Begriff des Benehmens durchdrungen ist beziehungsweise beide Begriffe zum Ausdruck bringt. Ausschlaggebend ist allerdings, daß es außer dem Sprachspiel keinen *anderen* Ort gibt, an dem man nach der Vorstellung des Schmerzes suchen könnte. (Es ist natürlich wichtig, in diesem Zusammenhang daran zu denken, daß das Sprachspiel und seine grammatischen Regeln die *Anwendung* der zu ihm gehörigen Wörter mit einschließen; und diese Anwendung ist das, was sie ist, dank der Stellung, die sie im Leben derjenigen einnimmt, die dieses Sprachspiel spielen.)
Ebenso gibt es außer der Verwendungsweise des Bildes keine Weise, in der *es einen kochenden Topf vorstellt* (siehe Abschnitt 297); dies gelingt ihm nicht dadurch, daß im Bild des Topfes etwas kocht. Das Bild ist ein Bild von einem kochenden Topf, das heißt: die *Vorstellung* von etwas in dem Topf Kochendem wird durch das Bild herbeigeführt, aber nicht mit Hilfe *eines Bildes von etwas, was im Topf kocht.*[4]
Wir sollten demnach nicht annehmen, unser Verständnis der

4 Eine ausführlichere Erörterung dieser Stelle findet sich unten, S. 106–108.

Aussage »Er hat Schmerzen« beruhe auf einem Bild seiner Schmerzen, also auf einem Bild der Wahrheitsbedingungen dieser Aussage. In dieser Hinsicht besteht jedoch kein Gegensatz zu der Aussage »Die Katze sitzt auf der Matte«, denn obwohl es sein kann, daß jemandem ein Bild von einer auf einer Matte sitzenden Katze vorschwebt, sobald er diesen Satz hört oder ausspricht, ist dies weder eine notwendige noch eine hinreichende Bedingung für die Behauptung, er verstehe ihn. In dem einen wie im anderen Fall geht das Verstehen mit dem richtigen Gebrauch einher. Und wenn man darauf hinweist, ist damit kein Grund gegeben für die Behauptung, die Aussage »Er hat Schmerzen« könne nicht wahr oder falsch sein; obwohl Wissen, wann es wahr ist, daß jemand Schmerzen hat, natürlich nicht verschieden ist von dem Wissen, wann er Schmerzen hat. Unser Verständnis, welches die Wahrheitsbedingung ist, läßt sich nicht trennen von unserem Verständnis, wann wir in der Lage sind zu behaupten, daß jemand Schmerzen hat. Das läuft nicht darauf hinaus, das Reden von Wahrheitsbedingungen im Rahmen der Bedeutungserklärung durch Ausführungen über Behauptbarkeitsbedingungen zu ersetzen, sondern es ist eine Anmerkung zur Grammatik des Ausdrucks »Wahrheitsbedingungen«.
Mit diesen Überlegungen im Sinn, komme ich zurück auf Kripkes Erklärung (S. 99f.) von »Wittgensteins skeptische[r] Schlußfolgerung: Es gibt keine Tatsachen, keine Wahrheitsbedingungen, die Aussagen wie ›Müller meint mit »+« die Addition‹ entsprechen.« – »Gehen wir nun davon aus, daß Tatsachen oder Wahrheitsbedingungen zum Wesen sinnvoller Behauptungen gehören, folgt aus der skeptischen Schlußfolgerung, daß Behauptungen, wonach man je etwas meint, sinnlos sind.« Aber in den *Philosophischen Untersuchungen* wird, wie Kripke sagt, die Ansicht vertreten, zur »Berechtigung« von Behauptungen sei nichts weiter nötig, als daß sich die Bedingungen für solche berechtigten Behauptungen angeben lassen und »daß das Spiel, in dem diese Behauptungen unter solchen Bedingungen vorkommen können, in unserem Leben eine Aufgabe erfüllt. Eine Annahme, wonach diesen Behauptungen ›Tatsachen entsprechen‹, ist nicht nötig.«
Welches ist nun eigentlich die Annahme, wonach der betreffenden Aussage »keine Wahrheitsbedingungen entsprechen«?

Kripke räumt ein (S. 90), Wittgenstein würde es für völlig angemessen erachten, wenn man unter geeigneten Umständen so etwas sagte wie »Es stimmt – oder es ist eine Tatsache –, daß Müller die Addition gemeint hat, als er ›+‹ schrieb«. Dem können wir unter Berücksichtigung des Abschnitts 136 der *Philosophischen Untersuchungen* hinzufügen, daß Wittgenstein sagen würde: »*In unserer Sprache* wenden wir den Kalkül der Wahrheitsfunktionen darauf an.« Dies ist durchaus in einer Weise möglich, die es uns gestattet, den Kalkül der Wahrheitsfunktionen anzuwenden. Und in den *Philosophischen Untersuchungen* steht nichts, was besagt, dazu seien wir nicht imstande. Außerdem gibt es, soweit ich sehe, gar keinen Grund, Wittgenstein so zu verstehen, als meinte er, daß unsere Anwendung des Kalküls der Wahrheitsfunktionen auf das, was wir einen Satz nennen, nebensächlich oder unwesentlich ist im Hinblick auf die Frage, was wir unter einem Satz verstehen. Im Gegenteil, gerade weil die Anwendung wesentlich ist, ist sie eine der Hauptursachen, weshalb wir versucht sind, ihr die falsche Art von Nachdruck angedeihen zu lassen.

Kripke hält ein Argument wie das eben dargelegte offenbar für Drückebergerei. Er scheint zu glauben: Wittgenstein mag noch so oft beteuern, daß es natürlich völlig in Ordnung sei, wenn jemand *sagt*, eine Aussage der problematischen Art sei wahr oder falsch, doch damit gibt er in Wirklichkeit trotzdem nicht zu, daß eine solche Aussage eine echte Tatsache behauptet. Aber was sollen wir unter einer *echten Tatsache* verstehen, wenn nicht das, was durch eine Aussage, die wir für wahr halten, behauptet wird? Kripke gibt meiner Meinung nach keine andere akzeptable Erklärung. Und man sollte auch bedenken, daß der *Tractatus* keine andere Interpretation der W/F-Notation vorschlägt als die Unterscheidung zwischen Wahrheit und Falschheit, wie man sie normalerweise versteht. Freilich, der *Tractatus* hat praktisch nichts über die Frage zu sagen, was in Einzelfällen bei der Entscheidung zwischen Wahrheit und Falschheit eine Rolle spielt, während dies in den *Philosophischen Untersuchungen* zu einer der zentralen Problemstellungen erhoben wird. Dieser Wechsel bringt tatsächlich eine grundlegende Veränderung im Erscheinungsbild der ganzen Landschaft mit sich, so daß die Weise, in der Kripke das Wort »Tatsache« gebraucht, unweigerlich die

Frage auslöst: »Wenn man Wörter wie ›Tatsache‹, ›Wahrheit‹ usw. derart gebraucht, daß ihre Auffassung *nicht* vom Verständnis der Verwendungsweise der Sätze, mit denen sie verknüpft werden, abhängt, was für eine Auffassung ist das dann?« Eine Antwort auf diese Frage ist nötig, wenn wir den Vorschlag, Wittgenstein sei Skeptiker gewesen, ernst nehmen sollen. Ich glaube aber nicht, daß Kripke eine Antwort zu bieten hat.

6

Bild und Vorstellung

In seinem philosophischen Denken über den religiösen Glauben schenkt Wittgenstein der Rolle, die im Leben des Gläubigen von »Bildern« – wie er sie nennt – gespielt wird, große Beachtung. Manche Autoren formulieren es so, als hätte Wittgenstein eine Theorie vertreten, wonach religiöse Begriffe als eine bestimmte Art von Bildern gelten. Dies scheint mir jedoch weit von der Wahrheit entfernt zu sein. Gewiß, Wittgenstein ist tatsächlich der Ansicht, daß sich manche Gläubige dadurch von anderen unterscheiden, daß ihr Leben von bestimmten Bildern beherrscht wird (zum Beispiel durch ein Bild des Jüngsten Gerichts). Und es ist ebenfalls richtig, daß er gegen eine »reduktionistische« Erklärung des religiösen Glaubens ist, die versuchen würde, das »Bild« des Gläubigen als etwas Unwesentliches zu eliminieren und bloß zu sagen, er habe eine gewisse »Einstellung«.
Betrachten wir zum Beispiel Wittgensteins Erwiderung auf Casimir Lewy in dem folgenden Dialog im Anschluß an eine seiner Vorlesungen über den religiösen Glauben:

> Angenommen, jemand, der nach China reist und mich vielleicht niemals wiedersieht, sagte zu mir »Vielleicht treffen wir uns nach dem Tode« – würde ich unbedingt sagen, daß ich ihn nicht verstehe? Ich würde vielleicht einfach sagen [wollen]: »Ja, ich *verstehe* ihn durchaus.«
>
> *Lewy*: In diesem Fall würde das vielleicht nur heißen, daß er eine bestimmte Einstellung zum Ausdruck brachte.
>
> Ich würde sagen: Nein, es heißt nicht einfach dasselbe wie »Ich mag dich sehr gerne« – es bedeutet vielleicht überhaupt nicht dasselbe wie irgend etwas anderes. Es sagt, was es sagt. Warum sollte man in der Lage sein, etwas anderes dafür zu setzen?[1]

1 Wittgenstein, *Vorlesungen und Gespräche über Ästhetik, Psychologie und Religion*, dt. Übers. von E. Bubser, Göttingen: Vandenhoeck und Ruprecht, 1968, S. 109.

Ich habe einmal ein wirkliches Erlebnis gehabt, das Wittgensteins Gedanken vielleicht eindringlicher zum Ausdruck bringt als dieses Phantasiebeispiel. Ich wohnte im Haus eines Ehepaars, von dessen kleinen Kindern eines an einer schrecklichen Krankheit litt, bei der das Nervensystem immer weiter degenerierte. Das Kind fühlte sich ständig elend, es war inkontinent und hatte praktisch schon alle normalen menschlichen Verstandes- und Wahrnehmungsfunktionen eingebüßt. Es stand fest, daß das Kind innerhalb weniger Jahre sterben mußte. In einem bewegenden Gespräch mit der Mutter des Kindes sagte sie mir, sie glaube fest daran, eines Tages, nach ihrem Tode, werde die ganze Familie wieder zusammenkommen, und dann würde auch ihr heimgesuchtes Kind als gesunder, normaler Mensch dabeisein: im Vollbesitz seiner entwickelten Fähigkeiten, die es in seinem Leben nie besessen hatte und nie besitzen würde.

Die Schwierigkeiten, die dem Verständnis der Anwendung jedes Bildes von Handlungen »nach dem Tode« entgegenstehen, sind in diesem Fall noch größer. Seit seiner Säuglingszeit ist dieses Kind niemals eine Person mit gesunden menschlichen Fähigkeiten gewesen. Dennoch ist es ausschlaggebend für die Äußerung seiner Mutter, daß sie sagt, bei der Wiedervereinigung mit dem Kind werde es *die normalen menschlichen Fähigkeiten besitzen.* Da dieses Kind aber niemals als normaler Mensch existiert hat, ist unklar, was es bedeuten würde, *es* als normalen Menschen wiederzutreffen, ohne daß man irgendwie verstehen könnte, wie es ein normaler Mensch hätte werden können. Ganz abgesehen von der rein *medizinischen* Unmöglichkeit der Gesundung in einem solchen Fall, wird die Möglichkeit dazu durch den Tod abgeschnitten.

Ich glaube, es ist wichtig zu erkennen, daß man gar nicht umhin kommen wird, auf derartige Schwierigkeiten zu stoßen und mit ihnen fertigzuwerden, wenn man den Gedanken der Mutter in einer bestimmten Weise zu verstehen versucht. Aber noch wichtiger ist es einzusehen, daß man, wenn man tatsächlich glaubt, man müsse mit diesen Problemen fertigwerden, ihren Gedanken *mißversteht.*

Um zu erklären, was ich meine, wird es nützlich sein, wenn ich diesen Fall mit dem Beispiel vergleiche, das ich im nächsten Kapitel erörtere. Dort gehe ich auf eine Geschichte von Isaac

Bashevis Singer ein, in der vom Erzähler, der eine Figur in der Erzählung Singers ist, über das Verschwinden eines Schuppens berichtet wird, und zwar nicht so, als handelte es sich um Einbildung, sondern so, als sei es wirklich geschehen. Ich versuche dort, die begrifflichen Probleme deutlich zu machen, auf die *wir* stoßen würden, wenn wir in solcher Weise auf die Erzählung zu reagieren versuchten. Dieses Problem aufzuwerfen, ist in diesem Fall gerade deshalb von Belang, weil Singers Geschichte ihre irritierende Eindringlichkeit weitgehend aus der Spannung herleitet, die durch ihre raffinierte Konstruktion im Leser erzeugt wird: Das Kunstmittel, daß die Geschichte von einem Erzähler, der selbst als Figur in der Geschichte vorkommt, erzählt wird, veranlaßt den Leser, sie wie einen Bericht über Tatsachen aufzufassen, wie eine Darstellung eines Ereignisses, das sich wirklich abgespielt hat. Damit will ich natürlich nicht sagen, daß der Leser dazu veranlaßt würde, die Geschichte zu *glauben*, sondern er wird dazu veranlaßt, sie als etwas zu *verstehen*, was seinen Glauben auf die Probe stellt.

Ich habe behauptet, es wäre ein Mißverständnis, wollte man versuchen, in dieser Weise auf die Worte der Mutter des kranken Kindes zu reagieren. Doch diese Behauptung ist nicht leicht zu rechtfertigen. Natürlich kann man darauf hinweisen, daß sie keine Prognose stellt in bezug auf ein Ereignis, das im Laufe ihres Lebens eintreten werde. Und dieser Hinweis ist auch ganz richtig, denn sie spricht von ihrer Zuversicht und Hoffnung im Hinblick auf das, was »nach ihrem Tode« geschähe. Aber denkt sie sich die Wiedervereinigung im Tode nicht als etwas einer Wiedervereinigung im Leben völlig Analoges? Wie soll ich diese Frage beantworten? Was ist der entscheidende Faktor?

Eine Bemerkung, die Wittgenstein in einem anderen Zusammenhang macht, ist hier relevant: »Das Wichtige ist hier dies: es besteht ein Unterschied; man merkt den Unterschied, ›der ein kategorischer ist‹ – ohne sagen zu können, worin er besteht. Das ist der Fall, in dem man gewöhnlich sagt, man erkenne den Unterschied eben durch Introspektion.«[2] Im Jargon von heute sagt man, den Unterschied erkenne man durch »Intuition«, was aber auch nicht nützlicher ist.

2 *Zettel*, §86.

Die Mutter des Kindes ist keine Philosophin, und ihr Glaube, nach dem Tode mit ihrem Sohn wiedervereinigt zu sein, ist sicher keine philosophische Überzeugung, zu der sie durch eine verstandesmäßige Überlegung gelangt. Ebensowenig liegt ihr daran, das, worauf ihr Glaube hinausläuft, philosophisch zu analysieren, ja sie lehnt jede derartige Analyse ausdrücklich als etwas für ihre Interessen Belangloses ab. Weiter oben habe ich die Frage gestellt, ob sie sich die Wiedervereinigung nicht dennoch als etwas einer Familienzusammenkunft im Leben völlig Analoges vorgestellt habe. Auf diese Frage würde ich nun antworten, daß sie sich die Problematik niemals in diesem Sinne vorgelegt hat. Tatsächlich verhält es sich so, daß sie, indem sie von der »Wiedervereinigung« mit ihrem Sohn spricht, unbefangen einen Ausdruck verwendet, den sie auch gebraucht hätte, wenn es etwa um ein Ereignis gegangen wäre, das sich nächste Woche in einer bestimmten Stadt abspielen soll. Mit dem Wort »unbefangen« meine ich ungefähr, daß sie keine Fragen aufwirft über die Art und Weise, in der sie ihren Ausdruck gebraucht, oder über die Beziehung zu anderen möglichen Gebrauchsweisen. Wir alle tun ja das gleiche: Wenn wir zum Beispiel über einen Traum berichten, legen wir uns nicht auf irgendeine Art philosophischer Interpretation des Wesens der Träume fest. Ebensowenig legt sich diese Mutter auf eine philosophische Interpretation des Lebens nach dem Tode fest.
Ihre Worte sind natürlich ein Ausdruck – und wie mir scheint, ein wunderbarer Ausdruck – ihrer Liebe zu ihrem Sohn. Dies sind die Worte, die sie braucht, um ihre Beziehung zu ihm und seiner schrecklichen Lage zum Ausdruck zu bringen. Und *meine eigene Reaktion auf ihre Worte* ist eine Reaktion auf die unerträgliche Schmerzlichkeit dieser Liebe. Dabei gehört zu meiner Reaktion auch die Überzeugung, daß es ein abscheuliches Mißverständnis wäre, ihre Worte in der gleichen Weise zu behandeln, in der ich etwa auf Singers Geschichte eingehe. Es ist nicht so, als sähe ich zuerst, daß sie die Worte anders verwendet, und zöge daraus anschließend einen Schluß über angemessene und unangemessene Weisen, mit diesen Worten umzugehen. Nein, meine Reaktion ist das Primäre. Mein Verständnis der Worte offenbart sich in meiner Reaktion. Und wenn ich mir jetzt darüber klarwerden möchte, *wie* ich die Worte verstehe,

muß ich mir über den Charakter meiner Reaktion klarwerden.
Damit sage ich nicht, daß sich ihre Worte auf so etwas wie »Ich liebe ihn aus tiefstem Herzen« *zurückführen* lassen. Eine solche Äußerung hätte nicht »das gleiche bedeutet«. Und natürlich rührt die Wirkung der Worte, die sie tatsächlich gebraucht, zum Teil von ihrem Zusammenhang mit anderen Verwendungsweisen her, die dazu dienen, Zusammenkünfte von Menschen nach schmerzhaften Trennungen zu beschreiben. Das heißt aber nicht, daß diese Wörter hier »das gleiche bedeuten« wie Wörter, die man unter jenen anderen Umständen verwendet. Es ist nicht so, als hülfe mir mein Verständnis ihrer Liebe, ihre Worte zu begreifen; im Gegenteil, dadurch, daß ich ihre Worte (*diese* Worte, die in *diesem* Kontext *so* gebraucht werden) verstehe, erkenne ich etwas vom Wesen ihrer Liebe.
Es wäre ein Mißverständnis, würde man mich jetzt, an diesem Punkt, fragen: »Nun, wie faßt du ihre Worte eigentlich auf?« Denn das ist es ja gerade, was ich hier erklärt habe! Mir scheint auch, daß die Schwierigkeiten, die ich erörtert habe, den Kern dessen betreffen, was Wittgenstein über die Verwendung von Bildern in solchen Fällen schreibt. Mit Bezug auf ein Beispiel anderer Art (»Gottes Auge sieht alles«) sagt er folgendes, wobei ihm, wie ich glaube, immer noch Lewys Einwurf vorschwebt:

> »Er hätte genausogut das und das sagen können« – darauf [auf diese Bemerkung] verweist schon das Wort »Einstellung«. Er hätte nicht ebensogut etwas anderes sagen können.
>
> Wenn ich sage, daß er ein Bild gebraucht hat, möchte ich nicht etwas sagen, was er selbst nicht sagen würde. Ich möchte sagen, daß er diese Schlüsse zieht.
>
> Ist das nicht ebenso wichtig wie alles übrige, welches Bild er gebraucht?
>
> Von gewissen Bildern sagen wir, daß sie ebensogut durch ein anderes ersetzt werden könnten. Wir können z. B. unter gewissen Umständen eine bestimmte Projektion einer Ellipse statt einer anderen zeichnen lassen.

[Vielleicht sagt er:] »Ich wäre bereit gewesen, ein anderes Bild zu gebrauchen; es hätte denselben Effekt gehabt ...«

Das ganze Gewicht könnte in dem Bilde liegen.[3]

Wittgenstein besteht darauf, man müsse den Gläubigen so verstehen, daß er genau das meine, was er sagt, wenn seine Äußerungen durch das Bild geprägt sind. Ebendas ist es, wie Wittgenstein behauptet, was ihn als einen Gläubigen dieser spezifischen Art auszeichnet.

Andererseits bemüht sich Wittgenstein sowohl in den *Vorlesungen* als auch an anderen Stellen seiner Schriften deutlich zu machen, daß die Art und Weise, in der ein Bild (in religiösen *sowie auch in anderen* Kontexten) in unser Denken hineinspielen kann, für die Philosophie ein *Problem* aufwirft. Selten wird sie die *Lösung* eines philosophischen Problems in bezug auf den Bedeutungsbegriff abgeben. Die Behauptung, der Sprecher meine genau das, was er sagt, wenn er in einer durch sein Bild geprägten Weise spricht, besagt gar nichts über das, was in den problematischen Fällen dazu gehört, daß man »meint, was man sagt«, sondern damit wird *die Frage gestellt*, was eigentlich dazu gehöre.

Um diese Sache im richtigen Verhältnis zu sehen, tun wir gut daran, uns zu erinnern, daß zwischen dem *Tractatus logico-philosophicus* und Wittgensteins reifer philosophischer Position, die er seit den frühen dreißiger Jahren ausarbeitet, eine gewaltige Veränderung stattfindet in der Weise, in der er die Rolle, die von Bildern in der Sprache gespielt wird, auffaßt.

Dem *Tractatus* zufolge ist der Satz nichts anderes als ein Bild eines möglichen Sachverhalts. Indem Wittgenstein diesen Standpunkt entfaltet, verwendet er das Wort »Bild« freilich in einem überaus umfassenden und womöglich erweiterten Sinne. Es ist jedoch kein Zufall, daß das in diesem Zusammenhang verwendete Wort »Bild« mit Wörtern wie »abbilden« und »Abbildung« verwandt ist, also mit Wörtern, die in der Geometrie auf spezielle Weise gebraucht werden (man denke an »projizieren« und »Projektion«). Dabei schwebt Wittgenstein der Gedanke vor, daß der Satz – so, wie Landkarten mit Hilfe einer bestimmten Projektionsregel die Oberfläche der Erde abbilden, oder so, wie eine

3 *Vorlesungen und Gespräche*, S. 109 f.

geometrische Figur die projektive Abbildung einer anderen sein kann – mit Hilfe eines bestimmten »Projektionsgesetzes« einen möglichen Sachverhalt abbildet. Freilich ist sich Wittgenstein in gewissem Sinne durchaus bewußt, daß der Ausdruck »Projektionsgesetz« in seinem Sprachgebrauch einen umfassenderen Sinn hat als den strikt geometrischen. Doch seine Erklärungen des Verhältnisses zwischen Bildern und Tatsachen beinhalten an entscheidender Stelle normalerweise eine Berufung auf eine Art Ähnlichkeit mit der Geometrie, die nie genau untersucht oder in ihren Einzelheiten herausgearbeitet wird.

Vielleicht könnte uns der folgende Vergleich, der seinerseits durch die Sprache des *Tractatus* nahegelegt wird, zu einem Verständnis der *Tractatus*-Auffassung verhelfen. Stellen wir uns einen Kinoprojektor vor, der ein Bild auf eine Leinwand projiziert. Dieses Bild stellt einen möglichen Sachverhalt dar; es entspricht dem Satz des *Tractatus*. Nun wollen wir annehmen, daß die Leinwand, auf die dieses Bild projiziert wird, ihrerseits bemalt ist. Manchmal wird das Gemalte genau mit dem vom Projektor auf die Leinwand geworfenen Bild zusammenfallen, und manchmal nicht. Wenn sie derart zusammenfallen, entspricht das dem Wahrsein des Satzes; wenn sie nicht zusammenfallen, entspricht es dem Falschsein des Satzes.

Von Anthony Kenny zum Beispiel, aber auch von anderen Autoren ist behauptet worden, daß diese *Tractatus*-Erklärung des Satzes – wenn auch mehr oder weniger verborgen – in Wittgensteins späterem Denken erhalten bleibt, dort aber durch Erklärungen anderer, im *Tractatus* unberücksichtigter Sprachverwendungen ergänzt wird, bei denen es nicht um das »Behaupten von Tatsachen« geht. Diese Interpretation ist schrecklich irreführend. So sehe ich zum Beispiel nicht, wie man die *Tractatus*-Erklärung der Sätze als Bilder trennen kann von dem speziellen Gebrauch, der in diesem Werk von Begriffen wie *Name*, *Gegenstand*, *Substanz*, *Elementarsatz*, *einfach* und *wahrheitsfunktionale Analyse* gemacht wird. Diese Begriffe werden genau darum in ebendieser Weise eingeführt, damit sie der Erklärung durch den Bildbegriff eine bestimmte Struktur geben. Und in den Anfangsabschnitten der *Philosophischen Untersuchungen* zum Beispiel werden sie einer vernichtenden Kritik unterzogen. Zu beachten ist, daß sich diese Kritik nur *teilweise* gegen die Ansprüche der »Bildtheorie« richtet, die »Sprache« schlechthin (und nicht etwa ganz bestimmte Sprachverwendungen, die neben vielen anderen existieren) zu erläutern. Sie richtet sich auch gegen die Ansprüche der »Bildtheorie«, ebenjene Sprachverwendungen zu erklären, die sie hauptsächlich im Auge hat, nämlich »Sätze, die Behauptungen aufstellen«. Ja, diese Kritik ist so angelegt, daß sie die Voraussetzung untergraben soll, wonach es überhaupt eine bestimmte Klasse von Ausdrücken gibt, die sich in nützlicher Weise so bezeichnen läßt. Man kann doch wohl kaum annehmen, der Urheber einer solchen Kritik habe die ursprüngliche Theorie in irgendeinem ausgeprägten Sinne *beibehalten*, und sei es auch mit entsprechend reduziertem Anwendungsbereich.

In seinem Spätwerk betont Wittgenstein, wie schon gesagt, oft die Eindringlichkeit und Wichtigkeit, welche die mit bestimmten Ausdrucksformen assoziierten oder in ihnen enthaltenen Bilder in verschiedenen Kontexten für uns haben. Seine Einstellung zu ihnen ist auch keineswegs reduktionistisch. »Das Bild ist *da*; und ich bestreite seine *Richtigkeit* nicht. Aber *was* ist seine Anwendung?«[4] Die Fälle, die Wittgenstein in dieser Phase seiner Arbeit interessieren, sind nicht solche, in denen die Bezugnahme auf ein Bild die *Lösung* irgendeines Problems ausmacht; im Gegenteil, diese Bezugnahme ist einer der hauptsächlichen *Ursprünge* des Problems. »Das Bild ist *da* ... Aber *was* ist seine Anwendung?«

Im Rahmen der Erörterung, zu der diese Bemerkung gehört, unterscheidet Wittgenstein zwischen Fällen, in denen wir »uns bemühen, ein Bild zu finden, und ist dieses gefunden, die Anwendung sich gleichsam von selbst macht« (also Fällen, die seiner *Tractatus*-Erklärung der Sätze zu entsprechen scheinen), und solchen, in denen wir schon gepackt sind von einem Bild, »das sich uns auf Schritt und Tritt aufdrängt, – uns aber nicht aus der Schwierigkeit hilft, die nun erst anfängt«.[5] Als Beispiel für Fälle der ersten Art nennt er eine bildliche Erklärung, die zeigt, wie ein bestimmter Mechanismus in ein Gehäuse geht: »Siehst du, *so* geht er hinein.« Das Bild macht uns unmittelbar klar, welchen Weg wir einschlagen müssen.

Zu den Fällen der anderen Art gehört etwa die Formulierung: »Während ich zu ihm sprach, wußte ich nicht, was hinter seiner

4 *Philosophische Untersuchungen*, §424.
5 *Philosophische Untersuchungen*, §425.

Stirn vorging.« Hier legen die Worte ein Bild nahe von einer Straße, die wir »nicht benutzen können, weil sie permanent gesperrt ist«. »In der wirklichen Verwendung der Ausdrücke machen wir gleichsam Umwege, gehen durch Nebengassen.«[6] Was hinter der Stirn des anderen vorgeht, können wir nur in solcher Weise herausfinden, in der wir (dann, wenn wir es tun) tatsächlich herausbekommen, was der andere denkt. Dies ist nicht gleichsam eine *indirekte* Methode. Wenn Wittgenstein sagt, daß »wir wohl die gerade breite Straße vor uns sehen, sie aber freilich nicht benützen können, weil sie permanent gesperrt ist«, meint er nicht, daß es eine solche permanent gesperrte breite Straße wirklich gibt, sondern er will sagen, daß wir beim Philosophieren über solche Ausdrücke durch diese bewogen werden, uns ein Bild von einer solchen Straße auszumalen. Wenn wir uns auf dieses Bild konzentrieren, anstatt auf den tatsächlichen Gebrauch des Ausdrucks, der das Bild hervorgerufen hat, zu achten, kommen wir auf den Gedanken, daß die Straße »permanent gesperrt« sei, während die Wege, die wir tatsächlich einschlagen, um zu unserem Ziel zu gelangen, »Umwege« seien.

Hier möchte ich wiederholen, daß Wittgensteins Verhältnis zu solchen Bildern kein reduktionistisches ist. Er behauptet nicht, man könne ohne sie auskommen und dabei im Grunde alles beim alten lassen. Denn obwohl sie uns beim Philosophieren vielleicht Probleme bereiten, sind sie zugleich wesentlich für die Art und Weise, in der wir uns die Dinge vorstellen. Die Formulierung »Ich möchte sehen, was hinter seiner Stirn vorgeht« gehört zu vielen weiteren, oft nichtsprachlichen Ausdrücken, wie zum Beispiel Gesten, Haltungen, Gesichtsausdrücken. Ich blicke jemandem in die Augen; das hängt zusammen mit dem Gedanken, daß ich »ihm in die Seele hineinzusehen versuche«. Und das versuche ich ja wirklich! Doch dies ist ein anderer Gebrauch des Wortes »hineinsehen« als dann, wenn man sagt, man versuche, in ein dunkles Zimmer hineinzuschauen. Überdies ist jener Gebrauch auch ein wesentliches Charakteristikum eines wichtigen Aspekts unserer Beziehungen zueinander.

Wie wir sehen werden, hält Wittgenstein die Vorstellung [*representation*] des Bewußtseinszustands eines anderen nicht für eine

6 *Philosophische Untersuchungen*, §426.

bildliche Darstellung [*pictorial representation*]: Ein Bild kann ein wesentlicher Aspekt einer Vorstellungsform sein, ohne selbst dasjenige zu sein, was diese Vorstellung *ausmacht*.

> Eine Vorstellung ist kein Bild, aber ein Bild kann ihr entsprechen.[7]

> Ich will sagen: wir haben das lebhafte Bild – und denjenigen Gebrauch, der dem Bild zu widersprechen scheint, und das Psychische ausdrückt.[8]

In dem zuletzt zitierten Satz klingt es zwar aufgrund des Verbs im Singular (»ausdrückt«) so, als wäre es nur der (dem lebhaften Bild zufällig widersprechende) Gebrauch, der »das Psychische ausdrückt«, doch nach meiner Auffassung läuft die Stelle insgesamt auf den Gedanken hinaus, daß es gerade die Spannung zwischen dem Bild und dem Gebrauch ist, die das leistet. Warum würde Wittgenstein sonst sagen, das Bild, man schaue jemandem »hinter die Stirn«, sei ernst zu nehmen? Wäre es, wenn es nichts weiter beisteuerte als Verwirrung, nicht besser, sich seiner zu entledigen? Wittgenstein ist aber nicht der Auffassung, das Bild trage nichts weiter bei als Verwirrung. Es spielt eine wesentliche Rolle bei unserer Vorstellung des Psychischen. Was den Philosophen, der gern imstande wäre, eine viel einfachere Erklärung zu geben, in Verwirrung stürzt, ist die Komplexität dieser Vorstellung. Wittgenstein meint jedoch, einer solchen, »einfacheren« Erklärung würde vieles wirklich Substantielle entgehen.

Im Abschnitt 427 der *Philosophischen Untersuchungen* wird der Gebrauch so charakterisiert, als scheine er dem Bild *wesentlich* zu widersprechen. Demnach ist ein Gebrauch, der einem solchen Bild zu widersprechen scheint (während wir dennoch weiterhin sehr an diesem Bild hängen), genau das, was wir brauchen, um zum Ausdruck zu bringen, was wir ausdrücken wollen. (Das Wort »widersprechen« bedeutet in diesem Kontext offensichtlich nicht das, was der Logiker meint, wenn er sagt, eine Aussage widerspreche einer anderen.)

All dies wollen wir im Kopf behalten, wenn wir jetzt auf einige

7 *Philosophische Untersuchungen*, §301.
8 *Philosophische Untersuchungen*, §427.

Dinge zurückkommen, die Wittgenstein über den religiösen Glauben sagt.

Seine Einstellung zur Anerkennung der Bilder, die beim religiösen Glauben eine Rolle spielen, steht nicht ein für allemal fest. Dies ist auch ein Grund, weshalb man seine Aussagen nicht so betrachten sollte, als bildeten sie eine Theorie. Wenn die Fälle verschieden sind, behandelt er sie verschieden, und seine Reaktionen auf bestimmte Fälle sind mitunter, wie er selbst einräumt, ganz persönliche Reaktionen. (Dies erinnert mich an eine Bemerkung im *Vortrag über Ethik*, wonach man über bestimmte Themen »in der ersten Person« sprechen muß.) Wenn wir auf diesen Punkt ein wenig näher eingehen, kann uns das helfen, das, worum es hier geht, besser zu verstehen. Das folgende Zitat stammt aus einem Notizbuch von 1937:

> Man kann von religiösen Gleichnissen sagen, sie bewegen sich am Rande des Abgrundes. Z. B., von der Allegorie Bunyan's. Denn wie, wenn wir bloß dazusetzen: »und alle diese Fallen, Sümpfe, Abwege, sind vom Herrn des Weges angelegt, die Ungeheuer, Diebe, Räuber von ihm geschaffen worden«? Gewiß, das ist nicht der Sinn des Gleichnisses! aber diese Fortsetzung liegt zu nahe! Sie nimmt dem Gleichnis, für Viele und für mich, seine Kraft.
>
> Dann aber besonders, wenn dies – sozusagen – verschwiegen wird. Anders wäre es, wenn auf Schritt und Tritt offen gesagt würde: ›Ich brauche dies als Gleichnis, aber schau: hier stimmt es nicht‹. Dann hätte man nicht das Gefühl, daß man hintergangen wird, daß jemand versucht mich auf Schleichwegen zu überzeugen. Man kann Einem z. B. sagen: »Danke Gott für das Gute, was Du empfängst, aber beklage Dich nicht über das Übel: wie Du es natürlich tätest, wenn ein Mensch Dir abwechselnd Gutes und Übles widerfahren ließe.« Es werden Lebensregeln in Bilder gekleidet. Und diese Bilder können nur dienen, zu *beschreiben*, was wir tun sollen, aber nicht dazu, es zu *begründen*. Denn um begründen zu können, dazu müßten sie auch weiter stimmen. Ich kann sagen: »Danke diesen Bienen für ihren Honig, als wären sie gute Menschen, die ihn für Dich bereitet haben«; das ist *verständlich* und beschreibt, wie ich wünsche, Du sollest Dich be-

nehmen. Aber nicht: »Danke ihnen, denn sieh', wie gut sie sind!« – denn sie können Dich im nächsten Augenblick stechen.

Die Religion sagt: *Tu dies! – Denk so!* – aber sie kann es nicht begründen, und versucht sie es auch nur, so stößt sie ab; denn zu jedem Grund, den sie gibt, gibt es einen stichhaltigen Gegengrund. Überzeugender ist es, zu sagen: »Denke so! – so seltsam dies scheinen mag.« Oder: »Möchtest Du das nicht tun? – so abstoßend es ist.«[9]

Auf das Beispiel Bunyans kommt Wittgenstein 1948 zurück, und nun drückt er sich ein wenig anders darüber aus:

Sieh Dir nur eine Allegorie an, wie »The Pilgrim's Progress«, und wie hier alles – im menschlichen Sinne – nicht stimmt. – Aber stimmt sie nicht doch? D. h.: läßt sie sich nicht anwenden? Sie ist ja angewendet worden. (Auf den Bahnhöfen gibt es Zifferblätter mit zwei Zeigern; sie zeigen an, wann der nächste Zug abfährt. Sie schauen aus wie Uhren und sind keine; haben aber ihre Verwendung.) (Es gäbe hier ein besseres Gleichnis.)

Dem Menschen, der bei dieser Allegorie unwillig wird, könnte man sagen: Verwende sie anders oder kümmere Dich nicht um sie! (Aber *manchen* wird sie weit mehr verwirren, als sie ihm helfen kann.)[10]

Es besteht ein bedeutender Unterschied zwischen Wittgensteins Deutung dieses Beispiels und seiner Deutung der Rolle, welche die Bilder im Hinblick auf den »Begriff des Psychischen« spielen. In diesem Fall drückt er sich so aus, als würde das Bild (»Ich möchte wissen, was hinter seiner Stirn vorgeht«) wahrscheinlich nur *beim Philosophieren* Verwirrung hervorrufen, während wir bei der tatsächlichen Anwendung des Bildes im normalen Umgang miteinander auf keine Probleme stoßen. Im Rahmen seiner ersten Erörterung des *Pilgrim's Progress* von Bunyan dagegen wird nahegelegt, Bunyans Bild könne tatsächlich *religiöse* Verwirrung hervorrufen, das heißt, es könne Verwirrung in das religiöse Leben des Gläubigen hineintragen. Ob das geschieht

9 *Vermischte Bemerkungen*, S. 490 f.
10 *Vermischte Bemerkungen*, S. 559.

oder nicht, wird, wie Wittgenstein betont, von dem einzelnen Gläubigen abhängen. Noch nachdrücklicher betont wird dies an der späteren Stelle, an der Wittgenstein darauf hinweist, daß Bunyans Bild von manchen problemlos angewendet werden kann (und angewendet worden ist). Seine Einstellung dazu ist ganz pragmatisch: Wenn ein solches Bild Schwierigkeiten bereitet, sollte man es fallenlassen; andernfalls kann man es verwenden. Freilich, damit ist nicht die Möglichkeit ausgeschlossen, daß jemand, den das Bild wirklich vor Probleme stellt, zu der Auffassung gelangen mag, seine Befürchtungen seien Mißverständnisse, und meint, er habe etwas Wichtiges übersehen. Ebensogut möglich ist es, daß jemand, der das Bild zuvor ohne Bedenken angewendet hat, später glaubt, dies sei nur deshalb möglich gewesen, weil er nicht genau genug über bestimmte Themen nachgedacht habe. In allen diesen Dingen gibt es keine allgemeinen Regeln, die mit Autorität aufzustellen der Philosophie irgendwie anstünde.

Es besteht die Versuchung – ich selbst spüre die Versuchung –, diesen Gedanken durch eine Unterscheidung zwischen »philosophischer« Verwirrung und anderen Arten der Verwirrung zum Ausdruck zu bringen. Doch dieses Verfahren hat zu sehr den Beigeschmack einer theoretischen Unterscheidung, als daß ich es Wittgenstein gern zuschreiben möchte. Und eine solche Unterscheidung wäre in der Tat keine klare. Es könnte durchaus sein, daß jemand durch philosophisches Nachdenken über so etwas wie Bunyans Allegorie zu religiösen Zweifeln geführt würde. Wo endet in einem solchen Fall die Philosophie, und wo beginnt die Religion? Diese Frage sollte man besser gar nicht stellen. Die wichtige Frage wird die sein, ob ein bestimmtes Bild der Art ist, daß es mein religiöses Leben fördert oder behindert. Damit meine ich nicht, diese Frage sei leicht zu beantworten; denn es besteht ja immer die Möglichkeit, daß ich (zum Beispiel aufgrund von Faulheit oder Unaufmerksamkeit) verkenne, daß ein spezifisches Bild mir in religiöser Hinsicht im Weg steht. Auf jeden Fall ist es eine Frage, deren Eindringlichkeit nur im Leben des Gläubigen zum Vorschein kommt; es ist keine Frage, auf die der Philosoph eine allgemeine theoretische Antwort geben kann.

Es gibt jedoch gewisse Fragen, bei denen es eher naheliegt, sie als

philosophische Fragen aufzufassen bezüglich der Rolle von Bildern im Rahmen des religiösen Verstehens, und nicht als Fragen bezüglich der religiösen Angemessenheit dieses oder jenes Bildes. Und dies sind die Fragen, mit denen sich Wittgenstein in der Vorlesung über den religiösen Glauben besonders beschäftigt.
In den *Vorlesungen und Gesprächen* findet sich eine bekannte Stelle (S. 100), an der Wittgenstein von Michelangelos Darstellung der Erschaffung Adams spricht. Die Autoren, die diese Stelle erörtern, scheinen mir häufig das überaus wichtige ironische Moment mancher seiner Äußerungen zu übersehen. Der Gedankengang ist an dieser Stelle in etwa folgender: »Im allgemeinen erklärt nichts so gut die Bedeutung von Worten wie ein Bild«, daher wollen wir ein möglichst klares Beispiel eines Bildes betrachten, das benutzt worden ist, um einen religiösen Begriff aufzuzeigen. Michelangelo hat ein Bild der Erschaffung Adams durch Gott gemalt, und wir können dieses Bild anschauen und dabei zu erklären versuchen, was die Aussage bedeutet, Gott habe Adam erschaffen. Es ist schließlich unwahrscheinlich, daß wir ein für unseren Zweck *besser* geeignetes Bild auftreiben können als ein von Michelangelo gemaltes, der ja »so gut war, wie man nur sein kann, und sein Bestes getan hat«.
Wittgenstein *bestreitet* keineswegs, daß Michelangelos Gemälde gebraucht werden kann, wenn man erklärt, was Äußerungen über die »Erschaffung Adams« bedeuten. »Man könnte sich vorstellen«, sagt er, »daß die Religion mit Hilfe dieser Bilder gelehrt würde«. Aber damit werden keine philosophischen Rätsel gelöst. Denn wie funktioniert eine solche Erklärung? Nicht in derselben Weise, in der eine Zeichnung der Arche Noah jemandem erklären könnte, was das Wort »Arche« in diesem Zusammenhang bedeutet. (Dieses letztere Beispiel ähnelt dem zuvor erörterten, bei dem man ein Bild verwendet, um jemandem zu zeigen, wie ein Mechanismus in ein Gehäuse geht.) »Wenn wir je so etwas [wie Michelangelos ›Erschaffung Adams‹] sähen, würden wir das sicher nicht für die Gottheit halten. Das Bild muß auf eine ganz andere Art gebraucht, aufgefaßt werden, wenn wir diesen Mann in dem merkwürdigen Laken ›Gott‹ nennen sollen usw.« Wichtig an der Erklärung mit Hilfe des Bildes ist »die Technik des Gebrauchs dieses Bildes«.
Der Begriff einer »Technik« des Gebrauchs des Bildes verdrängt

den der »Projektionsregel«, auf den sich noch der *Tractatus* stützt. »›Verbindung des Bildes mit dem Abgebildeten‹ könnte man die Projektionsstrahlen nennen; aber auch die Technik des Projizierens.«[11] Das geometrische Modell beinhaltet seinerseits ein Bild der von einer Figur zur anderen gezogenen Linien; doch den Sinn, in dem die eine Figur eine Projektion der anderen ist, lassen die Linien nur insofern erkennen, als wir mit der Technik vertraut sind, dergemäß diese Linien gezeichnet worden sind. Wenn wir uns nicht in die Irre führen lassen wollen, ist es besser, daß wir uns auf die Frage der *Technik* konzentrieren.
Dann werden wir sehen, daß es Anwendungstechniken gibt, in deren Kontext das Reden von »Projektion« nicht angebracht ist. Den entsprechenden Schritt tut Wittgenstein in der anschließend zitierten Bemerkung aus dem Jahr 1944. In meiner »offiziellen« Übersetzung dieser Bemerkung in der englischen Ausgabe der *Vermischten Bemerkungen*[12] ist mir die Wichtigkeit von Wittgensteins Gebrauch des Wortes »Abbildung« leider entgangen, so daß ich es mit »representation« wiedergegeben habe. Im Original lautet die Stelle:

> Wenn etwas an der Freudschen Lehre von der Traumdeutung ist; so zeigt sie, in wie komplizierter Weise der menschliche Geist Bilder der Tatsachen macht.
>
> So kompliziert, so unregelmäßig ist die Art der Abbildung, daß man sie *kaum* mehr eine Abbildung nennen kann. (S. 512)

Dieser entscheidende Wechsel der Betonung führt Wittgenstein in seinen reifen Schriften zu Fragestellungen, die er zur Zeit des *Tractatus* vielleicht als philosophisch unwesentlich angesehen hätte: Hier wird die Bezugnahme auf eine »Projektionsregel« für ausreichend gehalten. Freilich zeigt auch der *Tractatus*, daß ihm die Existenz *verschiedener* Projektionsregeln für verschiedene Arten von Ausdrücken nicht unbekannt ist, aber so etwas wie Wittgensteins späteres Feingefühl für die außerordentliche Vielfalt und für die philosophische Wichtigkeit dieser Vielfalt gibt es dort noch nicht.

11 *Zettel*, §291.
12 Ludwig Wittgenstein, *Culture and Value*, engl. Übers. P. Winch, Oxford: Blackwell, 1980, S. 44e.

Wittgenstein betont in den Vorlesungen über den religiösen Glauben die Anwendungstechnik, weil es ihm um das Rätselhafte geht, das wir vielleicht im Hinblick auf die Frage spüren, wie die Vorstellung des *Göttlichen* Eingang findet in Michelangelos Gemälde. Wenn wir diese Vorstellung unberücksichtigt lassen, bleibt uns, wie es scheint, nichts weiter als ein Bild zweier Menschen, die einander in gewissen eigentümlichen Posen gegenüberstehen. Wenn man die Sache so formuliert, legt das einen Vergleich mit einem anderen wichtigen Gedanken nahe, den Wittgenstein äußert, wenn er die Frage erörtert, woher wir wissen, was der andere denkt und fühlt. In seiner Darstellung der Beziehung zwischen dem Gedanken, daß sich der andere in bestimmter Weise verhält, und dem Gedanken, daß er Schmerzen hat, kommt eine entscheidende Stelle vor, an der er den Begriff des *Bildes* verwendet, um den Unterschied zwischen diesen Gedanken deutlich zu machen. Hierbei denke ich an die Abschnitte 300 und 301 der *Philosophischen Untersuchungen.* Das folgende Zitat zeigt, wieso die übliche englische Übersetzung (von Miss Anscombe) für zahlreiche Mißverständnisse verantwortlich ist:

> Zu dem Sprachspiel mit den Worten »er hat Schmerzen« gehört – möchte man sagen – nicht nur das Bild des Benehmens, sondern auch das Bild des Schmerzes. Oder: nicht nur das Paradigma des Benehmens, sondern auch das des Schmerzes. – Zu sagen »Das Bild des Schmerzes tritt ins Sprachspiel mit dem Worte ›Schmerz‹ ein«, ist ein Mißverständnis. Die Vorstellung des Schmerzes ist kein Bild, und *diese* Vorstellung ist im Sprachspiel auch nicht durch etwas ersetzbar, was wir ein Bild nennen würden. – Wohl tritt die Vorstellung des Schmerzes in einem Sinn ins Sprachspiel ein; nur nicht als Bild.
>
> Eine Vorstellung ist kein Bild, aber ein Bild kann ihr entsprechen.

Der Sinn dieser Stelle beruht auf dem *Gegensatz* zwischen den Wörtern »Bild« und »Vorstellung«. Miss Anscombe übersetzt »Bild« mit »*picture*« und »Vorstellung« mit »*image*«, also mit einem Wort, das selbst wieder überwiegend an Bildhaftes denken läßt. Es ist nicht unnatürlich, daß sich manche Leser ihrer Übersetzung verwundert gefragt haben, genau welcher Gegensatz Wittgenstein da wohl vorgeschwebt haben mag; und hin und wieder sind seltsame Vorschläge gemacht worden, um dieses Rätsel zu lösen. (Vergleiche meine Erörterung des Buches von Saul Kripke, oben S. 86f.) Es ist gewiß richtig, daß »Vorstellung« in *manchen* Kontexten mit »image« übersetzt werden kann, doch es handelt sich um einen vielseitigen Ausdruck, der sich oft auch durch die Ausdrücke »*conception*« oder »*representation*« wiedergeben läßt (die ihrerseits nicht in erster Linie an Bildliches denken lassen). (Zunächst habe ich dazu geneigt, dem Ausdruck »*conception*« den Vorzug zu geben; doch dann hat mich David Shwayder überzeugt, daß »*representation*« größere Vorzüge hat.)

Was heißt es nun, daß eine Vorstellung – im Sinne von »*representation*« oder »*conception*« – einem Bild entsprechen kann, ohne ihrerseits ein Bild zu sein? Diese Frage möchte ich nun zunächst anhand des Beispiels der Schmerzen betrachten.

Angenommen, ich höre, mein Freund sei ernstlich verletzt. Ich bin voller Mitgefühl wegen der schrecklichen Schmerzen, die er erdulden muß. Ich male mir aus, wie er sich auf einem Krankenhausbett hin- und herwirft, wie er sich windet und stöhnt, wobei sein Gesicht verzerrt und mit Schweiß bedeckt ist. Ich stelle mir ihn vor, wie er Schmerzen hat, und ich stelle mir seine Schmerzen vor. Dieser *Vorstellung* entspricht das *Bild* seines Verhaltens, wie ich es eben geschildert habe. Das gleiche Bild könnte auch einer ganz anderen Vorstellung entsprechen. Vielleicht ist mein Freund ein Schauspieler auf Tournee, und in seiner Rolle muß er genau die eben geschilderte Szene spielen. Ich bewundere seine eindrucksvolle Schauspieltechnik und male mir das Bild aus, daß er sich in der beschriebenen Weise auf der Bühne verhält. Dieses Bild entspricht *nicht* der Vorstellung, er habe Schmerzen, sondern der Vorstellung, er spiele eine Rolle. Was den Gegensatz zwischen diesen beiden Fällen kennzeichnet, ist zunächst einmal der Unterschied der Kontexte, in denen diese Bilder vorkommen: ein Unterschied, der bereits in meinen Beschreibungen leicht angedeutet ist. Ich sage »zunächst einmal«, denn hinter diesem Unterschied liegt natürlich das, was ihn erst zu diesem Unterschied macht, nämlich der ganze gewaltige Gegensatz, der in unserem Leben zwischen der Bedeutung des Leidens und der des Schauspielens besteht. (Dies ist die wichtigste Dimension von allen, die in Wittgensteins Darstellung vorkommen, und sie wird systematisch unterschätzt von denen, die ihn immer noch für eine Art »Behaviouristen« halten.) Dieser Gegensatz ist es, der es ermöglicht, daß ein und dasselbe Bild zwei ganz verschiedenen Vorstellungen »entsprechen« kann. Es ist nicht nötig, daß jeder neuen Vorstellung ein anderes Bild entspricht (in diesem Fall ein Bild des Verhaltens und ein Bild der Schmerzen, die hinter dem Verhalten stecken). Freilich, Wittgenstein kennt *weitere* Argumente, um die Schwierigkeiten aufzuzeigen, die in dieser letzteren Formulierungsweise liegen, doch es würde mich allzu weit von meinem Hauptthema abbringen, wollte ich hier auf diese Argumente eingehen. Das für meine Belange Wichtige ist die Unterscheidung zwischen »Ich mache mir Gedanken über etwas« und »Ich mache mir ein Bild von dem, worüber ich mir Gedanken mache«.

Nun komme ich zurück auf das Beispiel von Michelangelos Bild von Gottes Erschaffung Adams.

Es wäre – auch wenn es sich in Wirklichkeit gewiß nicht so abgespielt hat – möglich gewesen, daß zwei Menschen Michelangelo Modell gestanden hätten für sein Gemälde, daß er sie in etwa in der von Gott und Adam im Bild eingenommenen Haltung vor sich aufgestellt hätte – was freilich schwierig, aber vielleicht nicht unmöglich gewesen wäre – und daß er dann sein Bild »nach der Natur« gemalt hätte. In gewissem Sinne hätte er dann die beiden Menschen, die er vor sich hatte, gemalt; in einem anderen Sinne hätte er die Erschaffung Adams durch Gott gemalt. Vergleichen wir dieses Beispiel mit dem folgenden Fall: Ein Künstler, der der Schlacht von Waterloo beigewohnt hat, malt anschließend ein Bild von Wellington, wie er ihn bei der Schlacht vor sich gesehen hat. Um sich das Malen zu erleichtern, benutzt er ein Modell, das ebenso angezogen ist wie Wellington, wobei das Gesicht allerdings ein anderes ist. In diesem Fall könnten wir sagen, die Vorstellung von Wellington bei Waterloo spiele *teilweise* in Gestalt eines Bildes (vor dem geistigen Auge des Malers) in sein Tun hinein; und dieser Umstand ist relevant dafür, daß wir das Bild, das er (in gewissem Sinne) nach dem Modell malt, ein Bild von Wellington bei Waterloo nennen.

Doch im Falle Michelangelos, der die Erschaffung Adams (in meinem Phantasiebeispiel »nach der Natur«) malt, spielt die Vorstellung Gottes zwar in sein Tun hinein, aber nicht »als Bild«, also nicht so wie Wellington in meinem Kontrastbeispiel.
Auch diese Sachlage müssen wir, wie im Fall der Vorstellung der Schmerzen, durch »den Gebrauch, der von dem Bild gemacht wird«, zu erklären suchen. Dazu gehören nicht nur die verschiedenen Arten und Weisen, in denen spätere Betrachter des Bildes Gebrauch davon gemacht haben, sondern dazu gehört auch, was es für Michelangelo bedeutet hat, das heißt der Zusammenhang des Bildes mit Dingen, die in Michelangelos Leben von Wichtigkeit waren: die Interessen und Belange seines Lebens, die er durch dieses Gemälde auszudrücken versucht hat. Wir dürfen auch nicht vergessen, inwiefern diese Interessen und Belange von den historischen Traditionen abhingen, in deren Rahmen Michelangelo arbeitete, sowie sein eigenes Verhältnis zu ihnen. Recht klar ist, daß das Bild die Majestät des Schöpfergotts vorstellt. Eines der von diesem Standpunkt auffallendsten Merkmale des Bildes ist, daß diese »Majestät« nicht durch die herkömmlichen Attribute des Königtums vorgestellt wird, sondern durch »diesen Mann in dem merkwürdigen Laken« (um mit Wittgenstein zu reden). Es wird unser gegenwärtiges Problem erhellen, wenn wir das weitere Problem aufwerfen, wie es denn überhaupt möglich war, Gottes Majestät in dieser Weise darzustellen. Die Antwort, die Michelangelos Bild sogleich nahelegt, lautet, daß Gottes Majestät, wie sie in der Erschaffung des Menschen zum Ausdruck kommt, keineswegs die Art von Majestät ist, die man mit weltlicher Macht in Verbindung bringt, sondern die Majestät der Liebe. Und natürlich löst die Formulierung »Majestät der Liebe« im Rahmen der christlichen Tradition alle möglichen Nachklänge aus. Damit meine ich zum Teil die Betonung, die in (bestimmten Teilen) der Heiligen Schrift auf die Liebe gelegt wird, aber auch Praktiken und Traditionen der Verehrung und des Gebets sowie die Rolle, die die Heilige Schrift dabei spielt, und viele andere Dinge. Die christliche Tradition ist gewiß nicht ganz einheitlich, sondern sie umfaßt wechselseitig antagonistische Strömungen. Es war die Stellung, die Michelangelo in der historischen Situation seiner Zeit mit Bezug auf das Geflecht traditioneller Strömungen einnahm, durch die es ihm

möglich wurde, die Schöpfung so vorzustellen, wie er es tat, und durch die einer solchen Vorstellung – im Gegensatz zu anderen möglichen Auffassungen der göttlichen Majestät – ein gewisser *Sinn* verliehen wurde.

Das im vorigen Absatz Gesagte soll nur umrißhafte Beispiele liefern für die *Art* von Belegen, auf die wir uns berufen müssen, wenn wir erklären wollen, inwiefern Michelangelos Bild eine »Vorstellung des Göttlichen« beinhaltet. *Diese* Vorstellung erscheint ihrerseits nicht in Gestalt eines Bildes: Es ist nicht so, als hätte Michelangelo glänzend geraten, wie die Erschaffung Adams wahrhaftig ausgesehen hat (in der Weise also, in der ein Künstler hätte raten können, wie es bei der Schlacht von Waterloo wirklich zugegangen ist). Mit anderen Worten, es ist keine bildhafte Beziehung zu einem Ereignis, durch die das Bild zu einem religiösen Bild wird. Wenn gesagt wird, es handele sich um eine Beziehung zu einem *übernatürlichen* Ereignis, so macht das freilich einen Unterschied, doch wahrscheinlich verhält es sich so, daß der Sprecher das »übernatürliche« Ereignis in diesem Kontext als eine sonderbare Art von *natürlichem* Ereignis auffaßt. Daher ist es besser, Aussagen über »eine Beziehung zu einem Ereignis« überhaupt außer Betracht zu lassen.

Auch hier ist eine Bemerkung, die Wittgenstein im Zuge seiner Erörterung der Vorstellung der Schmerzen äußert, am Platze: »Freilich, wenn das Wasser im Topf kocht, so steigt der Dampf aus dem Topf und auch das Bild des Dampfes aus dem Bild des Topfes. Aber wie, wenn man sagen wollte, im Bild des Topfes müsse auch etwas kochen?«[13] Das Bild des aus dem gemalten Topf aufsteigenden Dampfes stellt das im Topf kochende Wasser vor. Doch in dem Sinn, in dem wir von dem »Bild des Dampfes« sprechen können, gibt es kein Bild des kochenden Wassers. Andererseits ist das Bild des aufsteigenden Dampfes – zumindest bei *dieser* Form der Vorstellung – wesentlich für die Vorstellung des Kochens.

In diesem Fall sind natürlich noch andere Formen der Vorstellung möglich, darunter auch eine, die ein Bild des im Topf kochenden Wassers beinhaltet. Bei der Vorstellung des Göttlichen (oder des Physischen) ist nichts dergleichen möglich; und

13 *Philosophische Untersuchungen*, §297.

dies ist ein Merkmal dessen, was wir in diesen Fällen unter »Vorstellung« verstehen. Manche Bilder von Christus am Kreuz stellen ihn dar, wie er seine Augen zum göttlichen Vater im Himmel hebt. In diesem Fall ist die Vorstellung von Gottvater ein wesentliches Merkmal dessen, was sie vorstellen. Aber Gott selbst ist nicht abgebildet. Vielleicht wollen wir einwenden, bei Michelangelos Bild der Erschaffung Adams verhalte es sich anders; hier werde Gottvater bildlich dargestellt. Da können wir sagen, was wir wollen. Aber wir sollten nicht übersehen, daß das, was aus diesem Bild eine Vorstellung Gottvaters (und nicht die Vorstellung eines Mannes in einem merkwürdigen Laken) macht, seinerseits nicht etwas Bildliches ist. In genau der gleichen Weise ist das, wodurch das Bild des aus dem Topf aufsteigenden Dampfes zu einer Vorstellung des im Topf kochenden Wassers wird, ebenfalls nicht etwas Bildliches.

7
Aufhören zu existieren

Descartes macht in seiner Dritten Meditation geltend, daß endliche Substanzen nicht nur hinsichtlich ihrer Entstehung, sondern ebenso hinsichtlich ihrer fortdauernden Existenz von Gottes Schöpferkraft abhängig sind:

> Denn man kann ja die gesamte Lebenszeit in unzählig viele Teile teilen, deren jeder von den übrigen in keiner Weise abhängt, so daß also daraus, daß ich kurz vorher existiert habe, keineswegs folgt, daß ich jetzt existieren muß, es sei denn, irgendeine Ursache schaffe mich für diesen Augenblick gewissermaßen von neuem, d. h. erhalte mich im Dasein. Betrachtet man nämlich aufmerksam die Eigenart der Zeit, so leuchtet ein, daß es durchaus derselben Kraft und Tätigkeit bedarf, um irgendein Ding von Augenblick zu Augenblick zu erhalten, wie um es von neuem zu erschaffen, wenn es noch nicht existierte. Daß sich Erhaltung und Schöpfung nur durch den verschiedenen Gesichtspunkt unterscheiden, gehört damit auch zu dem, was das natürliche Licht augenscheinlich macht.[1]

Den Begriff der Schöpfung werde ich hier nicht erörtern. Ich möchte nur nebenbei bemerken, daß ich zwar ebenso wie Descartes der Meinung bin, die im Schöpfungsgedanken zum Ausdruck gebrachte Beziehung zwischen Welt und Gott müsse eine *fortdauernde* Abhängigkeitsbeziehung sein, daß es mir aber nicht erscheint, als werde dies durch metaphysische Überlegungen der von Descartes vorgetragenen Art bestätigt oder als sei die Beziehung von der durch solche Überlegungen nahegelegten Art. Was ich zu sagen habe, wird dennoch von Belang sein für Descartes' Auffassung der Existenz endlicher Dinge, insbesondere für seine implizite Behauptung, es gebe in der Natur eines solchen für sich betrachteten Dings nichts, was die Annahme stützt, es werde von einem Augenblick zum nächsten weiterexistieren.

1 Descartes, *Meditationen über die Grundlagen der Philosophie*, Hg. Lüder Gäbe, Hamburg: Felix Meiner, 1959, S. 89f.

Descartes spricht hier freilich nicht von einer Kraft, welche den natürlichen Verfallsprozessen entgegenwirkt oder natürliche Mittel der Zerstörung bekämpft. Seine Ausführungen betreffen zum Beispiel nicht die Geschwindigkeit, mit der mein Auto rostet, oder den Widerstand, den Kriegsschiffe Exocet-Geschossen entgegenzusetzen haben. Man mag sich beliebig viel Verfall und Zerstörung ausmalen, Descartes würde dennoch eine Erklärung für nötig halten, damit wir Vorgänge wie Verfall und Zerstörung überhaupt begreifen können. Ihm geht es um die bloße Unterscheidung zwischen Existenz und Nichtexistenz, und seine These lautet, daß die Vorstellung der Existenz eines Dings zu einem gegebenen Zeitpunkt gar nichts impliziert, was seine Existenz zu irgendeinem anderen Zeitpunkt betrifft. Wenn etwas tatsächlich von einem Augenblick zum nächsten weiterexistiert, bedarf dies einer Erklärung durch Bezugnahme auf eine äußere Kraft.

Mit dieser These wird, wie es scheint, die Voraussetzung gemacht, es sei durchaus denkbar, daß alles Beliebige ohne weiteres von einem Augenblick zum nächsten zu existieren aufhört. Dies ist die Behauptung, die ich untersuchen möchte.

Dabei nehme ich an, daß Descartes' These an diesem Punkt keine speziellen Erwägungen ins Spiel bringt, die mit *Substanzen* in seinem quasi technischen Sinn dieses Ausdrucks zusammenhängen, sondern daß sie auf die Existenz endlicher Dinge in einem gewöhnlichen, nicht technischen Sinn zutreffen soll. Der Umstand, daß seine Argumentation ausschließlich auf Überlegungen hinsichtlich des Wesens der Zeit beruht, scheint mir darauf hinzudeuten, daß sie sich auf alles, was in der Zeit existiert, anwenden läßt. Doch die Interpretationsfrage ist hier zweifellos umstritten.

Diese Bezugnahme auf Descartes wird hoffentlich dafür sorgen, daß mein Thema als Gegenstand ernsthaften philosophischen Interesses anerkannt wird. Ich sage das deshalb, weil mein nächstes Zitat, das ich ziemlich ausführlich besprechen werde, manchen frivol vorkommen mag. Es ist einer Geschichte von Isaac Bashevis Singer entnommen, die den Titel »Hinter dem Ofen erzählt« trägt.[2] Hier beginnt der Glaser Zalman im jüdischen Bethaus eines polnischen Dorfes eine Geschichte zu erzählen:

2 Isaac Bashevis Singer, »Stories from Behind the Stove«, in *A Friend of Kafka*, Penguin Books, 1970.

»Es kommt tatsächlich vor, daß Leute verschwinden«, sagte er. »Nicht jedem ergeht es wie dem Propheten Elias, der in einem lodernden Triumphwagen in den Himmel getragen wurde. In dem Dorf Palkes, nicht weit von Radoschitz, pflügte ein Bauer mit einem Ochsen. Hinter ihm her ging sein Sohn, der aus einem Beutel Gerste säte. Der Junge blickte auf – der Ochse war da, doch sein Vater war verschwunden. Er begann zu rufen, zu schreien, aber es kam keine Antwort. Sein Vater war mitten im Acker verschwunden. Man hat nie wieder von ihm gehört.«

»Vielleicht war da ein Loch im Boden, und er ist hineingefallen?« meinte Levi Jitzchock.

»Es war kein Loch zu sehen – und wenn dort ein Loch gewesen wäre, wieso ist der Ochse dann nicht zuerst hineingestürzt? Er ging ja voran.«

»Meinst du, die bösen Geister hätten ihn fortgetragen?«

»Keine Ahnung.«

»Vielleicht ist er mit einer Frau auf und davon«, schlug Meir der Eunuch vor.

»Blödsinn, ein alter Mann von siebzig Jahren, vielleicht sogar älter. Ein Bauer läßt seinen Grund und Boden, seine Hütte nicht im Stich. Wenn er eine Frau will, geht er mit ihr auf den Kornspeicher.«

»In dem Fall haben ihn die Bösen erwischt«, sagte Levi Jitzchock besonnen.

»Wieso gerade ihn?« fragte der Glaser Zalman. »Ein stiller Mensch, dieser Wojciech Kucek – so hieß er nämlich. Vor dem Tabernakelfest brachte er gewöhnlich Reisig, um die Sukhoth zu bedecken. Mein eigener Vater hat bei ihm gekauft. Dergleichen kommt wirklich vor ...«[3]

Diese Unterhaltung wird in argumentativer Form dargestellt, wobei Zalman seine Zuhörer offenbar durch Berufung auf ein

3 »Stories from Behind the Stove«, S. 61-74.

Beispiel davon zu überzeugen sucht, daß eine bestimmte Art von Ereignis, an deren Vorkommen sie nicht glauben, manchmal tatsächlich geschieht. Die Dreistigkeit seiner Begründungen ist natürlich absichtlich komisch. Ich bitte Singer von vornherein um Verzeihung dafür, daß ich der Sache den Witz nehme, indem ich diese Begründungen einer recht feierlichen Analyse unterziehe. Aber, wie so oft, verbirgt ein guter Witz auch hier eine tiefe philosophische Pointe, und ich weiß nicht, wie ich diese Pointe explizit machen soll, ohne daß der Witz dabei verlorenginge.

Mir selbst geht es an diesem Punkt meiner Argumentation nicht darum, Gründe für oder gegen die Wahrheit von Zalmans Behauptung anzuführen. Was mich beunruhigt, liegt vielleicht tiefer. Ich bin nämlich nicht sicher, ob ich diese Behauptung überhaupt verstehe, ob ich verstehe, was sie bedeutet. Das heißt nicht, daß ich die Geschichte Singers nicht verstehe. Diese verstehe ich in etwa in der gleichen Weise, in der ich Eschers Zeichnungen unmöglicher Situationen und Gegenstände begreife. Und insoweit verstehe ich auch den Sinn von Zalmans Behauptung »Es kommt tatsächlich vor, daß Leute verschwinden« – ich verstehe ihn im Rahmen der Geschichte Singers. Hätte ich es jedoch mit jemandem wie Zalman zu tun, der anscheinend im Ernst versucht, mich davon zu überzeugen, daß »Leute tatsächlich verschwinden«, würde ich vermutlich nicht verstehen, *was* er mir eigentlich weiszumachen versucht. Außerdem möchte ich darauf hinweisen, daß es hier ziemlich weitreichende Überlegungen gibt, die jedem, der den Sinn einer solchen Behauptung für ganz einleuchtend hält, zu denken geben sollten.

Hier möchte ich eine Weile auf die Form der Auseinandersetzung zwischen Zalman und seinen Zuhörern eingehen. Zalman will sie von der allgemeinen These überzeugen, daß Personen (und Dinge) tatsächlich verschwinden. Dies ist die *Konklusion* des Arguments. (Es ist ganz wichtig, dies nicht aus den Augen zu verlieren.) Unter »verschwinden« versteht Zalman offenbar, daß etwas schlicht zu existieren aufhört, ohne daß dies das Ergebnis eines beschreibbaren Vorgangs der Zerstörung, des Verfalls, der Zertrümmerung oder der Auflösung usw. wäre. Ja, es braucht nicht einmal unbedingt das Ergebnis eines übernatürlichen Eingriffs zu sein – wobei Vorstellungen des Übernatürlichen in Singers Geschichte allerdings nicht weit außerhalb des

Gesichtskreises liegen. Zu einem Zeitpunkt existiert der betreffende Gegenstand, im nächsten Augenblick nicht mehr; und das ist alles. Formal besteht die Begründung darin, daß ein Beispiel (und später ein weiteres Beispiel) genannt wird, in dem etwas oder jemand verschwindet.

In dieser Hinsicht erinnert die Begründung sehr stark an die, welche in einem der denkwürdigsten Vorträge gegeben wurde, die je vor der British Academy gehalten wurden, nämlich in G. E. Moores »Beweis einer Außenwelt«. In diesem Vortrag hielt Moore seine beiden Hände empor und sagte: »Hier ist eine Hand, und hier ist noch eine Hand«, und damit behauptete er »ipso facto die Existenz äußerer Dinge bewiesen zu haben«.[4] Dieser Vergleich ist aufschlußreich, denn ebenso, wie es denjenigen, denen Moores Konklusion nicht einleuchten wollte, schwerfiel, die von ihm genannten Beispiele als Beispiele für die Existenz äußerer Gegenstände gelten zu lassen, so werden diejenigen, die sich mit der Schlußfolgerung Zalmans in Singers Geschichte schwertun, es nicht ohne weiteres gelten lassen, daß er ihnen ein echtes Beispiel für das Verschwinden einer Person genannt habe. Es besteht aber auch ein offensichtlicher Unterschied zwischen diesen beiden Fällen: Während Moore immerhin behauptete, seinem Publikum tatsächlich ein Beispiel eines äußeren Gegenstands vorzuführen, wird weder uns – den Lesern von Singers Geschichte – noch den Hörern der Geschichte Zalmans wirklich ein Verschwindender oder etwas Verschwindendes vorgeführt. Wir haben nichts weiter vor uns als Worte; und unser Problem besteht in erster Linie darin, begreiflich zu machen, was für einen Sinn wir diesen Worten beilegen können. Insbesondere stellt sich das Problem, ob wir uns die Vorstellung verständlich machen können, eine ernsthafte Frage hinsichtlich ihrer Wahrheit und Falschheit zu stellen. Es tut mir leid, daß ich diese Problematik so umständlich formuliere. Der Grund dafür sollte im weiteren deutlich werden.

In der Erzählung selbst finden sich Zalmans Gesprächspartner nicht ab mit seiner Darstellung des Geschehens. Sie schlagen

4 G. E. Moore, »Proof of an External World«, *Philosophical Papers*, London: Allen and Unwin, 1963, S. 146 [dt. Übers. von E. Bubser in *Eine Verteidigung des Common Sense*, Frankfurt am Main: Suhrkamp, 1969].

verschiedene naturalistische Erklärungen vor, also Erklärungen ebenjener Art, wie sie charakteristischerweise geliefert werden, wenn jemand in für Personen unproblematischer Weise aus dem Blickfeld verschwindet. Auf diese Vorschläge entgegnet Zalman in einer Weise, die – in unstrittigen Fällen – ihrerseits durchaus geläufig und aufschlußreich ist: Ein Loch gab es nicht; wäre dort eines gewesen, wieso ist dann nicht der Ochse als erster hineingefallen? Siebzigjährige Bauern verlassen ihr Heim und ihr Land nicht, um einer Frau nachzulaufen! Unter den Umständen, aus denen wir mit solchen Erwiderungen vertraut sind, haben sie den Sinn, besseren Erklärungen den Weg zu bereiten. Zalmans Überredungsversuch nutzt das rhetorisch aus, doch die Art und Weise, in der er dabei vorgeht, ist reine Unverfrorenheit. Die Entgegnungen haben die Form »In dieser Weise geschieht dergleichen nicht«, und seine Hörer sollen daraus folgern: »Also ist er verschwunden, er hat zu existieren aufgehört.« Es könnte aber nur dann vernünftig sein, zu dieser Schlußfolgerung zu gelangen, wenn ihnen, *ehe* die Argumentation einsetzt, die Aussage »Es kommt mitunter vor, daß Leute verschwinden« in *höherem* Maße akzeptabel erschiene als z. B. die Aussage »Es kommt manchmal vor, daß siebzigjährige Bauern alles um einer Frau willen aufgeben«. Andernfalls gibt es gar keinen logischen Ansatzpunkt, von dem aus die Begründung auf die Hörer wirken könnte. In diesem Fall wäre die Begründung jedoch überflüssig, weil die Aussage »Manchmal kommt es tatsächlich vor, daß Leute verschwinden« ihre *Konklusion* sein soll, also das, wovon die Hörer durch die Argumentation erst überzeugt werden sollen.

Damit hängt folgendes zusammen: Wir kennen Methoden, um zu untersuchen, ob Löcher vorhanden sind und ob Personen oder Tiere in sie hinabgestürzt sind; um zu untersuchen, ob Männer mit Frauen auf und davon gegangen sind, usw. Behauptungen, wonach dergleichen in einem bestimmten Einzelfall geschehen ist, können wir im Kontext unserer Vertrautheit mit diesen Methoden verstehen und beurteilen. Im Zusammenhang von Begründungen der Art, wie sie in Singers Geschichte geliefert werden, hat eine solche Behauptung nur deshalb logische Überzeugungskraft, weil es Mittel gibt, ihre Annehmbarkeit *außerhalb* des spezifischen Argumentationskontexts zu bewerten. Bei der Behauptung »Er ist verschwunden« liegt die Sache ganz anders. Wir kennen keine allgemeinen Methoden, um herauszubekommen, ob Leute verschwunden sind. Bestenfalls ist »Er ist verschwunden« eine Feststellung, auf die wir zurückgeworfen werden; wir sagen dergleichen, wenn wir uns keine Hoffnung mehr machen, irgendeine andere Erklärung ausfindig machen zu können.

Aber ich sollte nicht – wie ich es eben getan habe – von »irgendeiner *anderen* Erklärung« reden, denn gerade aufgrund der eben wiedergegebenen Überlegungen gilt, daß »Er ist verschwunden« gar keine Erklärung ist. Es ist bloß ein Ausdruck der Hoffnungslosigkeit im Hinblick auf die Aussicht, eine Erklärung ausfindig zu machen. Zumindest bis jetzt habe ich ansonsten keine logische Kraft, die dem Ausdruck zukäme, ans Licht gebracht. Und wenn ihm ansonsten wirklich keine logische Kraft zukommt, scheint es mir auf der Hand zu liegen, daß er im Gegensatz zu Zalmans Voraussetzung nicht die allgemeine Schlußfolgerung stützt: »Es kommt tatsächlich vor, daß Leute verschwinden.« Dies wäre bestenfalls ein resigniertes Eingeständnis, daß es Vorkommnisse einer Art gibt, für die wir keine Erklärung zu finden hoffen können.

Aber *welcher* Art sind diese Vorkommnisse? Es sind *keine* Vorkommnisse der Art »Personen verschwinden«, denn diese Behauptung würde ja gerade voraussetzen, daß wir für diesen Ausdruck eine andere Verwendung festgesetzt hätten als die, Hoffnungslosigkeit hinsichtlich des Auffindens von Erklärungen zu artikulieren. Und wenn wir eine hausbackene naturalistische Erklärung des uns verwirrenden Phänomens fänden, würden wir natürlich *aufhören*, hier von einem Fall zu reden, in dem jemand verschwindet (in dem seltsamen Sinn des Ausdrucks, in dem wir ihn nach Zalmans Absicht auffassen sollen).

Die provisorische und bislang vorläufige Schlußfolgerung, zu der ich gelangt bin, besagt also, daß Zalmans Äußerung, wenn er von Wojciech Kucek sagt: »Er ist verschwunden«, *weder* als Ausdruck des Explanans *noch* als Beschreibung des Explanandums gedeutet werden kann. Welchen Status diese Äußerung hat, ist noch unklar.

Vielleicht wird man es für einen querköpfigen Gedanken meinerseits erachten, daß ich die Problematik des der Behauptung »Er ist verschwunden« beizulegenden Sinnes so eng mit der

Frage verbinde, welche logische Rolle sie in einer Argumentation spielt, wie sie in der Geschichte von Singer dargelegt wird. Denn der Sinn von »Er ist verschwunden«, wird man mir vorwerfen, ist von sich aus und ganz unabhängig von der eventuellen Rolle dieses Ausdrucks im Rahmen einer Argumentation oder dergleichen einleuchtend genug. Wir haben doch eigentlich nichts weiter zu tun, als die Wahrheitsbedingungen anzugeben, und das ist nicht sonderlich schwer, oder?

Versuchen wir es anhand des zweiten Beispiels, das Zalman in Singers Geschichte anführt; in diesem Beispiel werden solche Wahrheitsbedingungen, wie es scheint, recht detailliert angegeben. »In der Nähe von Blonia lebte ein Gerichtsvollzieher namens Reb Zelig. Er besaß einen Ofen und einen Schuppen, in dem er Brennholz aufbewahrte und Flachs, Kartoffeln und alte Seile. Auch einen Schlitten hob er dort auf. Eines Morgens stand er auf, und der Schuppen war weg.«

Zelig glaubt, er sei verrückt geworden. Doch daß der Schuppen nicht mehr da ist, wird von allen anderen bestätigt. Er hat keine Spur hinterlassen, das Gras wächst hoch an der Stelle, wo er stand. Eine Gruppe »aufgeklärter« Skeptiker gräbt an der betreffenden Stelle einen zwei Meter tiefen Graben. »Das Erdreich war voller Wurzeln und Steine. Der Schuppen hätte dort nicht hineinsinken können.« Sodann werden verschiedene Untersuchungen angestellt, die jede denkbare naturalistische Erklärung auszuschließen scheinen.

Werden die Wahrheitsbedingungen der Aussage »Der Schuppen war verschwunden« damit nicht hinreichend deutlich angegeben, so daß wir hinsichtlich des Gemeinten nicht mehr im Zweifel zu sein brauchen? Denken wir einmal darüber nach!

Weder durch die Wahrheitsbedingung der Aussage »Am Montag steht ein Schuppen auf der Wiese« noch durch die Wahrheitsbedingung der Aussage »Am Dienstag steht kein Schuppen auf der Wiese« werden wir vor Probleme gestellt. Außerdem haben wir *bis jetzt* keinen Grund zu bezweifeln, daß diese beiden Aussagen vollkommen miteinander zu vereinbaren sind. Freilich, bei dem Gedanken, sie seien miteinander vereinbar, erwarten wir, daß es eine akzeptable Geschichte gibt, die die Beseitigung des Schuppens in der Zeit zwischen Montag und Dienstag erklärt, und unsere diesbezüglichen Erwartungen werden – was äußerst wichtig ist – geprägt durch unser Verständnis dessen, was Schuppen, Wiesen usw. eigentlich *sind*.

An dieser Stelle ist ein recht wichtiger Punkt verborgen, und diesen würde ich gern ans Licht bringen. Wie schon gesagt, normalerweise würde uns die Konjunktion »Am Montag existierte der Schuppen und am Dienstag existierte er nicht« nicht stutzig machen. Wir würden annehmen, der Schuppen sei in der Zwischenzeit vielleicht abgebrannt, abgerissen, durch ein Erdbeben vernichtet, durch Planierraupen niedergewalzt oder in sonst einer Weise zerstört worden, *die sich mit unserer Auffassung dessen, was ein Schuppen ist, vereinbaren läßt*. Schön und gut. Es gibt alle möglichen Weisen, in denen der Schuppen verschwunden sein mag; und daß wir die obige Konjunktion als widerspruchsfrei akzeptieren, hängt nicht davon ab, daß in dem gegebenen Fall diese oder jene spezifische Weise dafür verantwortlich ist. Das heißt, die Widerspruchsfreiheit der Aussagen »Am Montag existierte der Schuppen« und »Am Dienstag existierte der Schuppen nicht« ist unabhängig von jeder *spezifischen* Geschichte über das, was in der Zwischenzeit vorgefallen ist.[5]

Nun könnte es sein, daß ein *sehr* einfältiger Logiker denkt: »In Ordnung, wir haben es hier mit zwei Sätzen p und q zu tun, die miteinander vereinbar sind. Es gibt alle möglichen Sätze r_1, r_2, r_3, $r_4 \dots r_n$, deren jeder eine Weise beschreibt, in der der Schuppen zu existieren aufhört. Die Widerspruchsfreiheit von p und q ist ganz unabhängig von der Wahrheit oder Falschheit jedes Einzelsatzes $r_1 \dots r_n$. Daher können wir p und q behaupten sowie nicht-r_1 und nicht-r_2 und nicht-$r_3 \dots$ und nicht-r_n.«

5 Vgl. Wittgenstein, *Über Gewißheit*, Werkausgabe, Bd. 8, § 237: »Wenn ich sage ›Dieser Tisch hat vor einer Stunde noch nicht existiert‹, so meine ich wahrscheinlich, er sei erst später hergestellt worden. / Sage ich ›Dieser Berg hat damals noch nicht existiert‹, so meine ich wohl, er habe sich erst später – vielleicht vulkanisch – gebildet. / Sage ich ›Dieser Berg hat vor einer halben Stunde noch nicht existiert‹, so ist das eine so seltsame Aussage, daß nicht klar ist, was ich meine. Ob ich z. B. etwas Falsches, aber Wissenschaftliches meine. Vielleicht meint man, die Aussage, der Berg habe damals noch nicht existiert, sei ganz klar, wie immer man sich den Zusammenhang denke. Aber denke, jemand sagt ›Dieser Berg hat vor einer Minute noch nicht existiert, sondern ein genau gleicher‹. Nur die gewohnte Umgebung läßt es klar erscheinen, was gemeint ist.«

Diese Konklusion ergibt sich natürlich nicht. Daraus, daß die Konjunktion von p und q mit der Falschheit jedes Einzelsatzes $r_1 \ldots r_n$ vereinbar ist, folgt nicht, daß sie sich mit der Falschheit ihrer Gesamtheit vereinbaren läßt.[6] Obendrein ist dies in Wirklichkeit gar nicht wahr. Wie bereits mit Nachdruck gesagt, ist unser Verständnis der Konjunktion »Am Montag hat der Schuppen existiert und am Dienstag hat er nicht existiert« derart, daß dabei vorausgesetzt wird, der Schuppen sei in der Zeit zwischen Montag und Dienstag in *irgendeiner* verständlichen Weise zerstört worden. Und was eine verständliche Weise ist, das wird begrenzt durch unsere Auffassung dessen, was ein Schuppen ist. Dies wird ganz deutlich, wenn man in $r_1 \ldots r_n$ einen Satz wie »Er starb«, »Er hat sich in einem Wasserglas aufgelöst«, »Er ist in Liquidation gegangen« einzusetzen versucht, also eine Schilderung einer Weise der Existenzbeendigung, die sich aus begrifflichen Gründen nicht auf einen Schuppen anwenden läßt. Damit wird der wichtige Sachverhalt verdeutlicht, daß der Sinn einer Existenzbehauptung nicht unabhängig ist von dem, was es heißt, daß etwas von der betreffenden Art »zu existieren aufhört«. (Etwas Ähnliches gilt, wenn wir »zu existieren aufhören« durch »zu existieren beginnen« ersetzen, womit ich allerdings nicht suggerieren möchte, daß die Überlegungen, welche die Anwendungsweisen dieser beiden Begriffe bestimmen, völlig symmetrisch sind.) Um in Platonischer Sprache zu formulieren, was vielleicht gar kein Platonischer Gedanke ist: In mancher Hinsicht ist das Wesen des Seins abhängig vom Wesen des Werdens.

Meine Argumentation scheint bisher jedoch höchstens die These zu erhärten, daß es manche Erklärungen der Existenzbeendigung gibt, die nicht vereinbar wären mit der Behauptung bzw. Verneinung der Existenz eines bestimmten x zu den Zeitpunkten t_1 bzw. t_2, weil sie sich begrifflich nicht in Einklang bringen lassen mit der betreffenden Art von x. Das, worum es mir geht, ist aber natürlich etwas anderes, nämlich die Frage, ob es möglich ist, etwa die Behauptung der Existenz eines Schuppens am

6 Ich drücke mich hier so aus, als gäbe es eine spezifizierbare, bestimmte Menge von Sätzen $r_1 \ldots r_n$. In Wirklichkeit glaube ich nicht, daß es eine solche Menge gibt, doch dieser Umstand läßt meine Argumentation unberührt.

Montag und die Behauptung seiner Nichtexistenz am Dienstag widerspruchsfrei zu verknüpfen mit der negativen Behauptung, in der Zeit zwischen Montag und Dienstag sei dem Schuppen nichts Relevantes widerfahren, außer daß eben in irgendeinem Moment während dieses Zeitraums seine bloße Existenz aufgehört hat.

Um mich dieser Problematik zu stellen, möchte ich auf etwas zurückkommen, was ich an früherer Stelle gesagt habe. Dort habe ich gemeint, Singers Geschichte sei mir durchaus verständlich, und auch Zalmans Behauptungen über den verschwundenen Bauern und den verschwundenen Schuppen könne ich verstehen, soweit sie als Bestandteile dieser Geschichte auftreten. Was ich, wie gesagt, nicht verstehen würde, wäre die Äußerung eines Sprechers, der mich offenbar ernsthaft davon zu überzeugen versucht, etwas oder jemand sei tatsächlich in dieser Weise verschwunden. Mein diesbezügliches Unverständnis geht natürlich einher mit meiner Verwirrung darüber, was ich mir eigentlich als Beispiel einer Begegnung mit einem derart verschwindenden Gegenstand ausmalen soll. Wenn man auf eine Geschichte über einen verschwindenden Schuppen stößt, so ist das etwas völlig anderes, als wenn man auf einen verschwindenden Schuppen stößt. Daraus, daß ich die erstere verstehe, ergeben sich keine Folgerungen hinsichtlich der Möglichkeit, letzteres zu verstehen, oder hinsichtlich meiner Fähigkeit, mir diese Eventualität auszumalen. Wenn ich Eschers berühmtes Bild *Aufstieg, Abstieg* betrachte, fällt es mir nicht schwer, darin die Abbildung einer Wendeltreppe zu erblicken, die ständig aufsteigt und dennoch zu ihrem Ausgangspunkt zurückkehrt; trotzdem habe ich keine Ahnung, wie es wäre, auf eine wirkliche Treppe dieser Art zu stoßen. Ja, außerhalb des Kontexts eines solchen Bildes weiß ich gar nicht, wie ich den Ausdruck »eine wirkliche Treppe dieser Art« auffassen soll.

Es ist schwierig, die Unterscheidung, die hier getroffen werden soll, befriedigend zu formulieren. Eine ähnliche Unterscheidung findet sich in einem Aufsatz von G. E. M. Anscombe, in dem sie die analoge Frage erörtert, ob man der Vorstellung, daß etwas ohne Ursache zu existieren beginnt, einen Sinn beilegen könne.[7]

7 G. E. M. Anscombe, »Times, Beginnings and Causes«, in: *Collected Philosophical Papers*, Bd. II, Oxford: Blackwell, 1981.

Diese Unterscheidung formuliert sie zunächst mit Hilfe der Ausdrücke »wirklich annehmen, daß dies geschieht« und »sich bloß ein Bild davon machen, wie es geschieht«. Damit kommen wir dem, was wir brauchen, nahe, ohne es jedoch ganz zu erreichen. Das Problem ist, daß die Formulierung »wirklich annehmen, daß es geschieht« zu sehr danach klingt, als dächte man darüber nach wie über eine ernsthafte, quasi physikalische Möglichkeit, so wie man etwa über das Zerbersten der Uferbefestigungen der Themse und die katastrophale Überschwemmung Londons als ernsthafte Möglichkeit nachdenken kann, ohne wirklich damit zu rechnen. Es wird aber gar nicht von uns verlangt, daß wir in *dieser* Weise einen reinen Anfang oder ein reines Ende einer Existenz »wirklich annehmen«, als handelte es sich zum Beispiel um etwas, wovon wir glauben könnten, es lohne sich, Vorsichtsmaßnahmen dagegen zu treffen. (Schon der Umstand, daß man keine Ahnung hat, wie solche »Vorsichtsmaßnahmen« aussähen, ist gewiß überaus relevant für das Problem: herauszubekommen, wie sich diese umstrittenen Ausdrücke im Ernst anwenden ließen.)
Ein wenig später behandelt Anscombe dieses Problem in etwas anderer Weise, die auf den ersten Blick zwar womöglich wie ein Themenwechsel wirkt, mir jedoch im Grunde weit aussichtsreicher zu sein scheint: »Aber die Aufgabe, die man seiner Vorstellungskraft stellen sollte«, meint sie, »ist vielleicht nicht die Existenz eines Gegenstands, sondern man selbst, wie man ernsthaft urteilt, ein Gegenstand habe zu existieren begonnen.« Wenn ich mich diesem Vorschlag anschließe, werde ich mutatis mutandis betrachten müssen, was es hieße, wenn ich ernsthaft urteilte, daß ein Gegenstand zu existieren aufgehört hat.
Warum sollte dieser Ansatz überlegen sein? Der Sinn ist natürlich nicht der, daß die Existenz bzw. das Aufhören der Existenz eines Gegenstands identisch ist mit dem Urteil meinerseits, seitens eines anderen oder seitens einer ganzen Menge Leute, dieser Gegenstand existiere bzw. habe zu existieren aufgehört. Es geht vielmehr darum, daß sich das, was wir unter »Existenz« verstehen, nicht in irgendeiner Eigenschaft des als existent beurteilten Gegenstands zeigt, sondern in der charakteristischen Beschaffenheit des Existenzurteils. Damit soll allerdings *nicht* bestritten werden, daß es wirklich die Existenz des Gegenstands ist, die in

Frage steht. Jegliche Erörterung des Problems, in welchem Zusammenhang dies alles zu den traditionellen philosophischen Streitfragen steht, ob Existenz ein Prädikat sei oder nicht, werde ich auf eine andere Gelegenheit verschieben. Dennoch lohnt es sich, an dieser Stelle eine oder zwei Bemerkungen zu machen über etwas, was Hume in seiner berühmten Auseinandersetzung mit dem Thema der »Vorstellung der Existenz und der äußeren Existenz« sagt.[8] Humes Auffassung wird in dem folgenden Satz zusammengefaßt: »Ob man über etwas einfach so oder ob man darüber als etwas Existierendes nachdenkt, das sind keine verschiedenen Vorgänge.« Die Begründungen, die er für diese auf den ersten Blick ungeheuerliche These ins Feld führt, sind verzwickt und weitgehend abhängig von Verwechslungen, die sich aus seiner allgemeinen Erkenntnistheorie der »Eindrücke und Vorstellungen« ergeben. Aber in wenigstens zweien seiner Bemerkungen gibt er einen Hinweis, der auch unabhängig davon triftig ist und in bezug auf den sein Standpunkt zu Recht mit dem Kants verglichen worden ist.[9] Wird die Vorstellung der Existenz, wie Hume schreibt, »mit der Vorstellung irgendeines Gegenstands verknüpft, so wird diesem nichts hinzugefügt«. Und wenig später heißt es: »Aber kein Gegenstand kann im Hinblick auf seine Existenz als einem Gegenstand ähnlich und als in ebendieser Eigenschaft von anderen Gegenständen verschieden dargestellt werden; denn jeder Gegenstand, welcher dargestellt wird, muß notwendig existent sein.« Dieser letzte Nebensatz bringt freilich wieder die Verwechslungen ins Spiel, die aus Humes allgemeiner Erkenntnistheorie stammen. Er meint damit offenbar, über einen Gegenstand nachdenken heiße: eine Vorstellung von ihm haben, und insofern jemand eine Vorstellung hat, existiere diese Vorstellung notwendig. Die Verwechslung rührt von seiner Annahme her, der *Gegenstand* des Nachdenkens sei diese Vorstellung, und dadurch wird es ihm ermöglicht zu glauben, es sei unmöglich, über einen nicht existierenden Gegenstand nachzudenken.

Diese Verwechslung wollen wir jedoch unberücksichtigt lassen. Ein wirklich triftiger Hinweis, der in Humes Äußerung enthalten

8 David Hume, *A Treatise of Human Nature*, Book I, Part II, Section VI.

9 Immanuel Kant, *Kritik der reinen Vernunft*, Transzendentale Dialektik, Zweites Buch, Drittes Hauptstück, Vierter Abschnitt.

zu sein scheint, ließe sich wie folgt formulieren: Die Art der Darstellung, die bei der Wiedergabe eines Gegenstands – sei es durch eine geistige Vorstellung oder auf der Leinwand – oder auch nur bei der Beschreibung des Gegenstands (wenn man »ein Bild in Worten zeichnet«) ins Spiel kommt, wird den Unterschied zwischen Existenz und Nichtexistenz des Gegenstands nicht mitteilen.

Stellen wir uns vor, ich denke über den Yeti nach und frage mich, ob er existiert oder nicht. Ich mache mir vielleicht eine Vorstellung von dem Yeti, wonach er einen Körper und einen Kopf bestimmter Form, ein Fell bestimmter Beschaffenheit, eine bestimmte Farbe und dergleichen mehr hat. Womöglich stelle ich ihn auch in einem Gemälde dar. Ich bin mir nicht sicher, ob seine Ohren spitz sind oder herabhängen – die Erlebnisberichte der Reisenden widersprechen einander –, und so stelle ich ihn mir zweimal vor bzw. male ihn zweimal, jeweils mit einer anderen Art von Ohr.

Vergleichen wir dies mit einer Darstellung der Existenz bzw. der Nichtexistenz des Yeti. Würde der Unterschied im Bild des Yeti selbst in Erscheinung treten? Nun ja, möglich wäre es. Ich könnte ihn zum Beispiel dadurch als nicht existierend darstellen, daß ich ihn vor einem mehrfarbigen Hintergrund einfarbig male; oder ich könnte ihn mit gestrichelten Umrissen zeichnen; usw. Doch während ich mein richtiges Verständnis des Bildes mit den spitzen Ohren etwa zeige, indem ich nach einem Tier mit spitzen Ohren Ausschau halte, zeige ich mein Verständnis des einfarbigen oder gestrichelt gezeichneten Bildes nicht, indem ich nach einem einfarbigen Tier suche oder nach einem mit gestrichelten Umrissen (was immer das wohl wäre). Vielmehr zeige ich mein Verständnis, indem ich es zum Beispiel aufgebe, überhaupt danach Ausschau zu halten, und indem ich vielleicht die Frage erörtere, wie die Geschichte des Yeti in Umlauf gekommen ist. Es wäre auch möglich, die Nichtexistenz des Yeti nicht durch ein Merkmal der Yetidarstellung selbst, sondern etwa durch eine Reihe von Bildern darzustellen, wobei auf dem ersten die Forschungsreisenden ein Yetibild im Bild betrachten, während auf dem zweiten gezeigt wird, wie sie in den Bergen herumstöbern, und auf dem dritten, wie sie die Berge mit angewidertem Gesichtsausdruck verlassen und das Yetibild zerreißen.

Nichtexistenz wird hier mit Hilfe einer Darstellung eines *Urteils* der Nichtexistenz dargestellt, und damit gelangen wir wieder zurück zum Ausgangspunkt dieses Exkurses, nämlich zu Anscombes Vorschlag, man sollte, um sich darüber klarzuwerden, was »zu existieren beginnen« eigentlich heißt, der eigenen Vorstellungskraft nicht die Aufgabe stellen, sich »die Existenz eines Gegenstands« auszumalen, »sondern sich selbst, wie man ernsthaft urteilt, ein Gegenstand habe zu existieren begonnen«. Hier muß natürlich großes Gewicht auf das Wort »*ernsthaft*« gelegt werden, und damit werden dem, was sich erreichen läßt, indem man einfach »der eigenen Vorstellungskraft eine Aufgabe stellt«, Grenzen gesetzt. Wenn sich Forschungsreisende so verhalten, wie es in meiner vorgeschlagenen Bilderreihe wiedergegeben wird, ist es zwar *möglich*, daß sie ein ernsthaftes negatives Existenzurteil äußern, doch möglicherweise tun sie es nicht. Sofern wir keinen klaren Begriff der Bedingungen haben, unter denen wir jemanden als ernsthaft so Urteilenden *ansehen* würden, können wir nicht weiter kommen als bis zu dem Punkt, an dem wir dem Bild »einen bloßen Titel« geben, wie Anscombe sagt, ohne daß wir uns klarer werden über das, was ein solcher Titel mitteilt oder was der Grund dafür ist, daß das Bild (oder die Geschichte) einen solchen Titel verdient.

Wenn wir Singers Geschichte erneut und genauer betrachten, werden wir sehen, daß uns eigentlich nicht mehr geboten wird als der Titel »Der Schuppen ist verschwunden«, welcher der Geschichte, die Zalman in der Darstellung erzählt, als Überschrift dienen kann. Im Anschluß an Descartes möchte ich die Aufmerksamkeit in diesem Zusammenhang auf die Bedeutung der Zeit richten, obwohl die Art von Bedeutung, die ich der Zeit beimessen werde, weit entfernt ist von dem, was Descartes vorgeschwebt hat. In der Geschichte wird uns erzählt, eines Morgens (sagen wir: am Dienstag) sei der Schuppen, der vorher (sagen wir: am Montag) dort gestanden hat, »weg gewesen«. Mit anderen Worten, die Geschichte wird in zeitlich neutraler Weise erzählt. Den Sachlagen, die am Montag bzw. am Dienstag bestehen sollen, wird als akzeptierten Gegebenheiten gleicher Rang eingeräumt. Der am Montag bestehende Sachverhalt wird nicht als etwas aus dem am Dienstag – also an dem Tag, an dem das Urteil ausgesprochen wird – bestehenden Sachverhalt *Er-*

schlossenes dargestellt, sondern als etwas ebenbürtig Feststehendes. Welches ist aber nun eigentlich die Situation am Dienstagmorgen, an dem Zelig urteilen soll, daß der Schuppen verschwunden sei? Meine Frage lautet: Was hat Zeligs Situation jetzt, am Dienstagmorgen, an sich, das uns zu der Aussage berechtigt, er urteile ernsthaft, der Schuppen sei verschwunden? (Es genügt offenbar nicht, daß er die Worte »Der Schuppen ist verschwunden« äußert bzw. zu sich selbst sagt.)

Als Zelig am Dienstag aufsteht, erblickt er keinen Schuppen, wo er einen zu sehen erwartet und wo nach seinem überwältigenden Erinnerungseindruck am vorigen Tag noch einer gestanden hat. Kein Anzeichen deutet darauf hin, ein Schuppen sei mit natürlichen Mitteln beseitigt worden. Interessanterweise reagiert er in der Geschichte übrigens nicht zuerst mit der Äußerung »Er ist verschwunden«, sondern mit den Worten »Ich muß den Verstand verloren haben«. Die Reaktionen seiner Frau, seiner Kinder und seiner Nachbarn stimmen mit seiner eigenen Reaktion überein. Zuerst wird das ganze Dorf rasend und dann versinkt es in bestürzte Schwermut. Der christliche Großgrundbesitzer schwadroniert über »jüdische Ränke« und brüllt: »Wenn der Schuppen nicht dort steht, wo er immer stand, und zwar sofort, werde ich euch alle zu Tode peitschen.« Der Arzt sagt zum Apotheker: »Wenn so etwas möglich ist, was für ein Arzt bin ich dann? Und was für ein Apotheker bist du?« Die Aufgeklärten lassen ihr Kartenspiel fahren und beginnen zu glauben, es könne einen Gott geben. Und so weiter.

Welche Rolle spielt der Gedanke »Der Schuppen ist verschwunden« in diesem ganzen seelischen Pandämonium? Es ist ein Gedanke, der *sowohl* von einigen der Dorfbewohner selbst *als auch* von dem Geschichtenerzähler Zalman zum Ausdruck gebracht wird. Oder vielmehr, sowohl einige der Dorfbewohner als auch Zalman haben Gedanken, die sich durch diese Worte zum Ausdruck bringen ließen. Ob es in jedem Fall *der gleiche Gedanke* ist, das ist gerade die Frage, die ich stelle. Zalman will, daß seine Zuhörer diese Worte als einen nüchternen Bericht auffassen über das, was das Pandämonium im Dorf bewirkt hat und es erklärt. Aber *im* Dorf steht der Gedanke, der Schuppen sei verschwunden, im Mittelpunkt der seelischen Aufregung und ist ihr Ausdruck. Er wird keineswegs einfach als Ursache des Tumults akzeptiert. Ja, die unmittelbare Ursache der Aufregung ist doch gerade die Unmöglichkeit, den Gedanken zu akzeptieren, obwohl man zugleich den überwältigenden Drang verspürt, ihn gelten zu lassen. Die Aufregung ist nicht von der Art, die durch ein ganz außergewöhnliches und bedrohliches, wenn auch verständliches Ereignis ausgelöst würde, etwa durch ein unerwartetes Pogrom oder durch ein Erdbeben. Im Grunde ist der Verlust des Schuppens als solcher bloß eine verhältnismäßig geringfügige Beeinträchtigung, und die eigentliche Banalität des vermeintlichen Vorkommnisses ist ein wichtiges Merkmal der Geschichte. Sie spielt eine Rolle, wenn der Erzähler die vorgeschlagenen übernatürlichen Erklärungen verwirft – worauf ich in Kürze zurückkommen werde. Was so verstörend wirkt, ist, daß man sich die Situation nicht verständlich machen kann. Die Aussage »Der Schuppen ist verschwunden« wird von *niemandem* (außer Zalman) als sinnstiftender Faktor akzeptiert. Sie ist ein Eingeständnis des Versagens, und zwar einer Art des Versagens, welche die ganze Struktur des Lebens der Leute bedroht, ihre gesamte – aus den typischen Beispielen hervorgehende – Fähigkeit, überhaupt etwas begreiflich zu machen.

Können wir die Sache demnach als eine Art Halluzination betrachten? Zalman erwägt diese Möglichkeit, bzw. er tut so, als ginge er darauf ein: »Das Ganze muß eine Illusion gewesen sein. Aber wie läßt sich eine ganze Stadt täuschen?«[10] Es erübrigt sich zu sagen, daß dies nichts weiter ist als eine erneute Äußerung der Dreistigkeit des Erzählers, auf die ich schon früher hingewiesen habe, nämlich im Zusammenhang mit der Auseinandersetzung um den pflügenden Bauern, der verschwunden sein soll. Warum sollte man sich durch die Frage »Wie läßt sich eine ganze Stadt täuschen?« in höherem Maße verblüffen lassen als durch die Frage »Wie kann ein Schuppen verschwinden?«? In Wirklichkeit liegt die Bürde weitgehend auf der anderen Seite. Daß eine ganze Stadt einer Täuschung unterliegt, ist zwar tatsächlich äußerst unwahrscheinlich; aber es ist immerhin eine *mögliche* Erklärung der Ereignisse, und zwar eine, von der ihrerseits denkbar ist, daß man sie untersucht und erklärt. Wir könnten im Trinkwasser

10 In Singers Geschichte werden diese Worte geäußert, nachdem der Schuppen einige Wochen später wieder auftaucht, als ob nichts geschehen wäre. Diese Komplizierung lasse ich bei meiner Erörterung unberücksichtigt.

nachforschen oder das Brot untersuchen, um dort nach Indizien für Mutterkornvergiftung zu suchen, usw. usf. Aber man darf auf keinen Fall vergessen, daß im Hinblick auf die »Hypothese«, der Schuppen sei verschwunden, gar nichts dergleichen möglich ist. Denn wenn man über eine naturalistische Erklärung des Verschwindens des Schuppens verfügte, so wäre das unvereinbar damit, es als ein Beispiel der schlichten Existenzbeendigung zu deuten, in dem Sinn von Existenzbeendigung, den wir nach Zalmans (und implizit auch nach Descartes') Willen akzeptieren sollen. Schon allein die Suche nach einer solchen naturalistischen Erklärung würde den eigentümlichen metaphysischen Status, der philosophisch interessant ist, zumindest in Frage stellen.

Nun könnte man zwar annehmen, ich hätte mein Versprechen aus den Augen verloren, die Aufmerksamkeit auf die Bedeutung zu richten, die im Falle des unterstellten Urteils »Der Schuppen ist verschwunden« der Zeit zukommt, aber so verhält es sich nicht. Der Gedanke, den ich zu artikulieren versucht habe, ließe sich wie folgt ausdrücken: Die Worte »Der Schuppen ist verschwunden« bringen, dem Anschein zum Trotz, kein Urteil zum Ausdruck, bei dem der Sprecher einen Gedanken sozusagen in die Vergangenheit projiziert, wie es etwa der Fall sein könnte, wenn er die Worte »Der Schuppen ist frisch gestrichen« äußerte; diese Worte leisten nichts weiter, als die jetzige Verwirrung über den sinnlosen Konflikt der jetzigen Eindrücke zu artikulieren.

Es ist wichtig, daß ich meinen Grund für diese Behauptung klarstelle. Es geht mir *nicht* darum, daß ich im Normalfall (also zum Beispiel in dem Fall, in dem ich über den frischen Anstrich des Schuppens nachdenke) aufgrund der Konvergenz aller meiner jetzigen Eindrücke imstande bin, über diese Eindrücke hinauszugehen und auf sie ein Urteil über ein Ereignis der Vergangenheit zu basieren. Es ist nicht so, daß ich den jetzigen *Eindruck* von frischer Farbe habe sowie den jetzigen *Eindruck* einer Erinnerung, daß die Farbe gestern noch alt war, woraus ich dann schließe ... usw. Nein, die richtige Darstellung scheint mir die zu sein, daß ich einfach sehe, daß der Schuppen seit gestern frisch gestrichen wurde. Außerdem liegt es im abnormalen Fall des verschwundenen Schuppens nicht bloß am Widerstreit meiner jetzigen Eindrücke, daß ich mich hier außerstande sehe, über sie hinauszugehen und ein Urteil abzugeben, das zu einem vergangenen Ereignis hinreicht. Es gibt ja eine Vielzahl ganz normaler Fälle, in denen unsere Eindrücke in Konflikt miteinander stehen und in denen unser Denken ohne große Schwierigkeit über die gegenwärtige Erfahrung hinausreicht. Hierzu gehören zum Beispiel die Fälle, in denen wir eine naturalistische Erklärung der widerstreitenden Eindrücke suchen und finden.

An diesem Punkt mag es so erscheinen, als setzte ich mich dem Vorwurf der Widersprüchlichkeit aus. Weigere ich mich nicht bloß dogmatisch, den abnormalen Fall in der gleichen Weise zu beschreiben, in der ich den normalen schildern würde? Nun, es ist ganz richtig, daß ich im normalen Fall keine Einwände erhebe gegen einen unkomplizierten Bericht über eine zeitliche Abfolge, in dem allen Phasen der Abfolge dasselbe epistemische Gewicht verliehen wird. Ich bestehe hier nicht darauf, das gesamte Gewicht auf meine gegenwärtigen Sinnes- und Gedächtniseindrücke zu legen, sondern ich artikuliere die Abfolge schlicht als einfache Beobachtung: »Der Schuppen ist seit gestern frisch gestrichen worden.« Richtig ist auch, daß ich mich weigere, der Aussage »Der Schuppen ist verschwunden« die gleiche Behandlung zuteil werden zu lassen. Warum?

Der in der Frage implizierte Einwand entspricht einer Behauptung, die Roy Holland in einem Aufsatz aufstellt, der mir sehr viel gegeben hat.[11] Holland versucht einen Begriff des Wunders herauszuarbeiten, wonach ein Wunder ein Ereignis ist, das zwar »begrifflich unmöglich«, aber »empirisch gewiß« ist. Der Gedanke der begrifflichen Unmöglichkeit wird durch Bezugnahme auf Naturgesetze erklärt, die sich in unserem Denken und in unserer Sprache derart eingebürgert haben, daß sie »für Festsetzungen bestimmend« sind und »einen Rahmen« bilden, »durch den wir die Welt betrachten und der in beträchtlichem Maße unsere Beschreibungsweisen der Phänomene diktiert«.[12] Holland sieht zwar ein, daß diese Betrachtungsweise der Dinge auf den ersten Blick Humes Argumentation gegen Wunder stärkt; dennoch behauptet er, daß es so etwas wie empirische Gewißheit gibt, was bedeutet, daß die empirische Beobachtung – im Gegensatz zur Auffassung Humes – mehr leisten kann als bloße Wahr-

11 R. F. Holland, »The Miraculous«, in: *Against Empiricism*, Oxford: Blackwell, 1980, S. 169ff.

12 »The Miraculous«, S. 177.

scheinlichkeit und tatsächlich mehr leistet: Außerdem könne eine solche Gewißheit sogar in einem Fall die Oberhand behalten, in dem das Beobachtete in Widerspruch steht zu dem, was unsere Begriffe als möglich festsetzen, und dies bedeutet, daß wir empirisch gewiß sein können, etwas begrifflich Unmögliches habe sich tatsächlich abgespielt.

Der erste Teil dieser Gegenthese gegen Hume scheint mir offensichtlich richtig zu sein: Was wir beobachten, kann absolut gewiß sein und ist es in überwältigend vielen Fällen tatsächlich. Überdies kann es selbst dann gewiß sein, wenn dem sehr fest eingebürgerte Erwartungen entgegenstehen. Es kann sogar so gewiß sein, daß dadurch eine Veränderung in unseren Begriffen erzwungen wird. Damit ist jedoch immer noch nicht erreicht, was Holland beansprucht, denn er will die Möglichkeit von Fällen anerkennen, in denen unsere Beobachtungen nicht mit unseren existierenden Begriffen in Einklang gebracht werden können und in denen trotzdem *sowohl* die Berichte über unsere Beobachtungen *als auch* das Begriffssystem, welches die Berichte ausschließt, mit unverminderter Gewißheit aufrechterhalten werden dürfen. Betrachtet man diesen Standpunkt von der Seite der empirischen Gewißheit aus, ergibt sich die Schwierigkeit, daß der Begriff der empirischen Gewißheit ein intentionaler ist, der ein Objekt verlangt. Man ist sich *einer Sache* gewiß, oder man ist sich dessen gewiß, *daß* sich etwas so verhält. Worauf bezieht sich die Gewißheit? Die Antwort muß Begriffe zum Einsatz bringen, die der Situation angemessen sind. Doch in Hollands »Wunder«-Situationen verfügen wir nicht über die Begriffe, die es uns gestatten, eine verständliche Antwort zu formulieren. Wir sind genötigt, eine Formulierung zu äußern, der wir unter diesen Umständen keinen Sinn beilegen können. Also ist keine Antwort gegeben worden auf die Frage, wessen wir sicher sind. Wie meine bisherige Erörterung hoffentlich deutlich macht, will ich keinesfalls bestreiten, daß wir auf Umstände stoßen können, die unsere Versuche, sie kohärent zu beschreiben, zum Scheitern bringen. Mein Einwand richtet sich gegen die Vorstellung, daß man unter solchen Umständen dennoch glauben kann, der Begriff der empirischen Gewißheit könne felsenfest dastehen.

Das einzige Gegenargument gegen diesen Einwand, das ich in

Hollands Artikel ausfindig machen kann, besagt: »Wenn man einräumt, daß es im Hinblick auf den Einzelfall keine Gewißheit geben kann, wenn es kein wirkliches Wissen geben kann, ein einzelnes Ereignis habe sich in genau der Weise abgespielt, in der es sich tatsächlich abgespielt hat, fragt es sich, wie sich unser System von Gesetzen überhaupt erst hat etablieren können.«[13]
In Erwiderung hierauf möchte ich zunächst wiederholen, daß ich weit entfernt bin von der Annahme, so etwas wie »Gewißheit im Hinblick auf den Einzelfall« gebe es nicht (das heißt so etwas wie Gewißheit im Hinblick auf *jeden beliebigen* Einzelfall). Zweitens möchte ich anmerken, daß die Frage am Schluß des zitierten Satzes sicher auf einer quasi empiristischen Verwechslung beruhen muß, sofern sie den Gedanken nahelegen soll, daß unsere Begriffsrahmen irgendwie auf bestimmten empirischen Gewißheiten beruhen, die ihrerseits *keinen* begrifflichen Gehalt haben.
Kommen wir also auf meine ursprüngliche Frage zurück: Warum lasse ich den Formulierungen »Der Schuppen ist seit gestern frisch gestrichen worden« und »Der Schuppen ist seit gestern verschwunden« im Hinblick auf ihre Beziehung zur gegenwärtigen Erfahrung des Sprechers nicht die gleiche Behandlung zuteil werden? Das heißt, warum gestehe ich dem Bericht über die unmittelbare Situation des Betrachters im zweiten Fall nicht den gleichen direkten Zusammenhang mit der Vergangenheit zu wie im ersten Fall? Schließlich müßte ich mich doch, wie man einwenden könnte, im Augenblick der Berichterstattung in jedem der beiden Fälle gleichermaßen auf meine Erinnerungen an frühere Sachverhalte verlassen: auf einen gestrigen Sachverhalt im Fall des Schuppens, auf einen wenige Augenblicke zurückliegenden Sachverhalt im Falle des verschwundenen Vaters des pflügenden Knaben. Es stimmt, daß ich beim Erstatten solcher Berichte wie »Der Schuppen ist frisch gestrichen worden« normalerweise nicht ausdrücklich angebe, woran ich mich erinnere – nämlich wie der Schuppen gestern aussah –, sondern ich setze ebenso wie meine Hörer eine gewaltige Menge von Angaben über die unmittelbaren (und nicht so unmittelbaren) Vorläufer der jetzigen Situation als selbstverständlich voraus. Es wäre

13 »The Miraculous«, S. 177.

auch nicht verfehlt, diese selbstverständliche Voraussetzung zumindest zum Teil als Gedächtnisphänomen zu bezeichnen. Wenn ich also behaupte, in dem abnormalen, metaphysisch interessanten Fall sei etwas an meiner Erinnerung suspekt, fragt es sich demnach, wieso sich der Verdacht nicht genauso auf die normalen Fälle übertragen läßt.

Die Antwort auf diese Frage hängt mit Problemen der anfangs zitierten Bemerkungen von Descartes zusammen. Wir erinnern uns, das, was nach Descartes der Erklärung bedarf, ist der Umstand, daß etwas tatsächlich von einem Augenblick zum nächsten weiterexistiert, denn was in irgendeinem gegebenen Augenblick der Fall ist, hänge in keiner Weise von dem ab, was in irgendeinem anderen Augenblick der Fall ist. Insofern Kontinuität der Existenz überhaupt vorkommt, müsse diese durch eine äußere Kraft aufrechterhalten werden. Wenn also ein Schuppen plötzlich zu existieren aufhört, ist das, *soweit es das Wesen des Schuppens selbst betrifft, wenn man diesen als zeitlich existierendes Einzelding betrachtet*, nichts anderes als das, was wir zu erwarten berechtigt sind. Im Mittelpunkt meiner eigenen Erörterung standen bisher die Bedingungen, unter denen wir bestimmte Arten von Äußerungen, die augenscheinlich zeitlich existierende Dinge betreffen, als Ausdruck sinnvoller Urteile über solche existierenden Dinge ansehen können. Nun möchte ich daran erinnern, daß Descartes' Auffassung der Zeit als einer Abfolge wechselseitig unabhängiger atomarer Augenblicke auch in einem früheren Stadium seiner Gesamtargumentation mit gleichem Nachdruck angewandt werden kann und tatsächlich angewandt wird, und zwar auf die Beziehung zwischen einem Gedanken, der zu einem gegebenen Zeitpunkt artikuliert wird, und dem, was in irgendeinem anderen Moment vor oder nach diesem gegebenen Zeitpunkt womöglich der Fall ist oder nicht. Also, egal, welches Merkmal meiner Situation zu einem gegebenen Zeitpunkt mir die Gewißheit gibt, daß gestern ein Schuppen vor meinem Fenster stand, es steht in gar keinem wesentlichen inneren Zusammenhang mit dem, was gestern tatsächlich der Fall gewesen ist. Auf Gott beruft sich Descartes nicht nur, damit dieser die fortdauernde Existenz des Schuppens verbürge, sondern auch, damit er einen Zusammenhang gewährleiste zwischen meiner jetzigen scheinbaren Erinnerung an die gestrige Existenz des Schuppens und dem, was gestern der Fall gewesen ist.[14] Wenn wir nun den Glauben an Gottes bewahrende Kraft außer Betracht lassen, habe ich nicht nur keinen Grund mehr, damit zu rechnen, daß der Schuppen von einem Augenblick zum nächsten weiterexistieren wird, sondern ich werde *außerdem* nie einen Grund haben, ernsthaft zu urteilen, daß der Schuppen verschwunden sei, denn ich hätte ja keinen Grund zur Annahme, daß meine überwältigende jetzige Neigung zu glauben, dort habe gestern ein Schuppen gestanden, irgend etwas damit zu tun hat, ob dort gestern wirklich ein Schuppen gestanden hat oder nicht. Demnach sorgen die gleichen Überlegungen, die das Verschwinden eines Schuppens zu ermöglichen scheinen, zur gleichen Zeit dafür, daß es unmöglich ist zu erkennen, wie das ernsthafte, berechtigte Urteil, ein Schuppen sei verschwunden, aussehen könnte oder unter welchen Bedingungen ein derartiges Urteil vorkommen könnte. Die Auffassung, wonach die zeitliche Fortdauer der Existenz nicht mit zum Begriff der physischen Dinge gehört, ist daher unlösbar verknüpft mit der Beschränkung des denkenden Subjekts auf den Kreis seiner eigenen gegenwärtigen Eindrücke. Ja, es ist sicher noch erinnerlich, daß Descartes selbst in dem anfangs genannten Zitat seine Argumentation auf Überlegungen hinsichtlich des Wesens der Zeit als solcher gründet. Also berühren die von ihm zum Ausdruck gebrachten Probleme hinsichtlich der Kontinuität alles, was eine zeitliche Existenz hat, gleichermaßen, unabhängig davon, ob es sich um etwas Physisches oder um etwas Geistiges handelt, um einen Schuppen oder um eine vermeintliche Erinnerung.

Dieser Argumentation zufolge könnte mein Grund für die Aussage, der Schuppen sei verschwunden, also nie besser sein als mein Grund für die Aussage, daß ich unter dem Einfluß bestimmter verwirrender Wahrnehmungs- und Erinnerungseindrücke stehe.

Nun mag es allerdings so scheinen, als sei meine Argumentation ohne Belang für die Frage, ob wir Zalmans Äußerungen in

14 Und damit wird zugleich die Schlußkette unterbrochen, die eingestandenermaßen Erinnerungen an frühere Glieder der Kette einschließt, durch die Descartes die Existenz eines wahrheitsliebenden Gottes zu beweisen trachtet. Keinen der mir durch Lektüre bekannten Versuche, Descartes aus seinem Zirkel zu befreien, finde ich überzeugend.

Singers Geschichte als Ausdruck unmittelbarer Tatsachenaussagen begreifen können. Denn Zalman untermauert seine Geschichte schließlich nicht mit solchen allgemeinen metaphysischen Überlegungen, wie wir sie bei Descartes finden, sondern er erzählt einfach eine Geschichte über diesen speziellen Fall.
Ich bin jedoch überzeugt, daß die Auffassung, die uns verlockt zu glauben, wir könnten Zalmans Geschichte als Tatsachenwiedergabe eines wirklichen Geschehens begreifen, genau dieselbe Auffassung ist, die der Begründung Descartes' zugrundeliegt. Daß etwas oder jemand zu einem bestimmten Zeitpunkt existiert, ist, meinen wir, ein völlig verschiedener Sachverhalt von dem, daß es oder er zu einem anderen Zeitpunkt existiert, und jener Sachverhalt sei logisch vereinbar mit der Nichtexistenz der betreffenden Sache oder Person zu einem anderen Zeitpunkt. Also können wir das Urteil, der Gegenstand existiere am Montag, völlig widerspruchsfrei mit dem Urteil verknüpfen, am Dienstag existiere er nicht. Alle weiteren Urteile, die wir über das Geschehen zwischen Montag und Dienstag äußern oder nicht äußern mögen, sind etwas ganz anderes und bleiben ohne Einfluß auf die Verständlichkeit der hier zu prüfenden Konjunktion.
Dagegen habe ich bisher argumentiert, daß die Überzeugungskraft einer solchen Überlegung nicht größer sein kann als die einer Überlegung, die die Zuverlässigkeit meiner gegenwärtigen Eindrücke in Frage stellt. Und wenn ich – was natürlich mitunter vorkommen könnte – unter dem überwältigenden Eindruck stünde, ein Schuppen sei verschwunden, so wäre das ein zumindest ebenso guter Grund für die Schlußfolgerung, meine Erkenntnisfähigkeit sei gestört, wie für die Schlußfolgerung, der Schuppen sei tatsächlich verschwunden.
Wittgenstein notiert in einer entscheidenden Phase seiner philosophischen Entwicklung folgende Bemerkung:

> Der Strom des Lebens, oder der Strom der Welt, fließt dahin, und unsere Sätze werden, sozusagen, nur in Augenblicken verifiziert.
>
> Unsere Sätze werden nur von der Gegenwart verifiziert.

Sie müssen also so gemacht sein, daß sie von ihr verifiziert werden können.[15]

Später erkundet Wittgenstein Themen wie: das Wesen des Regelfolgens, Verstehen, mit Äußerungen etwas Meinen, und insbesondere untersucht er bis ins kleinste die Beziehung zwischen dem Augenblick, in dem man, wie es heißt, etwas meint, und den zeitlich ausgedehnten Sprachspielen, die allein den Kontext bilden, in dem das von einem gesagt werden kann – und diese Untersuchungen sind Versuche, zweierlei Aspekte der Sätze miteinander in Einklang zu bringen, nämlich ihren Ort im »Strom des Lebens oder dem Strom der Welt« und den Sinn, in dem man von ihnen sagen kann, daß sie »nur von der Gegenwart verifiziert« werden. Betrachtet man die Zeit in der cartesianischen Weise, die erforderlich ist, wenn man die Behauptung akzeptiert, so etwas wie ein Mensch oder ein Schuppen könne von einem Augenblick zum nächsten einfach zu existieren aufhören, dann entfernt man sowohl den betreffenden Gegenstand als auch sich selbst als seinen Betrachter aus diesem »Strom«. Diese Entfernung ist aber zugleich eine Tilgung der Bedingungen, unter denen überhaupt etwas, was man sagt oder denkt, Sinn hat, und zwar *einschließlich* der Worte »Er hat zu existieren aufgehört«. Es gibt nichts mehr, was wir mit diesen Worten noch anstellen könnten. Diese Pointe wird in Singers Geschichte wunderbar zur Komödie gesteigert: Der Apotheker antwortet auf die vorhin zitierten Worte, die der Arzt an ihn richtet, und sagt: »›Hier liegt ein Schwindel vor.‹ Dann legte er sich ins Gras und untersuchte das Erdreich. Er verlangte einen Spaten. Er wollte graben. Doch Zelig erwiderte: ›Den Spaten habe ich im Schuppen aufbewahrt. Er ist weg.‹«[16] Durch sein Verschwinden hat der Schuppen sozusagen auch die Möglichkeit mitgenommen, sein Verschwinden verständlich zu machen, ja sogar die Möglichkeit, sich Klarheit zu verschaffen über das, worauf sein Verschwinden hinausläuft.

Nun möchte ich weiter ausführen, was es auf sich hat mit der Vorstellung vom »Strom des Lebens, oder dem Strom der Welt« in seiner Beziehung zu dem Hauptproblem, um das es mir hier

15 Wittgenstein, *Philosophische Bemerkungen*, V.48.
16 »Stories from Behind the Stove«, S. 63.

geht. Vor allem ist die wechselseitige Beziehung zu erläutern zwischen meinem jetzigen Verständnis der Situation, in der ich mich im Augenblick gerade befinde, meinen Erinnerungen an die dieser Situation vorausgehenden Umstände und meinem Verständnis der kausalen Eigenschaften der Gegenstände in meiner Umgebung und den kausalen Beziehungen zwischen ihnen. In diesem Zusammenhang verwende ich das Wort »kausal« äußerst frei als bloßes Kürzel für die charakteristischen Verhaltensweisen solcher Gegenstände etwa, für die typische Gestalt ihrer Lebensgeschichte, für die verhältnismäßig stabilen geographischen Beziehungen zwischen ihnen usw. usf. Ich gehe sogar noch weiter in meiner freien Wortverwendung und lasse unter dasselbe Kürzel auch die vertrauten und eingebürgerten Funktionen fallen, die solche Gegenstände im Leben und in den Praktiken der Menschen erfüllen. So zum Beispiel schreibe ich diese Worte jetzt mit einem Parker-Kugelschreiber auf ein Stück Papier. Papier und Kugelschreiber (namentlich die von Parker) entstehen auf für sie charakteristische Weise. Papier hat die Neigung, bei wehendem Wind umherzuflattern, der Kugelschreiber dagegen nicht. Der Kugelschreiber wird in erster Linie zum Schreiben gebraucht; Papier wird benutzt, damit man darauf schreibt, und außerdem zu anderen Zwecken ... Ich verwende den Ausdruck »kausales Verstehen« im jetzigen Zusammenhang so, daß mein Verständnis aller dieser Dinge darunterfällt.

Ich setze mich an den Schreibtisch und schreibe diese Worte. Es ist jetzt ungefähr halb zehn an einem kühlen Septembermorgen. Ich bin ein wenig aufgeregt, weil mir nur noch so wenig Zeit bleibt, um diesen Vortrag, den ich wie verabredet vor der British Academy halten soll, vorzubereiten. Dies möge genügen als ein Stückchen der Auskunft, die ich geben würde, wenn ich aufgefordert würde, meine gegenwärtigen Umstände zu beschreiben. Dazu gehören, gleichsam wahllos, auch Erwähnungen dessen, was ich jetzt wahrnehmen kann, meines Gemütszustands, meiner Zukunftserwartungen und der früheren Umstände, die zu meiner jetzigen Handlung hingeführt haben. Ich könnte diese Beschreibung erweitern und Fragen beantworten, die sich daraus ergeben. Auf die Frage nach den Umständen, unter denen ich dieser Vortragsverpflichtung zugestimmt habe, würde ich zum Beispiel erwidern, daß mir der Sekretär der Akademie einen

Einladungsbrief geschrieben hat, auf den ich meinerseits mit einer brieflichen Zusage geantwortet habe. Diese Auskunft würde ich ganz unbefangen und sicher geben, ohne darüber nachzudenken, ob ich mich an diese Dinge erinnere oder nicht. Würde man mich danach fragen, so würde ich erwidern: Ja, ich erinnere mich daran, daß ich den Brief des Sekretärs erhalten habe, aber ich erinnere mich eigentlich nicht daran, wie ich meine Antwort geschrieben habe. Allerdings habe ich bestimmt geantwortet, denn ich erinnere mich, daß ich einen Anschlußbrief des Sekretärs erhalten habe, und außerdem ist da in meinem Aktenordner sowieso eine Kopie meines Antwortschreibens...

Was ich an all dem hervorheben möchte, ist das Ausmaß, in dem Erinnerungsäußerungen, Wahrnehmungsberichte und quasi kausale Schlüsse kunterbunt durcheinandergemischt sind. Es ist nicht nur so, daß sie nebeneinander existieren, sondern sie stützen einander wechselseitig, und es ist nicht einmal immer klar, welcher Status einem bestimmten Bericht zukommt. Wie zum Beispiel ist dieser Kugelschreiber in meine Hand gelangt? Nun ja, ich habe ihn in die Hand genommen. Erinnere ich mich an diese Handlung? Ehrlich gesagt, ich bin mir nicht sicher, ob ich mich daran erinnere oder nicht, doch darauf kommt es nicht an, denn es gibt gewiß keine andere Möglichkeit, wie er hätte dahinkommen können.

Es geht mir nicht nur darum, daß mir mein kausales Verstehen beim Erinnern als psychologische Stütze dient, obwohl auch das gewiß zutrifft. Wichtiger ist, daß die Begriffe, mit deren Hilfe ich meine Erinnerung zum Ausdruck bringe, dem Hintergrund dieses Verstehens entnommen sind. Dabei sollte man diese Begriffe nicht rein sprachlich auffassen. Dieser Kugelschreiber ist etwas, wonach ich in meine Tasche greife (womit ich meine Erinnerung daran ausdrücke, wohin ich ihn gesteckt habe); er ist etwas, was ich in einer bestimmten, recht komplizierten Weise halte und womit ich schreibe (und hiermit bringe ich zum Ausdruck, daß ich verstehe, wie sich ein Kugelschreiber verhält und wie er zu benutzen ist).

Diese wechselseitige Durchdringung von Erinnerung und kausalem Verstehen gehört zu den Dingen, die Kant meines Erachtens in der »Zweiten Analogie der Erfahrung« betonen wollte. Dabei habe ich seine Frage im Sinn, wie sich unsere Vorstellung einer objektiven zeitlichen Abfolge von der Abfolge unserer Eindrücke unterscheide, und seine Behauptung, diese Unterscheidung beinhalte den Gedanken einer notwendigen *kausalen* Reihe. Ich möchte zwar nicht alles, was Kant darüber sagt, bestätigen, doch seine Behauptung scheint mir besonders wichtig zu sein, wenn es darum geht, das, was zur *Erinnerung* einer Folge von Ereignissen gehört, richtig zu verstehen.

Die Reihenfolge, in der ich mich an die Ereignisse, die zu einer Abfolge gehören, erinnere, braucht natürlich nicht der Ordnung dieser Abfolge selbst zu entsprechen. So könnte es zum Beispiel sein, daß ich mich an die Antwort auf den Brief des Sekretärs der Akademie erinnere, ehe mir einfällt, wie ich den Brief erhalten habe. Unter den geeigneten Umständen bin ich vielleicht sogar imstande, die Reihenfolge, in der ich mich an etwas erinnere, mehr oder weniger nach Belieben zu ändern. Unter solchen Umständen wäre ich normalerweise gewiß nicht versucht, die Reihenfolge der erinnerten Ereignisse mit der Reihenfolge gleichzusetzen, in der diese Ereignisse ins Gedächtnis gerufen werden.

Hier ist noch ein Beispiel: Letzte Woche bin ich mit dem Flugzeug von New York nach London gereist. Ich erinnere mich, mit der U-Bahn von Manhattan zum Kennedy-Flughafen gefahren zu sein, dort ein Flugzeug bestiegen zu haben und etwa sechseinhalb Stunden geflogen zu sein, woraufhin ich in Heathrow ausgestiegen und dann mit der U-Bahn nach Earl's Court gefahren bin. Ich erinnere mich, diese Abschnitte der Reise in dieser Reihenfolge zurückgelegt zu haben, obwohl meine Erinnerungen vielleicht durch Gedanken an die letzte Phase der Reise ausgelöst wurden, so daß ich von diesem Punkt ausgehend in der Erinnerung nacheinander die früheren Phasen überdacht habe.

Denken wir uns, ich hätte den Eindruck, etwa von Manhattan mit der U-Bahn in die Londoner Innenstadt gefahren zu sein, dann mit dem Flugzeug zum Kennedy-Flugplatz und von da aus mit der U-Bahn nach Earl's Court. In diesem Fall würde ich mich natürlich sofort selbst korrigieren, und wenn ich einem anderen die Abfolge der Ereignisse im Rahmen der Erzählung meiner Erinnerungen an die Reise in dieser Reihenfolge schilderte, könnte *er* mich ohne weiteres auf der Basis unserer beiderseitigen Kenntnis des physikalisch und geographisch Möglichen korrigieren. Im Grunde wäre eine solche Erzählung, als Erzählung betrachtet, *sinnlos*. Um als Erzählung einer Reise von New York nach London zu gelten, ist den entsprechenden Ausführungen schon allein aufgrund der Tatsache, daß sie eine solche Erzählung abgeben sollen, eine gewisse Ordnung aufgezwungen. Diese Ordnung kann durch meinen Eindruck, in völlig anderer Reihenfolge gereist zu sein, nicht außer Kraft gesetzt werden, egal, wie stark dieser Eindruck ist. Wenn es mir tatsächlich so vorkommt, daß ich mich anders erinnere, zeigt das nur, daß ich konfus bin oder mich irre.

Die Fähigkeit, eine erinnerte Abfolge der Ereignisse in ihrer richtigen zeitlichen Reihenfolge zu erzählen, setzt demnach, wie dieses Beispiel veranschaulicht, voraus, daß man versteht, wie die Dinge zusammenhängen, wie sie kausal miteinander verknüpft sind, usw. Dies geht schon allein aus den Formulierungen hervor, ja schon aus den Begriffen, mit deren Hilfe die Erzählung artikuliert wird: »mit der U-Bahn fahren«, »ein Flugzeug besteigen« usf., und es zeigt sich auch an der Bezugnahme auf geographische Orte und die Beziehungen zwischen ihnen. Die Terminologie, in der eine Erzählung formuliert wird, gehört mit zu einem derartigen Hintergrundverständnis der Verhaltensweise der Dinge – einem Verständnis dessen, was geschehen und was nicht geschehen kann, dessen, was man tun und nicht tun kann –, und dieses Faktum trägt in wichtiger Weise zu der Möglichkeit bei, Erinnerungsbehauptungen zu akzeptieren oder abzulehnen (sie mithin als das zu verstehen, was sie sind) und sie zu korrigieren. Das heißt, eine Darstellung dessen, was geschehen *ist* und was getan *wurde*, hängt vom Verständnis dessen ab, was geschehen *kann* und was *nicht* geschehen kann, dessen, was getan werden *kann* und was *nicht* getan werden kann. »So kann es nicht gewesen sein«, sagen wir, »denn, schau mal, das hätte doch das und das bedeutet, und das ist unmöglich«. Diese Art der Auseinandersetzung und der Kritik ist ein bezeichnendes Merkmal des Gesamtphänomens der Erinnerung. (Es ist überaus irreführend, wenn man sich, wie es in der Philosophie häufig geschieht, vorstellt, dabei ginge es nur darum, in gewisser Weise Bericht zu erstatten.) Wer außerstande wäre, sich an einer solchen Auseinandersetzung zu beteiligen, würde bestenfalls ganz vage begreifen, was es heißt, zu erzählen, woran man sich erinnert. Wie würde eine solche Person eine solche Erzählung von einem Hirngespinst unterscheiden?

Was ich in diesem Teil der Erörterung besonders betonen möchte, ist, daß der sei's noch so überwältigend starke Eindruck, *dies* sei geschehen, im Rahmen der komplexen Handlungsformen, die wir »Ausdruck der Erinnerung« nennen, keineswegs die letzte Berufungsinstanz darstellt. Denn die Aussage »Dies ist es, was geschehen ist« muß sinnvoll sein, und zwar nicht nur für sich genommen, sondern in Verbindung mit der ganzen Erzählung, zu der sie gehört. In dieser Hinsicht wird man leicht in die Irre geführt durch den Umstand, daß eine Erinnerungsbehauptung tatsächlich in einer Weise überzeugend wirken kann, die sich keinem anderen Merkmal der Erzählung verdankt, *sofern* die inneren und die kontextbezogenen Anforderungen an Sinn und Widerspruchsfreiheit erfüllt sind.

Nehmen wir zum Beispiel an, daß ich mich lebhaft daran erinnere, wie mein Gesprächspartner bei einer Unterhaltung unter vier Augen ganz untypischerweise und wie aus heiterem Himmel plötzlich etwas ganz Unerhörtes sagt, daß er etwa eine grundlose Beleidigung äußert. Später bestreitet er das unerschütterlich, und es gibt keine Belege, die für mich sprächen. Hier steht sein Wort gegen das meine, wie man sagt. Es mag sein oder nicht sein, daß mir die anderen Glauben schenken, wenn ich ihnen davon erzähle. Womöglich denken sie, daß ich lüge oder einer Täuschung unterliege. Was letzteres angeht, na schön, das wäre eine Möglichkeit. Ich behaupte *nicht*, daß sich ein lebhaftes Erinnerungserlebnis selbst bestätigt in dem Sinne, daß dem Erlebnis selbst ein Merkmal zukommt, das seine Wahrheitsgemäßheit verbürgt. Ich sage lediglich, daß uns diese Art der unmittelbaren, nicht erschlossenen Erinnerungsbehauptung als solche vollkommen verständlich ist. Wir alle stellen ständig und ohne Hintergedanken derartige Behauptungen auf und akzeptieren sie ohne Zögern, wenn sie von anderen aufgestellt werden. Es kommt ihnen eine Autorität sui generis zu. In überwältigend vielen Fällen werden diese Behauptungen überdies erhärtet.

Dies kann jedoch offensichtlich nicht bedeuten, daß ein »Erinnerungserlebnis« – und sei es noch so lebhaft und mit beliebig hohem Grad an Überzeugung ausgestattet – irgendwie die »Autorität« besitzt, die Verständlichkeit einer Erzählung auf ein ansonsten unverständliches Stück Prosa zu übertragen. Ich mag noch so leidenschaftlich überzeugt sein, daß ich zunächst mit der U-Bahn von Manhattan nach Earl's Court gefahren und von dort per Flugzeug zum Kennedy-Flughafen gelangt bin, dies wird von niemandem, der sich in der Geographie genügend auskennt, um die Kohärenz des Gesagten zu beurteilen, als Ausdruck einer möglicherweise echten Erinnerung behandelt werden. Nur innerhalb der Grenzen dessen, was als Ausdruck der Gegenstände von Erinnerungsbehauptungen oder Erinnerungserlebnissen verständlich ist, kann von einer »Autorität« dieser Behauptungen oder Erlebnisse überhaupt die Rede sein.

Gewiß kann ich mir die Vorstellung ausmalen, ich hätte das Gefühl, mich voller Überzeugung daran zu erinnern, daß gestern ein Schuppen auf der Wiese stand, wo jetzt nur unberührter Boden ist; doch warum sollte dieser Umstand als Beleg dafür aufgefaßt werden, dort sei womöglich wirklich ein Schuppen gewesen, und zwar einer, der einfach aufgehört habe zu existieren? Ich frage: Warum sollten wir diesen Fall anders behandeln als den des im vorigen Absatz geschilderten offensichtlich konfusen Erinnerungserlebnisses?

Es ist vielleicht wichtig, in Parenthese hinzuzufügen, daß die Kraft dieser Frage nicht abgeschwächt wird durch das Faktum, daß *mein* Gefühl der Überzeugung womöglich auch von allen Personen meiner Umgebung geteilt wird, wie es in Singers Geschichte der Fall ist. Wenn es sich so verhält, wird das gewiß von Belang sein für die Darstellung, die sich von der Gesamtsituation geben ließe, und vielleicht wird es dadurch noch schwerer zu sehen, was für eine Darstellung überhaupt möglich ist. Doch im Hinblick auf die Unverständlichkeit dessen, woran sich die Leute zu erinnern behaupten, wird es keinen Unterschied machen. Nehmen wir an, ich sei zusammen mit einer großen Reisegruppe nach London gefahren, und alle Angehörigen dieser Gruppe behaupten, sich in der von mir skizzierten verdrehten Weise an die einzelnen Phasen der Reise zu erinnern. Würde dies einen Unterschied machen im Hinblick auf die Verständlichkeit der Behauptung? Nein.

Es stimmt jedoch, daß diese beiden Fälle nicht vollständig vergleichbar sind. Der Unterschied zwischen ihnen ließe sich wie folgt formulieren: Daß der Weg, den ich nach meinem Eindruck zwischen New York und London zurückgelegt habe, unmöglich ist, läßt sich zeigen, indem man auf allgemein bekannte geographische Tatsachen Bezug nimmt, auf die anerkannten Fähigkeiten der Menschen und auf ihre Grenzen, auf die Leistungsfähigkeit von Zügen, Flugzeugen usw. Und der Vorgang des Nachweises der Unmöglichkeit des einen Wegs ist zugleich ein Schritt in die Richtung des Nachweises der Möglichkeit anderer Wege. (Freilich kann es auch Fälle geben, in denen gar kein Weg möglich ist – aber auch das wird in einer bestimmten Weise aufgezeigt.) Der Erzähler Zalman jedoch beschreibt keinen Weg, der in den Fällen des pflügenden Bauern und des Schuppens von der Existenz zur Nichtexistenz führt und den wir durch Bezugnahme auf unsere Kenntnis der Welt in ähnlicher Weise als unmöglich erweisen können. In Wirklichkeit verhält es sich so, daß Zalman gar keinen Weg beschreibt. Im einen Augenblick ist etwas da, im nächsten Augenblick ist es nicht mehr da; und das ist alles. Die verschiedenen positiven Erklärungen, die von einigen Zuhörern Zalmans oder von Zeligs Nachbarn vorgeschlagen werden, um diese geheimnisvollen Fälle von Verschwinden aufzuklären, werden rasch aus dem Weg geräumt. Doch von den Begründungen, mit deren Hilfe sie aus dem Weg geräumt werden, kann man nicht behaupten, sie deuteten in die Richtung der Erklärung des Erzählers selbst, denn dieser gibt, wie eben gesagt, gar keine Erklärung. Es ist nicht nur so, daß er es *unterläßt*, zu erklären, wieso der pflügende Bauer und der Schuppen zu existieren aufhören, sondern er verwendet die Worte »Er ist verschwunden« derart, daß eine bestimmte Weise der Existenzbeendigung von vornherein ausgeschlossen wird. Das ist der ganze Witz seiner Erzählungen. Durch seine Worte wird kein bestimmter Punkt im Strom des Lebens geortet. Es verhält sich also nicht bloß so, daß das Gesagte – wie im Fall der unmöglichen Reiseroute von New York nach London – zu unserem Verständnis der Dinge *im Gegensatz steht*, sondern es hat einfach *gar keine Verbindung* damit.

Dies wird vielleicht deutlicher, wenn wir ein Vergleichsbeispiel im Imperativ heranziehen. Denken wir uns, mir werde befohlen, den Schuppen auf der Wiese vor mir durch Feuer zu zerstören.

Wenn mir keine Mittel zum Anzünden zur Verfügung stehen, werde ich außerstande sein zu gehorchen, doch ich werde vollkommen verstehen, *was* es ist, wozu ich nicht imstande bin. Nehmen wir im Gegensatz dazu an, mir werde aufgetragen, dafür zu sorgen, daß der Schuppen aufhört zu existieren – aber *nicht* mit Hilfe *irgendwelcher* Mittel. In diesem Fall ist mir nicht befohlen worden, etwas zu tun, was meine Kräfte übersteigt, sondern mir ist gar nichts zu tun aufgetragen worden. Was mir gesagt worden ist, imitiert bloß die Form eines Befehls. Ebenso imitiert der Satz im Indikativ bloß die Form eines Tatsachenberichts.

Abschließend möchte ich zwei Deutungen meiner Ausführungen dementieren, die zwar naheliegend erscheinen mögen, aber voreilig wären. Erstens habe ich in keinerlei absolutem Sinne sagen wollen, daß vermeintliche Berichte über das Aufhören der Existenz eines physischen Dings nur dann Sinn haben können, wenn vorausgesetzt wird, daß wir bei ausreichenden Kenntnissen eine naturalistische Erklärung des Geschehens geben könnten. Ich habe mich auf die Verblüffung konzentriert, die wir – das heißt, du und ich – zu empfinden geneigt sind angesichts einer Behauptung der reinen Existenzbeendigung eines physischen Dings, bei der jede Art von naturalistischer Erklärung ausgeschlossen ist. Ich bin einfach deshalb so vorgegangen, weil die Aussicht auf solche Erklärungen eine derart tonangebende Rolle spielt im Rahmen der Art und Weise, in der wir durch unsere Erziehung gewohnt sind, die Dinge begreiflich zu machen. Dies ist die vorherrschende Richtung, in die der Strom *unseres* Lebens fließt.

Der kulturelle Kontext von Singers Geschichte zum Beispiel ist recht verschieden von dem, in dem sich vermutlich die meisten meiner Leser heimisch fühlen würden. Und Zalman weist nicht nur naturalistische Erklärungen zurück, sondern ebenso ablehnend verhält er sich gegenüber Vorschlägen, die böse Geister oder die Mächte der Unterwelt verantwortlich machen wollen. (»Was hatten sie denn gegen den Schuppen?« fragt er am Ende der Geschichte.) Ich möchte nicht bestreiten, daß Menschen, in deren Leben Gedanken über die Mächte der Unterwelt eine zentrale Rolle spielen, imstande sein könnten, einen gewissen Sinn in Erklärungen von Ereignissen zu erblicken, die für uns undurchschaubar bleiben. Das gleiche gilt für Wunder. Meine Gründe, Hollands Ausführungen über diesen Begriff zu kritisieren, hängen hauptsächlich damit zusammen, daß er diesen Begriff in eine brauchbare Verbindung mit den Gepflogenheiten der naturalistischen Erklärung zu bringen versucht, die in unserer Weltanschauung so stark vorherrschen. Daß ihm dieser Versuch – wie mir scheint – mißlingt, ist kein kontingenter, sondern ein notwendiger Fehlschlag, der als solcher etwas Wichtiges zeigt. Unsere Schwierigkeiten mit dem Begriff des Wunders sind anderer *Art* als die mit dem Begriff der Ursache etwa. Der Begriff *Ursache* ist einer, den wir ständig verwenden, und wie unser Leben ohne ihn aussähe, ist schwer vorstellbar. Wenn uns dieser Begriff Rätsel aufgibt, handelt es sich um rein philosophische Rätsel hinsichtlich einer befriedigenden Begriffsklärung. Mit dem Begriff *Wunder* verhält es sich nicht so. Nicht nur fällt es uns schwer, eine befriedigende Klärung dieses Begriffs zu liefern, sondern wir sind verwirrt – praktisch verwirrt – darüber, wie wir ihn jemals zur Anwendung bringen können. Zu unserem Leben gehört die Neigung, Fragen gewisser Art zu stellen und diesen Fragen in gewisser Weise auf den Grund zu gehen, die in Gegensatz steht zu der Möglichkeit, unbeschwert über Wunder zu reden. Würden wir versuchen zu verstehen, was ein Wunder sein mag, bestünde unsere erste Aufgabe darin, in der Vorstellung eine Lebensweise zu rekonstruieren, in der solche unbeschwerten Äußerungen möglich wären.

Um auf mein Dementi zurückzukommen: Ich bin weit davon entfernt, die Möglichkeit bestreiten zu wollen, daß sich Menschen ihr Leben mit Hilfe eines Begriffs wie dem des Wunders sinnvoll zurechtlegen. Ich möchte gewiß nicht behaupten, jeglicher Sinn müsse seine Grundlage in einem überwiegend naturalistischen Verständnis haben. Mein Einwand gegen die Vorstellung eines reinen Aufhörens der Existenz läuft darauf hinaus, daß sie in *gar* keiner allgemeinen Verstehensweise der Dinge – weder in einer naturalistischen noch in sonst einer – eine Grundlage hat.

Damit komme ich zu meinem zweiten Dementi. Ich habe keinen »Beweis der Unmöglichkeit« des reinen Aufhörens der Existenz geliefert, dessen Vorstellung in Singers Geschichte zum Einsatz kommt und eine Voraussetzung ist für das, was Descartes schreibt, wenn er meint, die fortdauernde Existenz endlicher Dinge hänge von der Wirkung einer bewahrenden äußeren Ursache ab. Ich habe nichts weiter getan als einige Fragen aufzuwerfen darüber, was es hieße, Geschichten wie die von Singer als unmittelbare Tatsachenberichte aufzufassen. Das bedeutet nicht, daß ich einem Satz wie »Er ist verschwunden« jede Bedeutung abspreche. Es liegt auf der Hand, daß er nicht ohne Bedeutung ist; in einer Geschichte wie der von Singer etwa hat er eine völlig zureichende Bedeutung. Ich bin sogar ohne sonderliche Schwierigkeit imstande mir vorzustellen, wie ich mich in einer Situation befinde, in der ich den überwältigenden Eindruck habe, vor einem Augenblick habe ein Schuppen vor mir gestanden, der jetzt nicht mehr da ist, ohne daß die Möglichkeit bestünde, das Geschehen zu erklären. Ich kann mir auch vorstellen, daß ich unter solchen Umständen genötigt wäre zu sagen: »Er ist verschwunden«, wobei ich diese Äußerung mit sukzessiven Vorstellungsbildern begleite, die zuerst den Schuppen vor mir zeigen und ihn dann fehlen lassen. Falls jemand darauf bestehen will, diese Vorstellung sei nichts anderes als ebendie Vorstellung vom Aufhören der Existenz des Schuppens, bleibt mir nichts weiter übrig, als ihn erneut daran zu erinnern, ein wie *dürftiger* Äußerungskontext das ist und wie viele der Verbindungen mit anderen Vorstellungen, Erwartungen, Untersuchungsmöglichkeiten usw. fehlen, die normalerweise unsere Gedanken über das Entstehen und Vergehen der Dinge umgeben. Und der Gedanke kann kaum unberührt bleiben von einer derart drastischen Ausdünnung seiner Umgebung.

8

Bedeutung und religiöse Sprache

I

Zeitgenössische Erörterungen des Bedeutungsbegriffs im Zusammenhang mit der religiösen Sprache nehmen als Ausgangspunkt gewöhnlich bestimmte Ausdrücke, die in den religiösen Überzeugungen und in den theologischen Lehren der diffizilen Weltreligionen von heute grundlegend zu sein scheinen, und die Beispiele, auf die man sich in den Veröffentlichungen des angelsächsischen Sprachraums konzentriert, sind ganz natürlicherweise vorwiegend den Religionen entnommen, mit denen die Verfasser am besten vertraut sind, also im großen und ganzen den jüdisch-christlichen Religionen. Ferner beschäftigen sich die Philosophen heute wie eh und je mit Problemen der etwaigen Bezugnahme der besprochenen Ausdrücke, mit Problemen der Art und Weise, in der diesen bezugnehmenden oder quasi bezugnehmenden Ausdrücken Prädikate zugesprochen werden: Ist die Verbindung zwischen Subjekt und Prädikat notwendig oder kontingent? Um welche Art von Notwendigkeit oder Kontingenz geht es hier? Und so weiter.

Im Laufe der vorliegenden Abhandlung werde ich mich auch zu Aspekten einiger dieser Fragen äußern, doch aus den folgenden Gründen werde ich sie nicht als Ausgangspunkt nehmen: Das Thema, mit dem ich mich hier auseinandersetze, ist Bedeutung und *religiöse* Sprache, nicht die Sprache, die in dieser oder jener spezifischen Religion charakteristischerweise benutzt wird. In erster Linie möchte ich die Frage stellen: Wie finden wir überhaupt heraus, welcher Sprachgebrauch ein religiöser ist? Wenn wir gleich *zu Anfang* Fragen über Wörter wie »Gott« und über Ausdrücke wie »Gott ist unendlich gut und mächtig« stellen, setzen wir uns folgenden Einwänden aus: Nicht in allen Religionen gibt es Entsprechungen solcher Ausdrücke, daher schießen unsere Aussagen am Ziel vorbei, insoweit es uns darum geht, zu einer Kennzeichnung der religiösen Sprache als solcher zu gelangen; unsere Äußerungen werden nicht allgemein genug sein.

Freilich, es ist nicht auszuschließen, daß so etwas wie eine allgemeine Darstellung letztlich unmöglich ist, doch der hier umrissene Ansatz dürfte eine solche Darstellung schon aufgrund der Begriffe, die zur Formulierung der Fragestellung verwendet werden, unmöglich *machen*.
Ein weiterer Grund dafür, sich einen anderen Ansatz zu eigen zu machen, ist der folgende: In der angelsächsischen Philosophie hat sich die Auseinandersetzung mit Fragen hinsichtlich Bedeutung, Bezugnahme, Prädikation, Notwendigkeit und dergleichen sehr weitgehend auf die Anwendung solcher Begriffe innerhalb des Bereichs empirischer Aussagen, naturwissenschaftlicher Theorien und der Mathematik konzentriert. Aber vielleicht stellen sich die von diesen Fächern gelieferten Modelle als irreführend heraus. Natürlich läßt sich eine solche logische Terminologie auch auf religiöse Aussagen anwenden, doch dabei handelt es sich um eine Anwendung, die sich womöglich deutlicher erhellen ließe, wenn man sie von einem anderen Standpunkt untersuchte. Tatsächlich hat es eine sehr starke Tendenz gegeben, den Ausdruck »Gott« in Analogie zu Namen und Kennzeichnungen, wie sie im Bereich der empirischen Rede vorkommen, zu deuten und auf dem gleichen Gebiet nach Entsprechungen für Ausdrücke wie »Gott ist unendlich liebevoll und mächtig« zu suchen. Vielleicht stellt sich ja heraus, daß solche Analogien tatsächlich die passenden sind, doch wir sollten nicht von vornherein annehmen, daß es sich so verhalten wird. Ich für mein Teil werde übrigens einen begrenzten Vergleich zwischen bestimmten Aspekten mancher religiöser Aussagenbereiche und der Geometrie nahelegen, aber ich möchte nicht an diesem Punkt *anfangen*. Die Nützlichkeit eines solchen Vergleichs wird von einer ganzen Menge vorgängiger Überlegungen abhängen, die ich erst noch ausführen möchte. Diese Fragestellung enthält weit mehr, als ich auf dem hier verfügbaren Raum erörtern kann. Auch ganz abgesehen von Auseinandersetzungen, die speziell die Religion betreffen, gibt es tiefe philosophische Meinungsverschiedenheiten über die richtige Art und Weise, Streitfragen hinsichtlich Bezugnahme, Sinn, Wahrheit usw. zu erörtern.
Es gilt zwar für uns alle, daß wir die religiösen Verwendungsweisen der Sprache kennenlernen, indem wir eine spezielle religiöse Tradition (bzw. eine ziemlich begrenzte Reihe solcher Traditio-

nen) kennenlernen, doch dabei machen wir uns einige Begriffe zu eigen, bei denen wir das Gefühl haben, wir könnten sie auch außerhalb des von diesen spezifischen Traditionen gebotenen Kontexts anwenden. Hier habe ich Begriffe im Sinn wie *Anbetung*, *Verehrung*, *religiöse Ehrfurcht* und *Frömmigkeit*. Dies sind Begriffe, die wir auf *Menschen* im Hinblick auf bestimmte Aspekte ihres Lebens, ihres Verhaltens und ihrer Praxis anwenden und die nach unserer Auffassung bezeichnend sind für die religiöse Dimension (bzw. für das Fehlen einer solchen Dimension) im Leben der Menschen. Es ist ein bemerkenswertes Faktum, daß ich, wenn ich erst einmal etwas anzufangen weiß mit der Unterscheidung zwischen einem Menschen, der ein frommer Christ ist, und einem, der keiner ist, nicht um guten Rat verlegen bin, sobald ich höre, wie eine derartige Unterscheidung im Kontext des Buddhismus getroffen wird, obwohl ich von der Lehre des Buddhismus nur sehr wenig verstehe.[1] Dagegen wird mir ein Ausdruck wie »Nirwana« gar nichts bedeuten, ehe ich eine ganze Menge über die spezifisch buddhistische Lehre in Erfahrung gebracht habe. Die Tatsache, daß ich mir trotz meiner Unkenntnis der buddhistischen Lehre einen gewissen Reim machen kann auf die Unterscheidung zwischen einem frommen und einem nicht frommen Buddhisten, hängt weitgehend mit dem Umstand zusammen, daß ich den Buddhismus *als eine Religion* anerkenne. Dabei bestreite ich natürlich nicht, daß ich wahrscheinlich nicht sehr weit kommen werde mit der Einsicht in die spezifische Form, die die Frömmigkeit für den Buddhisten annimmt, wenn ansonsten kein Verständnis der buddhistischen Tradition, ihrer Typen religiöser Vorschriften und ihrer Lehren hinzukommt. Doch wenn ich den Begriff auf einen Christen anwenden kann, weiß ich schon eine ganze Menge über die Richtung, in der ich bei der Anwendung des Begriffs auf einen Buddhisten suchen würde.

Es ist bemerkenswert, daß die Begriffe, für die ich Beispiele angeführt habe, Begriffe sind, die sich auf das Leben und die Gebräuche der Menschen anwenden lassen. Damit stellt sich die wichtige Frage der Beziehung zwischen Praxis und Glauben in

1 Diese sehr wichtige Feststellung verdanke ich einer Bemerkung, die Rush Rhees bei einer Diskussion im King's College, London, geäußert hat.

religiösen Kontexten.[2] Betrachten wir die folgenden Bemerkungen von Wittgenstein:

> Wenn er [sc. Frazer] uns z. B. erklärt, der König müsse in seiner Blüte getötet werden, weil nach den Anschauungen der Wilden sonst seine Seele nicht frisch erhalten würde, so kann man doch nur sagen: wo jener Gebrauch und diese Anschauung zusammengehn, dort entspringt nicht der Gebrauch der Anschauung, sondern sie sind eben beide da.
>
> Es kann schon sein, und kommt heute oft vor, daß ein Mensch einen Gebrauch aufgibt, nachdem er einen Irrtum erkannt hat, auf den sich dieser Gebrauch stützte. Aber dieser Fall besteht eben nur dort, wo es genügt, den Menschen auf seinen Irrtum aufmerksam zu machen, um ihn von seiner Handlungsweise abzubringen. Aber das ist doch bei den religiösen Gebräuchen eines Volkes nicht der Fall, und *darum* handelt es sich eben um *keinen* Irrtum.[3]

»Der Gebrauch entspringt nicht aus der Anschauung, sondern sie sind eben beide da.« Wittgenstein behauptet hier natürlich *nicht*, dem Gebrauch komme gegenüber der Anschauung eine Vorrangstellung zu, doch ich möchte meinerseits eben *diese* Möglichkeit in einer Weise weiter untersuchen, die in anderen Teilen von Wittgensteins Schriften nahegelegt wird. Mein Hauptgrund hierfür geht aus Fragen bezüglich der Begriffsbildung hervor. Ich möchte geltend machen, daß das, was einen Glauben zu einem »religiösen« Glauben macht, am besten dadurch verstanden werden kann, daß man die Wurzeln im religiösen Gebrauch der Begriffe, welche in religiösen Überzeugungen zur Wirkung gelangen, untersucht. Die Möglichkeit einer solchen Untersuchung scheint von unserer Fähigkeit abzuhängen, eine Menge von Gebräuchen unabhängig von irgendwelchen mit

2 Auch in der unmittelbar anschließenden Erörterung verdanke ich Rush Rhees viele Anregungen, die in diesem Fall auf drei Vorträge über *Riten* zurückgehen, die er am Londoner King's College gehalten hat. Allerdings schlage ich hier keineswegs dieselbe Richtung ein wie Rhees.

3 Wittgenstein, »Bemerkungen über Frazers *Golden Bough*«, in: *Vortrag über Ethik und andere kleine Schriften*, Frankfurt am Main: Suhrkamp, 1989, S. 29 f.

ihnen verknüpften Überzeugungen als »religiöse« zu erkennen. Dies werde ich sogleich versuchen.
Doch um zunächst meine Bemerkung über die Begriffsbildung zu erklären, möchte ich auf einen Vorschlag Bezug nehmen, den Wittgenstein in einem ganz anderen Bereich macht:

> Wie *beziehen* sich Wörter auf Empfindungen? ... Die Frage ist die gleiche wie die: wie lernt ein Mensch die Bedeutung der Namen von Empfindungen? Z. B. des Wortes »Schmerz«. Dies ist eine Möglichkeit: Es werden Worte mit dem ursprünglichen, natürlichen, Ausdruck der Empfindung verbunden und an dessen Stelle gesetzt. Ein Kind hat sich verletzt, es schreit; und nun sprechen ihm die Erwachsenen zu und bringen ihm Ausrufe und später Sätze bei. Sie lehren das Kind ein neues Schmerzbenehmen.
>
> »So sagst du also, daß das Wort ›Schmerz‹ eigentlich das Schreien bedeute?« – Im Gegenteil; der Wortausdruck des Schmerzes ersetzt das Schreien und beschreibt es nicht.[4]

Wittgenstein spricht hier natürlich von einer Gesellschaft, die bereits eine komplexe Sprache der Empfindungen besitzt, sowie von der Weitergabe dieser Sprache von den Erwachsenen an die Kinder. Wir könnten aber ebenfalls an die Möglichkeit denken, daß sich ganz zu Anfang der Sprachentwicklung eine »Sprache der Empfindungen« allmählich herausbildete und aus »primitiven« (nichtsprachlichen) Empfindungsäußerungen hervorging. *Wir* könnten – ja, wir können tatsächlich – erkennen, daß Personen (Säuglinge) sowie Tiere Schmerzen haben, obwohl sie insofern über keinen *Begriff* der Schmerzen verfügen, als sie keine »Schmerzsprache« besitzen und auch keine Überzeugungen haben, die sich auf Schmerzen beziehen.
Läßt sich dieser Fall irgendwie im Vergleich mit der Religion anwenden? Stellen wir uns einen Stamm vor, dessen sprachliche Äußerungen nichts enthalten, was wir als Äußerung »religiöser Überzeugungen« gelten lassen möchten. Es gibt bei diesem Stamm jedoch bemerkenswerte Gebräuche. Nehmen wir an, diese Leute leben im Gebirge. Wenn einer der Angehörigen des

4 Wittgenstein, *Philosophische Untersuchungen*, § 244.

Stammes stirbt, wird er mit einer gewissen zeremoniellen Förmlichkeit begraben oder verbrannt. Zu dieser Zeremonie gehört vielleicht eine Weile stummer Betrachtung der Berge, womöglich werfen sie sich vor den Bergen nieder. Ähnliche Handlungen werden auch in anderen wichtigen Augenblicken des Stammeslebens vollzogen: wenn geheiratet wird, aus Anlaß einer Geburt, wenn der Jüngling unter die Erwachsenen aufgenommen wird.

Ich möchte etwas Derartiges so auffassen, als stehe es (im Verhältnis zum religiösen Glauben) in einer gewissen Analogie zum *primitiven* Schmerzverhalten (im Verhältnis zu Äußerungen über Schmerzen). Unter bestimmten Umständen würde ich vermutlich sagen wollen, daß Angehörige des Stammes so etwas wie Verehrung und sogar religiöse Ehrfurcht zum Ausdruck bringen. Außerdem glaube ich schon imstande zu sein, Unterschiede zwischen den einzelnen Stammesangehörigen festzustellen, die ich geneigt bin, als Unterschiede der »Frömmigkeit« bei der Ausführung dieser Bräuche zu bezeichnen. Aus diesem Grund möchte ich ein derartiges Verhalten einen primitiven religiösen Gebrauch nennen.

Freilich bestehen große Unterschiede zwischen diesem imaginären Fall und dem primitiven Schmerzverhalten, und dies sind Unterschiede, die es ungebührlich erscheinen lassen könnten, das Wort »primitiv« auf beide Fälle anzuwenden. Daher ist es wichtig zu betonen, daß ich, indem ich das Wort auf beide Fälle anwende, vor allem eine Ähnlichkeit hervorheben möchte zwischen der Beziehung solcher Fälle zu einem, in dem es eine entwickelte Schmerzsprache gibt, bzw. zu einem, in dem es eine entwickelte religiöse Sprache gibt. Ein wichtiger Unterschied zwischen diesen Fällen ist der, daß wir es bei Riten, die ich als »religiöse« bezeichnen möchte, schon mit einem eingebürgerten sozialen Gebrauch zu tun haben, und nicht mit dem Verhalten einzeln betrachteter Individuen. Weitere Unterschiede hängen mit diesem zusammen. Während z. B. die Form der primitiven menschlichen Reaktionen auf Schmerzen ziemlich allgemein identisch sein dürfte, gibt es keinen Grund anzunehmen, das gleiche müsse auch für primitive religiöse Riten gelten (oder gelte tatsächlich für sie). Bei meinem Beispiel habe ich einen gewissen Ernst und eine gewisse Feierlichkeit unterstellt, doch genausogut könnten Riten einen fröhlichen, ausgelassenen Charakter tragen. Was dagegen wirklich notwendig ist, um ein Verhalten als ritualistisch kennzeichnen zu können, ist, daß es in gewisser Weise abgesetzt ist von dem Verhalten, das mit praktischen Alltagsinteressen in Verbindung gebracht wird; was allerdings nicht so zu verstehen ist, daß es in gar keiner Verbindung mit solchen Interessen stünde – ganz im Gegenteil –, sondern so, daß es stilisiert ist, durch konventionelle Formen geregelt und vielleicht auf uralte Traditionen zurückgeführt wird. Ich würde auch damit rechnen, daß solche Riten mit einem Gefühl des Staunens und der Ehrfurcht angesichts der Großartigkeit und Schönheit der Umwelt des Stammes verknüpft sind und sich auf Merkmale dieser Umwelt richten, die im Leben des Stammes eine besonders wichtige Rolle spielen (Berge, Meer, Tiere – man denke etwa an die Höhlenmalereien von Cro-Magnon). Dies würde Zusammenhänge herzustellen helfen zwischen den rituellen Handlungen und sonstigen Aspekten des Stammeslebens, und zweifellos würde es in Verbindung gebracht mit Unterschieden der Einstellung, die bei anderen Gelegenheiten gegenüber den Gegenständen der rituellen Verehrung und sonstigen vertrauten Dingen zum Ausdruck gebracht werden (man denke an Totems). Schließlich würde man auch damit rechnen, daß es Unterschiede gibt im Grad der Ernsthaftigkeit, mit der die Riten von verschiedenen einzelnen Stammesangehörigen angesehen werden; und dies wäre gerade wichtig, wenn es darum geht, eine Anwendung für Ausdrücke wie »Frömmigkeit« ausfindig zu machen.

Ich mache also geltend, daß *schon* ein solcher Verhaltenskontext uns die Beschreibung »religiös« abverlangen kann, selbst wenn es noch keine erkennbar religiösen Äußerungen oder Überzeugungen gibt. Nehmen wir jedoch an, daß wir dem ursprünglichen Bild nun solche Äußerungen hinzufügen und daß solche Äußerungen nach unserer Auffassung aus den primitiven rituellen Bräuchen hervorgehen. So könnte es z. B. Äußerungen über die »Götter« geben, die im Gebirge wohnen – alle möglichen verschiedenen Ausformungen lassen sich hier vorstellen. Und nun werden die Riten explizit so aufgefaßt, daß sie Verehrung der Berggötter zeigen, über die dann allmählich weitere Geschichten erzählt und von einer Generation an die nächste weitergegeben werden.

Für die Sache, die ich hier zu begründen versuche, ist es wichtig, daß wir die Einführung eines Ausdrucks, den wir vielleicht mit unserem Wort »Götter« übersetzen, nicht als selbstverständlich voraussetzen sollten. Nach meinem Vorschlag wäre es gerade die Verknüpfung der Äußerungen, in denen der Ausdruck vorkommt, mit den Riten, die eine derartige Übersetzung als angemessen erwiese. Der Ausdruck erlangt seinen Sinn durch seine Verbindung mit den Riten (was allerdings nicht die Möglichkeit ausschließt, daß sich diese Äußerungen in einer Weise weiterentwickeln, bei der der Zusammenhang mit den Riten nicht mehr explizit oder offensichtlich ist).

An diesem Punkt sollten wir uns vor der Annahme hüten, solche Äußerungen hätten die Aufgabe zu »erklären«, warum die Riten vollzogen werden. Hier mag der Vergleich mit den Schmerzen helfen, deutlicher zu machen, worauf ich hinauswill. Wir können von jemandem sagen: »Er hinkt, weil er Schmerzen im Bein hat« – damit wird tatsächlich eine Erklärung für das Hinken dieser Person gegeben. Sagen wir aber: »Die Leute neigen zum Hinken, wenn sie Schmerzen im Bein haben«, ist die Situation eine andere. Hier haben wir eher so etwas wie eine begriffliche oder »grammatische« Feststellung vor uns, die auf den Zusammenhang verweist, der zwischen Phänomenen wie dem Hinken und der Anwendung des Ausdrucks »Schmerzen« besteht. Es fällt schwer, sich jemanden vorzustellen, der den Ausdruck »Schmerzen« verstünde und nicht schon einsähe, daß Schmerzen im Bein und Hinken tendenziell miteinander einhergehen. Und wenn er den Ausdruck »Schmerzen« *nicht* verstünde, könnte die Aussage »Die Leute neigen zum Hinken, wenn sie Schmerzen im Bein haben« gar nichts erklären.

Ebenso möchte ich geltend machen, daß die auf meine Stammesangehörigen bezogene Aussage »Sie blicken auf die Berge, um ihren Göttern Verehrung zu bezeigen« nicht *erklären* soll, warum sie auf die Berge blicken, sondern sie soll auf einen begrifflichen Zusammenhang verweisen zwischen ihrer Auffassung der Götter und ihren rituellen Gebräuchen. (Dies bedeutet *natürlich* nicht, daß ihre Auffassung der Götter im übrigen keine begrifflichen Zusammenhänge aufweist.) Wir verwenden den Ausdruck »Götter« hier aufgrund seiner Verbindung mit ihren Riten. Ganz anders liegt die Sache bei der Aussage »Sie blicken auf die Berge, um jagdbare Tiere ausfindig zu machen«. Dies ist eine Erklärung und kann deshalb eine sein, weil man dem Ausdruck »Tiere« ganz unabhängig von dieser Gewohnheit der Stammesleute, auf die Berge zu blicken, einen Sinn beilegen kann.

Welches ist der Status meiner Ausführungen?[5] Natürlich will ich nicht, daß sie als eine Art apriorischer Geschichte der Entstehung des religiösen Glaubens aufgefaßt werden. Vielmehr sollen sie auf bestimmte begriffliche Zusammenhänge hindeuten, ungefähr in der Art gewisser Gesellschaftsvertragstheorien des Staates. Hier mag man die (von Sidney Shoemaker tatsächlich aufgeworfene) Frage stellen, warum es nicht so sein soll, daß die Äußerungen und die Geschichten zuerst kommen und erst anschließend mit Riten der Verehrung und Anbetung in Verbindung gebracht werden. Meine Antwort lautet, dies könne natürlich geschehen, wir aber hätten, ehe die Verbindung solcher Äußerungen mit Anbetung und dergleichen zustande käme, keinen Grund, ihnen religiöse Bedeutung beizulegen, und folglich auch keinen Grund zu behaupten, solche Äußerungen beträfen »Götter«. Dies würde die spätere Verknüpfung derartiger Äußerungen mit der Anbetung zwar nicht ausschließen, doch dann hätte ihr Sinn (ihre Grammatik) nach meiner These einen grundlegenden Wandel erfahren.

An diesem Punkt berühre ich Probleme im Hinblick auf das Wesen des »Bezugs« bestimmter religiöser Ausdrücke der Art, von der ich zu Anfang dieses Abschnitts gesagt habe, daß sie für Philosophen von besonderem Interesse sind; daneben berühre ich auch damit zusammenhängende Probleme, die die Möglichkeit betreffen, dem wirklichen oder scheinbaren Bezugsgegenstand solcher Ausdrücke »Existenz« zuzuschreiben. Hier möchte ich lediglich anmerken, daß das Wie der Bezugnahme eines Ausdrucks im Lichte seiner *tatsächlichen* Anwendung im Kontext des Lebensbereichs der Sprecher, die ihn gebrauchen, verstanden werden muß. Das Wort »tatsächlich« betone ich hier, um das, wovon ich spreche, einer idealen, von den Philosophen imaginierten »Anwendung« gegenüberzustellen und auch

5 Die unmittelbar anschließenden Bemerkungen sind eine Erwiderung auf eine von Sidney Shoemaker gestellte Frage, für die ich ihm hier danken möchte.

dem, was diejenigen, die den Ausdruck gebrauchen, auf die entsprechende Frage womöglich zu sagen geneigt sind. (Hier vergleiche man den wirklichen Gebrauch des Verbs »denken« mit dem, was sowohl Philosophen als auch Nichtphilosophen darüber sagen mögen, »was das Denken eigentlich ist«.) Man beachte, daß ich *nicht* behaupte, die »Existenz« dessen, wovon die Rede ist, bestehe schlicht in dem Faktum, daß die Leute in einer bestimmten Weise reden; vielmehr behaupte ich, daß das, worauf die »Existenz« der betreffenden Sache hinausläuft, in der Weise zum Ausdruck gebracht wird (sich in der Weise zeigt), in der die Menschen, die diese Sprache anwenden, reden.[6]

II

Vor dem Hintergrund der bisherigen Erörterungen möchte ich nun unmittelbar auf einige der Probleme eingehen, die in der modernen religionsphilosophischen Literatur immerfort aufgeworfen werden. Viel Aufhebens wird in dieser Literatur von der Unterscheidung zwischen Fragen bezüglich Wahrheit und Fragen bezüglich Bedeutung gemacht. Darin spiegelt sich leider nicht immer ein angemessenes Verständnis der Beziehungen zwischen solchen Fragen. Üblicherweise werden Fragen im Hinblick auf die Bedeutung der religiösen Sprache mit Fragen verquickt, die die Möglichkeit betreffen, theologische Behauptungen zu verifizieren oder zu falsifizieren, und es wird angenommen, daß Fragen hinsichtlich der Rationalität relgiösen Glaubens von der Verifizierbarkeit oder Falsifizierbarkeit der theologischen Behauptungen abhängen, die mit spezifischen Formen des religiösen Glaubens in Verbindung gebracht werden.

Es wird uns also in etwa folgendes Bild präsentiert: Der Gebrauch der religiösen Sprache wird so aufgefaßt, daß er den Gläubigen vermittels der Bedeutungen der verwendeten Ausdrücke auf bestimmte »Existenz«-Behauptungen festlegt, welche in theologischen Systemen artikuliert werden. Sofern diese theologischen Systeme nicht verifizierbar oder wenigstens falsifizierbar sind, gibt es grundsätzlich keine Möglichkeit anzuge-

6 Die meisten Einschränkungen in diesem Absatz sollen Bemerkungen von John Hick in Rechnung stellen.

ben, ob diese Existenzvoraussetzungen berechtigt sind. Darum hat die Sprache des Gläubigen keine klare Bedeutung, und sein Glaube ermangelt der Rationalität.

Mein Ziel ist es, diesen Standpunkt zu untergraben.

Jemand kann ein überaus frommer Gläubiger sein und dennoch wenig von den diffizilen Argumenten und Lehren der Theologen verstehen oder sich kaum für sie interessieren. Vielleicht betet er zum Herrn Jesus Christus um Fürbitte bei Gottvater; oder er fleht im Gebet um die Gnade des Heiligen Geistes. Aber vielleicht begreift er nichts mehr, sobald es um gelehrte Erörterungen der Dreifaltigkeit und um die Frage geht, in welchem Sinn Vater, Sohn und Heiliger Geist *ein* Gott sind. Ist sein Glaube – religiös gesprochen – darum weniger wert als der des Theologen? Der Unterschied zwischen ihnen gleicht nicht dem zwischen einem Laboranten, der ohne eine klare Vorstellung von seinen eigenen Handlungen einen Versuch aufbaut, und dem Wissenschaftler, der ihm Anweisungen gibt. Das heißt, die Tätigkeiten des Laboranten unterscheiden sich von denen des Wissenschaftlers im Hinblick auf ihre wissenschaftliche Bedeutung. Dagegen besteht kein Grund, weshalb der Glaube des Ungebildeten nicht religiös tiefer sein soll als der des Theologen.

Freilich, die Auseinandersetzungen der Theologen wirken sich auf die Lehren der betreffenden Kirche aus, und die Gläubigen werden anhand dieser Lehren erzogen, welche ihrerseits die Formen der Anbetung beeinflussen, die den Anhängern der Kirche zu Gebote stehen. So hing etwa die Lehre der Katharer-Theologie, wonach die Welt der Materie das Werk des Teufels ist, damit zusammen, daß die Sakramente aus der Liturgie der Katharer-Kirche abgeschafft wurden.[7] Der Austausch erfolgt jedoch nicht nur in einer Richtung. Theologische Lehren werden nicht unabhängig von ihren Anwendungsmöglichkeiten im Kultus und im religiösen Leben der Gläubigen aufgestellt; und diese letzteren besitzen eine gewisse, wenn auch keine vollständige Autonomie. Hätten die Gläubigen das Gefühl, daß eine Lehre im Widerspruch steht zu ihren Gebräuchen hinsichtlich Gebet und Ritus, würde dies nach meiner Meinung der theologischen Lehre selbst Schwierigkeiten bereiten. Der Austausch findet, wie ich

7 Siehe Fernand Niel, *Albigeois et Cathares*. Que sais-je?, No. 689, Paris 1974.

betonen möchte, von beiden Seiten statt, und es erfolgt ein Geben und Nehmen. Die Einstellungen der Gläubigen zum Ritus können unter dem Druck der Priester z. B. verändert werden, während diese ihrerseits durch die theologischen Lehren beeinflußt werden, in denen sie in ihrer Kirche ausgebildet werden. Doch auf die Einstellungen der Priester zu theologischen Lehren kann sich auch der Widerstand auswirken, auf den sie in der Haltung ihrer Gemeindemitglieder zum Ritus stoßen. Natürlich werden nicht alle Gläubigen (und auch nicht alle Priester) in der gleichen Weise reagieren, und daraus ergeben sich Möglichkeiten zu Schismen und Ketzereien.
Diese naiven Bemerkungen sind nicht widersinnigerweise als Beitrag zur Kirchengeschichte oder zur Religionssoziologie gedacht, sondern sie sollen auf einige der komplexen begrifflichen Probleme verweisen, die bei der Beziehung zwischen der Theologie und der Sprache und den Gebräuchen der Religion eine Rolle spielen. Insbesondere sollen sie Fragen aufwerfen im Hinblick auf eine weitverbreitete Auffasssung von einer derartigen Beziehung, wonach die Gebräuche der Gläubigen auf der fundamentalsten Ebene durch ihren »Glauben an die Wahrheit« bestimmter theologischer Lehren zu erklären sind. Ich habe bereits angedeutet, daß Verehrung (die natürlich viele Formen annehmen kann) eine primitive menschliche Reaktion auf bestimmte charakteristische Situationen und Notlagen des Menschen ist, das heißt sie gehört, um einen Ausdruck von Wittgenstein zu gebrauchen, zur Naturgeschichte des Menschen. Diese Gebräuche werden gewisse charakteristische Sprachverwendungen beinhalten (die ihrerseits viele verschiedene Formen annehmen, zwischen denen sich Analogien feststellen lassen). Ist die Existenz dieser Gebräuche und Sprachverwendungen gegeben, werden theologische Lehren aufgestellt, die dann wiederum zurückwirken auf die Gebräuche und die Sprache der Gläubigen. Um den Sinn dieser Lehren – ihre »Beziehung zur Wirklichkeit« – zu verstehen, müssen wir ihre Anwendung begreifen. Diese Anwendung findet in Zusammenhängen wie denen des Gebets und der Verehrung statt, in denen die Sprache gemäß einer bestimmten Grammatik gebraucht wird. Diese Grammatik erlegt dem, was als akzeptable theologische Lehre gelten wird, ihrerseits Grenzen auf, obwohl die Lehre dann, wie schon gesagt, wiederum zu

Veränderungen in der Grammatik der Sprache führen kann, in der der Glaube durch anbetende Verehrung zum Ausdruck gebracht wird.

Die Versuchung, der wir beim Philosophieren über Religion und Theologie ausgesetzt sind, ähnelt den Verlockungen, die wir aus anderen Gebieten der Philosophie gut kennen. Es ist die Versuchung, daß man eine ganz andere (und offenbar direktere) Art von Beziehung zwischen Sprache und Realität zu erkennen scheint, und diese Versuchung ergibt sich daraus, daß man die Komplexitäten der *tatsächlichen* Anwendung dieser Sprache außer acht läßt. Erliegen wir dieser Versuchung, werden wir zu der Auffassung geführt, daß jemand, wenn er sich der religiösen Sprache bedient, an eine Theorie über das Wesen der Welt gebunden ist, die irgendwie in dieser Sprache enthalten ist. Wenn man, wie ich selbst, bestreiten möchte, daß es sich so verhält, leugnet man nicht, daß jemand, dessen Gedanken in der Sprache der Religion formuliert sind, in gewissem Sinne eine ganz andere Weltauffassung hat als jemand, der nicht so denkt. Bestritten wird damit vielmehr, daß es sich bei diesem Unterschied um einen handelt, der zwischen Menschen besteht, die entgegengesetzte Theorien vertreten.

Ich habe von den Verwendungen der religiösen Sprache im Leben der Gläubigen gesprochen, und es leuchtet ein, daß der Kontext des Glaubens grundlegend ist für den Sinn, der einer solchen Sprache zukommt. Aber die eben getroffene Unterscheidung zwischen einem Menschen, dessen Gedanken in der Sprache der Religion formuliert sind, und einem, dessen Gedanken nicht in ihr formuliert sind, ist nicht identisch mit der Unterscheidung zwischen jemandem, der religiösen Glauben besitzt, und jemandem, der keinen hat. Eine Schwierigkeit liegt hier darin, daß diese letztere Formulierung verschiedene Unterscheidungen kennzeichnen kann. Auf dem Höhepunkt von Tolstois gleichnamiger Erzählung verliert Vater Sergius seinen Glauben. Doch dieser Verlust kann von ihm selbst – bzw. von Tolstoi oder von uns – nur in der Sprache der Religion ausgedrückt werden. Dieser Fall ist ganz verschieden von dem eines Kai Nielsen etwa oder dem des »skeptischen jungen Professors«, der eine Auseinandersetzung mit Sergius hat und »in allem mit ihm übereinstimmt wie mit jemandem, der einem geistig unterlegen ist. Vater

Sergius sah, daß der junge Mann keinen Glauben hatte, aber dennoch zufrieden, ruhig und unbeschwert war, und die Erinnerung an dieses Gespräch beunruhigte ihn jetzt«. Der Unterschied entspricht in mancher Hinsicht dem zwischen dem Fall zweier Musikliebhaber, die sich um die relativen Vorzüge von Brahms und Wagner etwa streiten, und dem Fall, in dem wir es mit einem Musikliebhaber und jemandem zu tun haben, dem die Musik – und die Äußerungen des Musikliebhabers – »nichts bedeuten«, wie wir zu sagen pflegen. Es gibt viele, denen die Sprache der Religion nichts bedeutet. Bei dem Versuch, ihre Lebensanschauung zu beschreiben, braucht man sich nicht der Sprache der Religion zu bedienen, was dagegen gewiß nicht für alle gilt, die »nicht gläubig« sind oder die ihren »Glauben verloren« haben.

Die Unterscheidung zwischen Sprache und Theorie ist offensichtlich wichtig für die Art und Weise, in der wir an die Frage der Bedeutung in der Religion herangehen. Es kann ein gewichtiger Einwand gegen eine Theorie sein, daß man sie durch übertriebene Absicherung von Hilfshypothesen gegen Falsifizierung immunisiert hat (»Tod durch tausend Einschränkungen«). Manchmal kann man von einer Theorie, auf die dies vermutlich zutrifft, sagen, sie habe »keine Bedeutung« mehr.

Eine Theorie verlangt eine Sprache, in der sie ausgedrückt werden kann. Die eine Theorie kann im Gegensatz zu einer anderen stehen. Mitunter läßt sich der Gegensatz zwischen den Theorien in einer Sprache formulieren, die ihnen beiden gemeinsam ist. In Fällen äußerst radikalen Gegensatzes ist dies vielleicht nicht möglich, weil die Unterschiede zwischen den Theorien ganz fundamentale Unterschiede zwischen einigen der durch gemeinsame sprachliche Ausdrücke artikulierten Begriffe – zwischen der »Grammatik«, der Anwendungsweise dieser Ausdrücke – beinhalten. In solchen Fällen ist der Gegensatz zwischen den Theorien vielleicht nicht ausreichend formulierbar, doch in den Unterschieden der Anwendungsweise wird er zum Vorschein kommen.[8]

Die Philosophen nehmen häufig an, schon allein der Gebrauch

8 Die Formulierung dieses Gedankens ist in vieler Hinsicht der scharfen Kritik verpflichtet, die Cora Diamond dankenswerterweise an einer früheren Fassung geübt hat.

bestimmter sprachlicher Ausdrucksformen lege den Sprecher auf eine Art Theorie über das Wesen der Dinge fest.[9] Und gewiß wird gegen meine Ausführungen der Einwand erhoben, aus religiösen Gebräuchen und Überzeugungen könne man gar nicht klug werden ohne den Gedanken, daß ihre Anhänger bestimmte theoretische, theologische Voraussetzungen machen. »Zu Gott beten setzt voraus, daß es einen Gott gibt, zu dem man beten kann.« Damit wird der Ausdruck »zu Gott beten« so gedeutet, als gliche er in gewisser Weise etwa dem Ausdruck »an den jugoslawischen Botschafter am britischen Hof schreiben«. Wenn ich erfahre, daß Jugoslawien die diplomatischen Beziehungen zum Vereinigten Königreich abgebrochen hat, ist es offensichtlich Schwachsinn meinerseits, Briefe an den jugoslawischen Botschafter zu adressieren, denn ich weiß ja, daß es eine solche Person gar nicht gibt.

Vergleichen wir dieses Beispiel mit dem folgenden: »Wie, wenn mir jemand sagte, ›Ich erwarte drei Schläge an die Tür‹, und ich antwortete: ›wie weißt du, daß es *drei Schläge gibt*?‹ – Wäre das nicht ganz analog der Frage, ›wie weißt du, daß es 6 Fuß gibt?‹, wenn einer etwa gesagt hätte, ich glaube, daß A 6 Fuß hoch ist?«[10] Ehe wir die Frage stellen, welches dieser Beispiele das geeignetere Analogon von »zu Gott beten« ist, wollen wir das Wesen der Unterschiede zwischen diesen Fällen betrachten. Der erste und offensichtliche Unterschied ist der, daß die Frage »Existiert x?« einen klaren Sinn hat, wenn x = der jugoslawische Botschafter, während es sich nicht so verhält, wenn x = drei Schläge oder sechs Fuß. Mir zumindest erscheint es offensichtlich, obwohl sich manche Philosophen der Mathematik so ausdrücken, als glaubten sie, Fragen in bezug auf die Existenz oder Nichtexistenz von sechs Fuß hätten Sinn. Auf derart abwegige Ansichten kann ich hier jedoch nicht eingehen.

Eine zweite Schwierigkeit, die mit der vorigen zusammenhängt, ist die folgende: Würde jemand die Existenz eines jugoslawischen Botschafters in Frage stellen, wäre das, was er in Zweifel zieht, der Witz der Handlung, daß ich Briefe mit dieser spezifi-

9 Diese Annahme ist eine der Zielscheiben, die in Wittgensteins Schriften ständig unter Beschuß genommen werden. Im Schlußkapitel des vorliegenden Bandes wird sie ausführlicher besprochen.

10 Wittgenstein, *Philosophische Bemerkungen*, III.36.

schen Anschrift abschicke. Daß ich anderen Personen – etwa meiner Frau oder dem Botschafter der Vereinigten Staaten – Briefe schicke, stünde nicht zur Debatte. Tauchten tatsächlich diesbezügliche Zweifel auf, so müßte dies separat geschehen, und es wären neue Begründungen vonnöten. Das heißt, die Rationalität des *Gebrauchs*, Personen Briefe zu schicken, stünde nicht zur Debatte. Im Gegenteil, sie wäre sogar vorausgesetzt von den Argumenten, die dagegen sprechen, daß ich in diesem speziellen Fall einen Brief abschicke. Gerade weil wir im allgemeinen verstehen, welchen Witz es hat, Personen Briefe zu schikken, sind wir imstande einzusehen, wie sinnlos es ist, einen Brief an eine nicht existierende Person zu adressieren. Im ersten der Beispiele Wittgensteins wäre ein dem eben genannten Fall völlig entsprechender derart, daß meine Erwartung dreier Schläge an die Tür mit der Begründung beanstandet wird, daß die Person, von der ich erwarte, sie werde an die Tür klopfen, gar nicht existiert oder sich nicht in der näheren Umgebung befindet. Wiederum wird der Witz des Klopfens an Türen durch eine solche Kritik nicht in Frage gestellt, sondern vielmehr vorausgesetzt. Dies ist jedoch weder der Fall, den Wittgenstein betrachtet, noch ist es der interessante Fall. Insofern wir uns die Frage »Woher weißt du, daß es drei Schläge gibt?« überhaupt verständlich zu machen versuchen, müßten wir sie vermutlich im Sinne eines Hinweises darauf deuten, daß der Gebrauch des An-die-Tür-Klopfens (bzw. des immerhin dreimaligen An-die-Tür-Klopfens) außer Gebrauch gekommen ist oder seinen Witz verloren hat. Im Fall des zweiten Wittgensteinschen Beispiels wäre es leichter, sich einen Hinweis der zuletzt genannten Art auszumalen: Vielleicht hat das Land das metrische System übernommen, und niemand ist mehr imstande, Aussagen über »Fuß« zu verstehen.

Philosophen, die behaupten, das Beten zu Gott habe nur dann Sinn, wenn vorausgesetzt werde, daß Gott existiert, scheinen die folgende Erklärung anzubieten: Es gibt den Gebrauch, mit Personen zu reden und sie um etwas zu bitten, und die Rationalität dieses Gebrauchs steht nicht zur Debatte. Spezielle Beispiele dieses Gebrauchs können z. B. aus dem Grund beanstandet werden, daß die angeredete Person nicht existiert, das Gesagte nicht zu hören vermag oder außerstande ist, die Bitte zu erfüllen. Beten ist ein spezielles Beispiel dieses Gebrauchs und kann daher in ähnlicher Weise gedeutet werden. Vielleicht ist die Methode der Bestätigung von Gottes Existenz oder Nichtexistenz eigentümlich; doch diese Frage wird als separates Problem aufgefaßt.

Hiergegen möchte ich geltend machen, daß ein grammatischer Unterschied besteht zwischen »Gott um etwas ersuchen« und »den jugoslawischen Botschafter um etwas ersuchen«. Ich meine, daß hier nicht nur ein Unterschied besteht hinsichtlich der Methode, deren Anwendung in diesen beiden Fällen angemessen ist, oder hinsichtlich der Beschaffenheit der Bitten, die zu stellen angemessen ist, obwohl auch dies beides zutrifft. Meines Erachtens ist das, was hier konstitutiv ist für das Bitten (wie auch für die Antwort darauf), verschieden. Außerdem meine ich, daß sich der Sinn des Gebets (der bei jeder Erörterung der Rationalität von Einzelbeispielen des Betens vorausgesetzt ist) nur erläutern läßt, indem man es in seinem religiösen Kontext betrachtet; daß es sich nicht erläutern läßt, indem man einfach von der Funktion »Bitten an x richten« ausgeht, »Gott« anstelle von »x« einsetzt und dann fragt, welchen Unterschied die Tatsache macht, daß Gott andere Eigenschaften hat als sonstige x. Das heißt: »Bitten an x richten« ist nicht eine Funktion, die den gleichen Sinn behält, egal, ob »x« durch »Gott« oder durch einen Namen oder eine Kennzeichnung eines Menschen ersetzt wird.

Es wäre gewiß verfehlt zu behaupten, im einen Fall sei die Existenz des Angeredeten vorausgesetzt und im anderen Fall nicht. Das bedeutet aber nicht, in beiden Fällen sei die Existenz des Angeredeten tatsächlich vorausgesetzt. Besser wäre es zu sagen, diese Frage der »Existenz« könne sich im einen Fall nicht in der gleichen Weise stellen, in der das im anderen Fall möglich ist, wie sich ja auch die Frage der Existenz von sechs Fuß nicht stellen kann, wenn sich jemand fragt, wie groß eine bestimmte Person ist (was natürlich nicht heißt, hier werde die Existenz von sechs Fuß »vorausgesetzt«). Richtig ist, daß mit jemandem, der zu Gott zu beten behauptet, während er bestreitet, an die Existenz Gottes zu glauben, etwas nicht stimmen würde. Aber läge hier der gleiche Fehler vor wie bei jemandem, der an den jugoslawischen Botschafter zu schreiben behauptet, während er bestreitet, an die Existenz einer solchen Person zu glauben?

Ich bin geneigt zu sagen: Daß man aufhört, das Schreiben für sinnvoll zu erachten, ist im letzteren Fall eine *Konsequenz* des Umstands, daß man nicht mehr an die Existenz des Botschafters glaubt, während es ein *Aspekt* des Verlusts des Glaubens an Gott ist[11], daß man im Gebet keinen Sinn mehr erblickt. Mit anderen Worten, zwischen dem Verlust des Glaubens an die Existenz Gottes und dem Umstand, daß man im Gebet keinen Sinn mehr sieht, bestehen interne Verbindungen einer Art, wie sie zwischen dem Ende des Glaubens an die Existenz des Botschafters und dem Umstand, daß man es nicht mehr für sinnvoll erachtet, Briefe an ihn zu richten, nicht bestehen. Das soll nicht heißen, der Umstand, daß man das Beten für sinnvoll ansieht, sei mit dem Glauben an die Existenz Gottes identisch. So hat das Glauben an Gott – um nur dies zu erwähnen – noch viele weitere Aspekte: daß man sein Leben im Sinne des Gehorsams gegenüber dem Willen Gottes auffaßt, zum Beispiel, oder daß man alle Menschen als Geschöpfe Gottes ansieht. Andererseits kann es geschehen, daß jemand im Gebet (zumindest im *eigenen* Gebet) keinen Sinn mehr sieht, ohne daß er deshalb aufhört, an die Existenz Gottes zu glauben (so verhält es sich etwa mit Claudius im *Hamlet*). Aber daß man im Gebet keinen Sinn mehr sieht, ist *eine* Form, die der Verlust des Glaubens an Gott annehmen kann. Wer religiös erzogen worden ist und regelmäßig gebetet hat, wie man es ihm in der Kindheit beigebracht hat, kann eines Tages erkennen, daß er es ganz mechanisch tut und daß es ihm eigentlich »nichts bedeutet«. Diese Erkenntnis bringt er vielleicht in dem Gedanken »Ich glaube nicht, daß Gott existiert« zum Ausdruck. Aber das wird nicht notwendig bedeuten, daß seine Einstellung zum Gebet das *Ergebnis* seines fehlenden Glaubens ist.

11 Es ist bemerkenswert, daß die naheliegende Formulierung, die einem hier in den Sinn kommt, »an Gott glauben« ist, statt daß man vom »Glauben an die Existenz Gottes« redet. Es kann allerdings sein – und kommt manchmal tatsächlich vor –, daß der Ausdruck und die Erörterung religiöser Zweifel die »Infragestellung der Existenz Gottes« beinhalten. Das, worauf eine solche Infragestellung hinausläuft, ist jedoch etwas völlig anderes als das, was bei der Infragestellung der Existenz eines Menschen ins Spiel kommt, und läßt sich nur als ein Aspekt dessen verstehen, was ganz generell den Gehalt »religiöser Zweifel« ausmacht.

Aber, mag man hier einwenden, jemandes Glaube an die Nichtexistenz des Botschafters kann sich unter anderem auch darin ausdrücken, daß er keine Briefe mehr an ihn richtet. Können wir daher nicht ebenso sagen, seine Einstellung zu dieser Art des Adressierens von Briefen sei ein »Aspekt« seines fehlenden Glaubens an die Existenz des Botschafters? Ja, das können wir sagen; auch hier bestehen interne Verbindungen *einer gewissen Art*. Doch in diesem Fall gibt es etwas, was wir »entdecken, daß der Botschafter nicht existiert« nennen können, ohne daß dies seinerseits irgendwie davon abhinge, daß sich die Einstellung zum Briefeschreiben und dergleichen geändert hat. Hier ist die geänderte Einstellung eine Konsequenz der Entdeckung, obwohl wir auch sagen dürfen, sie bringe die Tatsache zum Ausdruck, daß man sich die Entdeckung zu Herzen genommen hat. In der Religion dagegen kann es zwar ein Nachdenken über die Existenz Gottes geben, das mitunter vielleicht zum Verlust des Glaubens führt, doch dieses Nachdenken selbst läßt sich von der Reflexion über das Gebet, die Verehrung und dergleichen nicht trennen. Dies ist die Form, die das Nachdenken über die Existenz Gottes annimmt.

Hat Michelangelo, als er die Erschaffung Adams darstellte, vorausgesetzt oder vermutet, ein Ereignis von ungefähr diesem Aussehen habe wirklich stattgefunden? Und was für eine Überlegung ist von Belang, wenn wir auf sein Gemälde in einer Weise reagieren, die die durch es zum Ausdruck gebrachten religiösen Ideen respektiert? Nun, man könnte hier davon sprechen, wie die Macht Gottvaters bzw. Adams Abhängigkeit jeweils unauflöslich mit Liebe verknüpft sind. Gottes Macht ist nicht bloß mit seiner Liebe verbunden, sondern sie *ist* seine Liebe. Und ebenso verhält es sich mit Adams Abhängigkeit von seinem Schöpfer und seiner Liebe zu ihm – sie sind eins. Der Sinn dieser Darstellung muß in Beziehung zu der Art und Weise gesehen werden, in der anbetende Verehrung und Liebe im Leben des Gläubigen miteinander zusammenhängen. Dies ist der Ort, an dem das Bild »mit der Wirklichkeit verglichen« wird. Die Form der Darstellung – die Art des Realitätszusammenhangs –, die hier eine Rolle spielt, ist völlig verschieden von der eines Unfalldiagramms, wie man es zusammen mit einer Zahlungsforderung bei der Versicherung einreicht. Dies geht aus dem Unterschied der Fragestellung hervor, die im einen Fall im Gegensatz zum anderen angebracht ist.

Die Philosophen, gegen die sich meine Argumente richten, betonen zu Recht die Wichtigkeit der Möglichkeit, religiöse Überzeugungen mit der Wirklichkeit zu vergleichen, wenn wir nicht zuletzt mit einer Reihe von Gebräuchen und Überzeugungen dastehen wollen, die von jeder Beziehung zum Leben oder zu unserer Weltauffassung hermetisch abgeschlossen ist. Manchmal kommt es vor – und es mag sein, daß ich selbst mich in dieser Hinsicht nicht immer vorsichtig genug ausgedrückt habe –, daß die Sachlage von den Vertretern ganz entgegengesetzter philosophischer Strömungen so dargestellt wird, als sei die Religion etwas, worauf die Leute nur einen Teil ihrer Zeit verwenden, wobei sie darauf achtgeben, daß keine Gegenüberstellung vorgenommen wird zwischen der Religion und dem, was sie während der übrigen Woche tun und denken: Man versperrt die Tür zwischen Kirche und Laboratorium, um zu gewährleisten, daß sich Weihrauch und Schwefelwasserstoff nicht vermischen. Diese Darstellung ist natürlich eine Travestie; und sofern sie tatsächlich charakteristisch ist für das Leben manches Gläubigen, wird dieses damit auf wichtige Weise kritisiert. Dabei gilt die Kritik sowohl der Tiefe und Aufrichtigkeit seiner religiösen Überzeugungen als auch seiner intellektuellen Redlichkeit im allgemeinen.

Mir geht es jedoch nicht darum, daß es keine Gegenüberstellung geben kann oder geben soll zwischen den religiösen Überzeugungen eines Menschen und seinem Weltverständnis in anderen Kontexten. Doch wenn man von »Belegen für Gottes Existenz bzw. Nichtexistenz« redet, wird die Form, welche die »Gegenüberstellung mit der Wirklichkeit« annehmen kann, äußerst irreführend dargestellt. Die Pointe dieses Hinweises ist ganz ähnlich der von Wittgensteins Bemerkung, wenn er sich mit dem Versuch auseinandersetzt, das Fehlen einer Anwendungsmöglichkeit des Ausdrucks »Rötlichgrün« mit Hilfe der Behauptung zu erklären, daß es eine solche Farbe doch gar nicht gebe. (Da fragt er: »Wie weißt du's nur?«) »Ja aber hat denn die Natur hier gar nichts mitzureden?! Doch – nur macht sie sich auf andere Weise hörbar. ›Irgendwo wirst du doch an Existenz und nicht-Existenz anrennen!‹ Das heißt aber doch an *Tatsachen*, nicht an

Begriffe.«[12] Die »Natur« macht sich sowohl in dem von Wittgenstein erörterten Fall als auch im Fall der religiösen Sprache vermittels faktisch gegebener Umstände hörbar, unter denen die Sprache angewandt wird. Diese Umstände sind von verschiedener Art. Dazu gehören sowohl allgemeine Fakten der menschlichen Existenz, wie etwa die von Spinoza so gut beschriebenen komplexen Bedingungen der Abhängigkeit der Menschen von der übrigen Natur und voneinander, als auch die eher »internen« Fakten der menschlichen Natur, wie etwa die (in Simone Weils Schriften veranschaulichten) ausdrucksstarken und vielfältigen Reaktionen, die ausgelöst werden können, wenn die religiöse Sprache zum Beispiel bei einer Begegnung mit dem Elend verwendet wird. Damit soll nicht behauptet werden, daß sich der Ausdruck »Gott« wirklich auf solche Fakten *bezieht*, sondern es heißt, daß die durch ihn ausgedrückte Realität in den Bedingungen seiner Anwendung zu finden ist. Einen ähnlichen Gedanken formuliert Simone Weil in anderer Weise: »Das Evangelium enthält eine Auffassung vom menschlichen Leben, nicht eine Theologie.« Und überraschenderweise schreibt sie auch: »Irdische Dinge sind das Kriterium geistlicher Dinge... Nur geistliche Dinge sind von Wert, aber nur physische Dinge haben eine verifizierbare Existenz. Darum läßt sich der Wert der ersteren nur als Beleuchtung, die auf die letzteren projiziert wird, verifizieren.«[13]

Mit der Aussage »Irdische Dinge sind das Kriterium geistlicher Dinge« wird ihre *Identität* ebensowenig behauptet, wie von Wittgenstein gesagt wird, »innere Vorgänge« seien mit »äußeren Kriterien« identisch. Wäre man anderer Auffassung, würde einem die entscheidende Bedeutung des grammatischen Unterschieds entgehen, der zwischen unserer Ausdrucksweise in bezug auf die Kriterien und unserer Ausdrucksweise in bezug auf das, wofür sie Kriterien sind, besteht.

Wenn man sagt, daß bestimmte Ausdrücke verschiedenen Grammatiken entsprechend gebraucht werden, so heißt das unter anderem, daß die Art von Überlegung, die für oder gegen den einen Gebrauch spräche, dies im Falle des anderen nicht täte;

12 Wittgenstein, *Zettel* § 364.

13 Simone Weil, *First and Last Notebooks*, engl. Übers. R. Rees, Oxford University Press, 1970, S. 147.

dagegen heißt es nicht, daß zwischen den beiden Fällen keine Beziehungen bestehen, oder gar, daß der eine unabhängig von dem anderen denkbar ist. (Vergleiche »Dann habe ich sie ermordet« (a) in einem Bericht über meine Handlungen und (b) in einem Traumbericht.) Demgemäß wird die Grammatik der Funktion »x liebt seine Kinder« geändert, je nachdem, ob »x« durch »mein Bruder« oder durch »Gott« ersetzt wird. Der eventuelle Inhalt einer Erklärung des Sinns des einen Satzes wäre von anderer Art als der eventuelle Inhalt einer Erklärung des Sinns des anderen. Und was z. B. für die Entstehung eines Zweifels im einen Fall relevant wäre, ist etwas anderes als das, was im anderen Fall für einen Zweifel spräche. So verhält es sich, obwohl die beiden Verwendungen des Wortes »liebt« zusammenhängen: Man wäre kaum imstande, von Gottes Liebe zu seinen Kindern zu sprechen, wenn man nicht auch von der Liebe eines menschlichen Vaters zu seinen Kindern reden könnte; und umgekehrt wird die Art und Weise, in der wir über die menschliche Liebe nachdenken, eine andere sein, sofern die Vorstellung von Gott als liebendem Vater in unserem Denken eine zentrale Stellung einnimmt.

Diese Situation ließe sich mit der Beziehung vergleichen, die bei unseren Beschreibungen der Geometrie zwischen den Verwendungsweisen von Ausdrücken wie »Dreieck«, »Kreis« usw. besteht. Wäre jemand nicht imstande, dreieckige und quadratische Figuren als solche zu erkennen, wenn er sie erblickt, wäre er kaum in der Lage, den Beweis des Satzes von Pythagoras zu begreifen. Aber sobald wir den Beweis erfaßt haben, werden wir imstande sein, in anderer Weise über solche Figuren nachzudenken. Doch zunächst möchte ich einige Bemerkungen von Michael Durrant[14] betrachten, die, wie mir scheint, einige – keineswegs für Durrant eigentümliche – Verwechslungen erkennen lassen, die ins Spiel kommen, wenn von »Unterschieden in der Grammatik« die Rede ist, die zwischen dem Gebrauch von Ausdrücken in religiösen Zusammenhängen und ihrem Gebrauch in anderen Zusammenhängen bestehen sollen.

Durrant erhebt Einwände gegen die Behauptung, daß Sätze der

14 Michael Durrant, *The Logical Status of ›God‹*, London: Routledge and Kegan Paul, 1974, Kapitel 4.

Form »Gott ist F« (z.B. »Gott ist unendlich gut«) »die Aufgabe haben zu bestimmen, was innerhalb eines solchen [z.B. des christlichen] Aussagensystems möglich ist«. Insbesondere erörtert Durrant die These, mit der Aussage »Gott ist unendlich gut« werde behauptet, es sei sinnlos, von Gottes Güte zu sagen, manchmal sei sie »nicht wirksam«, und damit werde auf einen Gegensatz hingewiesen zwischen der Grammatik von »gut«, wenn das Prädikat mit Bezug auf Gott gebraucht wird, und seiner Grammatik bei Aussagen über handelnde Personen menschlicher Art. Hier entfaltet er eine Argumentation von A. G. N. Flew (sie entstammt Flews Polemik gegen den »Tod durch tausend Einschränkungen«), die sich auf folgende Behauptung stützt: Wenn es in einem gegebenen Kontext keinen Sinn hat zu sagen, die Güte von x sei »nicht wirksam«, dann habe es in diesem Kontext auch keinen Sinn zu sagen, die Güte von x sei »wirksam«. Eine derartige Schlußfolgerung, sagt Durrant zweifellos zu Recht, müsse für den Gläubigen, der von Gottes Güte sprechen möchte, inakzeptabel sein.
Durrants Argumentation wird als allgemeine logische These dargelegt, die unabhängig von irgendwelchen speziellen Eigentümlichkeiten des Kontexts, in dem die betreffenden Ausdrücke gebraucht werden, akzeptiert werden muß. Nach dieser These sind Ausdrücke wie »wirksam« und »nicht wirksam« »unabhängig vom Kontext notwendig korrelativ«, und dies könne man nur bestreiten, wenn man

> die Nichtberücksichtigung eines wichtigen Punkts in Kauf nimmt. Zugegeben, es ist möglich, daß das, was in verschiedenen »universes of discourse« (Sprachspielen) konstitutiv ist dafür, daß x wirksam ist oder nicht, je nach Sprachspiel etwas anderes ist, doch diese Konzession spricht nicht gegen die obige Argumentation, sondern sie geht davon aus, daß die Unterscheidung zwischen »wirksam« und »nicht wirksam« ihrerseits in solchen Bereichen der Rede in Kraft ist, was bestritten werden muß, wenn man »Gott ist unendlich F« als grammatische Aussage in bezug auf Gott deutet.[15]

15 *The Logical Status of ›God‹*, S. 83.

Durrant begeht hier einen ähnlichen Irrtum wie den, welchen man häufig den von ihm kritisierten Philosophen vorwirft, und zwar behandelt er den Gebrauch der Ausdrücke in religiösen Kontexten so, als wäre er unabhängig von ihrem anderweitigen Gebrauch. Dies führt dazu, daß er die Möglichkeit übersieht, daß dann, wenn der Gläubige sagt, Gottes Güte sei in der Welt wirksam, tatsächlich in Anspruch genommen wird, daß ein Gegensatz besteht zu Fällen, in denen die Güte in der Welt nicht wirksam ist (wie z. B. in Fällen, in denen ein handelnder Mensch seinen normalerweise hohen Maßstäben nicht gerecht wird). Aber der Gegensatz ist in diesem Fall *selbst ein grammatischer Gegensatz*. Dieser Gegensatz *zeigt sich* in der Verschiedenheit der *Anwendungen* des Ausdrucks »Güte« durch jemanden, der von der Güte des Menschen spricht, und durch den Gläubigen, der von der Güte Gottes spricht. Wenn behauptet wird, nach meiner Darstellung sage »Gott ist unendlich gut« nichts über die Welt aus, erwidere ich, so verhalte es sich nur dann, wenn man eine Formulierung wie »Der heilige Franziskus war ein guter Mensch« als Vorbild nimmt. Sagt »Rot ist dunkler als Rosa« etwas über die Welt? Nicht in der Weise, in der »Dieser Stoff ist dunkler als jener« etwas darüber sagt (wenn diese Aussage von zwei Stücken Stoff handelt, von denen eines rot und das andere rosa ist). »Rot ist dunkler als Rosa« lenkt unsere Aufmerksamkeit auf Beziehungen zwischen den Weisen, in denen wir die Unterscheidungen »rot/rosa« bzw. »dunkel/hell« verwenden. »Gott ist unendlich gut« lenkt die Aufmerksamkeit auf den Unterschied zwischen der Weise, in der wir »gut« mit Bezug auf Gott, und der Weise, in der wir dieses Wort mit Bezug auf Menschen verwenden. Wie ich im Teil III dieses Kapitels zu zeigen versuche, berührt dieser Unterschied die Art und Weise, in der wir über Dinge, Personen und Ereignisse in der Welt sprechen. Also reflektiert »Gott ist unendlich gut« tatsächlich etwas Wichtiges in bezug auf unsere Betrachtungsweise der Welt. Wenn man diese Aussage eine »grammatische« Feststellung nennt, trennt man sie damit nicht von jeder Beziehung zur wirklichen Welt.[16]

Der Gläubige, der behauptet, Gottes Güte könne nicht unwirk-

16 Meine ursprüngliche Darstellung dieses Punkts habe ich infolge eines Gesprächs mit Michael Durrant erweitert.

sam sein, befindet sich nicht in der Lage, keine Aussagen verstehen zu können, in denen von einem »Versagen der Güte« die Rede ist. Die Kraft der Aussagen über Gottes unendliche Güte hängt sogar davon ab, daß man versteht, daß die Güte (wenn es sich um Menschen handelt) versagen kann und häufig tatsächlich versagt. Derartige Aussagen sind in hohem Maße eine Reaktion auf ein solches Verständnis: eine Reaktion, die ihrerseits einen Standpunkt ermöglicht, von dem aus das häufige Versagen der menschlichen Güte verstanden und anders behandelt werden kann, als es sonst möglich wäre. In ähnlicher Weise liegt die Kraft der Aussage, die Innenwinkel eines euklidischen Dreiecks seien notwendig zwei rechten Winkeln gleich, in der Weise, in der eine solche Aussage hineinspielt in unseren Umgang mit empirischen Dreiecken, bei denen festgestellt wird, daß ihre Innenwinkel zwei rechten Winkeln nicht gleich sind.
Die folgende Formulierung ist eine Adaptation eines Satzes auf Seite 82 von Durrants Buch, in dem ich die ursprünglichen Bezugnahmen auf Gott und seine Güte durch geometrische Ausdrücke ersetzt habe:

> Wenn es zur »Grammatik« der Innenwinkel des Dreiecks gehört oder aus dieser »Grammatik« folgt, daß es unmöglich ist, etwas könne einen Fall darstellen, in dem die Innenwinkel des Dreiecks zwei rechten Winkeln nicht gleich sind, dann muß aus dieser »Grammatik« auch folgen, daß es unmöglich ist, etwas sei ein Fall, in dem diese Innenwinkel zwei rechten Winkeln gleich sind, und wenn dies unmöglich ist, dann ist die Vorstellung, wonach die Innenwinkel des Dreiecks zwei rechten Winkeln gleich sind, ihrerseits unsinnig, denn der Sinn des Ausdrucks »zwei rechten Winkeln gleich sein« ist abhängig vom Sinn des Ausdrucks »zwei rechten Winkeln nicht gleich sein«; diese beiden sind korrelativ.

Soweit ich sehen kann, hat Durrant keinen Grund zur Annahme genannt, daß seine Argumentation, sofern sie gegen die grammatische Deutung von »Gott ist unendlich gut« gilt, nicht ebenso gültig ist, wenn man sie gegen eine solche Deutung der Aussage »Die Innenwinkel des Dreiecks sind zwei rechten Winkeln gleich« einsetzt. Freilich, es könnte sein, daß er eine solche

Deutung der Geometrie ebenfalls würde ablehnen wollen – und ich kann sie an dieser Stelle nicht verteidigen. Doch was auf den ersten Blick klar zu sein scheint, ist, daß seine eigene Argumentationsweise ihn mit der gewaltigen Aufgabe konfrontieren wird nachzuweisen, daß der Vorstellung, die Innenwinkel des euklidischen Dreiecks könnten zwei rechten Winkeln nicht gleich sein, tatsächlich Sinn verliehen werden kann.

III

Wie bereits angemerkt, beschreibt die Geometrie zwar nicht die Eigenschaften empirischer Gebilde, doch sie wird bei solchen Beschreibungen tatsächlich angewendet und ermöglicht diesbezügliche Denk- und Verfahrensweisen (z. B. des Messens), die sonst nicht möglich wären. Dies ist ihre »Beziehung zur Wirklichkeit«, die eben nicht darin liegt, daß sie eine Beschreibung eines anderen »Realitätsbereichs« abgibt, der verschieden ist von dem Bereich, dem empirische Gebilde angehören. (Dieser Ausdruck »Realitätsbereich« ist heikel, und ich werde später auf ihn zurückkommen.) Ebenso, möchte ich sagen, gehören die religiösen Verwendungen der Sprache nicht zu einer »Realitätsordnung«, die verschieden ist von dem irdischen Leben, das wir kennen. (Vergleiche das in Abschnitt II angeführte Zitat von Simone Weil.) Diese Sprachverwendungen finden jedoch wirklich Anwendung in dem, was religiöse Menschen im Laufe ihres irdischen Lebens sagen und tun; und hier ist auch ihre »Beziehung zur Wirklichkeit« zu suchen.
Weiter oben habe ich über Michelangelos Darstellung der Erschaffung Adams gesprochen und gesagt, dort werden Gottes Macht und Liebe zu einem einzigen Ganzen verknüpft: Hier *ist* Gottes Macht zugleich seine Liebe. Und ebenso verhält es sich mit Adams Abhängigkeit von seinem Schöpfer und seiner Liebe zu ihm. In Platons *Symposion* meint Agathon: »Was immer die Liebe erleiden mag, es kann nicht durch Gewalt geschehen, die sie ja nicht einmal berühren kann; sie braucht auch nicht durch Gewalt ans Werk zu gehen, denn die Welt verlangt keinen Zwang, sondern ist froh, ihr zu dienen.« Das Vorbild für Gottes Macht in Michelangelos Darstellung (die einem wichtigen Zug des christli-

chen – und nicht nur des christlichen – religiösen Glaubens entspricht und diesen Glauben bereichert) ist die Liebe, die das menschliche Herz durch *Zustimmung* ergreift. Was sie bei denen, die ein Gefühl dafür haben, hervorruft, ist nicht bloß äußere Einwilligung, sondern freudig bereite Einwilligung.

Es kommt manchmal vor, daß wir, ohne ausdrücklich auf religiöse Vorstellungen Bezug zu nehmen, von den Grenzen jener Art von Macht sprechen, die ihre Wirkung durch Gewaltanwendung ausübt. So sagen wir vielleicht, der Mensch habe etwas an sich, was die Gewalt nicht zu erreichen vermag. Wenn wir uns so ausdrücken, machen wir eine Bemerkung der Art, die Wittgenstein vielleicht als »grammatische« bezeichnet hätte. *Zustimmung* (und insbesondere liebende Zustimmung) muß *gegeben* werden. Wenn es so scheint, als sei sie durch Gewalt eingefordert worden, handelt es sich um eine Täuschung; was derart eingefordert wird, ist etwas anderes.

Ein Testfall für die Anwendung dieser grammatischen Feststellung könnte die Lage sein, in der sich Winston Smith am Schluß von George Orwells *1984* befindet, wo der letztliche Triumph der Partei durch die Worte ausgedrückt wird, daß Winston nun den Großen Bruder »liebe«. Und dies wird natürlich als der äußerste Frevel hingestellt, gleichsam als Vergewaltigung dessen, wessen Vergewaltigung wir am wenigsten für möglich gehalten hatten. Es mag sein, daß die Menschen auf diesen Teil der Geschichte unterschiedlich reagieren, und diese Unterschiede entsprechen vielleicht der Anerkennung oder Ablehnung der Grammatik von »Liebe« und »Zustimmung«, die durch meine Bemerkungen im vorigen Absatz nahegelegt wird. Über die Frage, wer im Falle einer solchen Meinungsverschiedenheit »recht« hätte, äußere ich keine Meinung. Ich bin mir nicht sicher, ob es überhaupt eine Antwort auf eine derartige Frage gibt, obwohl sie – wie etwa die Werke von Simone Weil neben denen vieler anderer Autoren bezeugen – gewiß Anlaß geben kann zu eingehenden Untersuchungen des »Wesens der menschlichen Situation«. Dies ist charakteristisch für die tiefschürfende Art grammatischer Fragen, also für die Art, an der den Philosophen gelegen ist.

Es ist möglich, so zu sprechen, wie Orwell in seiner Verzweiflung zu sprechen scheint. Es ist aber auch möglich, unsere begriffliche

Grenze aufrechtzuerhalten (was nicht heißt, daß das leicht ist). Vielleicht wollen wir sagen, daß Winstons Zustimmung keine »wahre« Zustimmung ist. Und es gibt vermutlich nur wenige, die sagen wollen würden – oder denen es nicht zumindest gegen den Strich ginge zu sagen –, daß das, was Winston für den Großen Bruder empfindet, echte Liebe ist. »*Dergleichen* ist keine Liebe«, wollen wir da einwenden, und vielleicht fügen wir dem noch hinzu, daß sich der Große Bruder täuscht, wenn er meint, durch seine Macht sei er schließlich sogar imstande, diese begriffliche Schranke zu durchbrechen.

Wenn man denkt: »Gott ist die Liebe«, und wenn man sich ihn zur selben Zeit als »allmächtig« vorstellt, heißt das nicht, daß man – wie beim Gedanken an einen gütigen menschlichen Despoten – den Gedanken eines Liebenden und den eines zugleich Mächtigen *zusammenfügt* und die Eigenschaften der Liebe und der Macht sodann zur n-ten Potenz erhebt (wobei n = unendlich). So verhält es sich nicht, wie ja auch die (geometrische) Vorstellung der vollkommenen Kugel nicht das gleiche ist wie der Gedanke an derart vollkommen präzis gefertigte Kugellager, daß in unserem Gedanken an ihre Kugelförmigkeit gar keine Fehlerspanne vorausgesetzt ist. In keinem dieser beiden Fälle wüßten wir, was das bedeuten könnte. Indem wir in der faktisch praktizierten Art und Weise von Gottes Macht und Liebe sprechen, vollziehen wir einen begrifflichen oder grammatischen Schritt, wie wir auch einen begrifflichen oder grammatischen Schritt tun, wenn wir in einem System wie dem der euklidischen Geometrie mit dem Gedanken der Kugelförmigkeit umgehen (den wir usprünglich allerdings vielleicht in Verbindung mit unserer Wahrnehmung von Dingen wie Kugellagern gebildet haben). Diese Schritte werden sich auch auf unsere Äußerungen und unsere Handlungen im Zusammenhang mit der Macht der Menschen oder der Kugelförmigkeit von Kugellagern auswirken, doch sie sind keine bloßen Extrapolationen aus diesen Fällen. Die Art und Weise, in der hier Begriffe wie Unendlichkeit und Vollkommenheit ins Spiel gebracht werden, macht die Vorstellung einer bloßen Extrapolation unverständlich.

Ich kann hier nicht mehr geben als ein skizzenhaftes Anschauungsbeispiel für die Art der Rückwirkung, die die von Gott prädizierte begriffliche Verschmelzung von Liebe und Macht auf

das haben kann, was wir im Laufe unseres Lebens sagen und tun. Die Auffassung von Gott als allmächtigem und allgütigem Wesen bringt die Vorstellung mit sich, daß wir ihm absoluten Gehorsam schulden: »absolut« nicht bloß im Hinblick auf äußerliche Willfährigkeit, sondern – was viel wichtiger ist – im Hinblick auf den Geist, in dem man gehorcht, das heißt mit gegenseitiger Liebe, wie sie auf dem Gesicht von Michelangelos Adam zum Ausdruck kommt. Wenn wir es mit einem gütigen Despoten zu tun haben – den wir den Herzog von Omnium nennen wollen –, können wir Fragen wie die folgenden aufwerfen: »Ist er wirklich so mächtig, wie wir es uns vorstellen?« »Ist er so gütig, wie wir meinen?« In Zusammenhang damit können wir auch die weitere Frage stellen, ob wir ihm wirklich derart absoluten Gehorsam schuldig sind. Vielleicht ist er nicht so gütig, wie wir gemeint haben, und er verlangt Handlungen von uns, zu deren Vollzug wir nicht berechtigt sind; oder vielleicht besteht, obwohl er sehr mächtig ist, die Möglichkeit, daß er mitunter außerstande ist, Akte des Ungehorsams zu ermitteln oder zu bestrafen. Derartige Zweifel werden von Belang sein für unsere Entscheidung, ob wir ihm gehorchen oder nicht. Auch in diesem Fall kann es durchaus sein, daß die Zweifel in bezug auf die Macht oder die Güte des Herzogs ganz unabhängig voneinander sind.
Ganz anders verhält es sich dagegen mit Gott, denn er *ist* die Liebe, und hier lassen sich Liebe und Macht nicht auseinanderhalten. Wir können nicht fragen, ob Gottes Liebe nicht mitunter versagt. (Wie ist es denn möglich, daß die Liebesmacht der Liebe versagt?) Oder falls wir uns doch gezwungen sehen, eine in solchen Begriffen formulierbare Frage zu stellen, wird es nicht die gleiche Art von Frage sein, wie wir sie im Hinblick auf den Herzog von Omnium aufwerfen, sondern wir werden uns fragen, ob wir überhaupt weiterhin imstande sind, in derartigen Begriffen zu denken. Und ein Gläubiger, der sich niemals einem solchen Zweifel hat stellen müssen, könnte meines Erachtens nur einen recht seichten Glauben haben, oder er müßte ein *äußerst* behütetes Leben führen. Aufgrund der Art und Weise, in der Macht und Liebe im Falle Gottes begrifflich verknüpft sind, können wir auch nicht fragen, ob unsere ungehorsamen Handlungen gelegentlich seiner Aufmerksamkeit entgehen oder ob es immer zutrifft, daß die Rache sein ist und daß er vergelten wird.

Das liegt daran, das wir, sofern wir überhaupt in diesen Begriffen denken, uns selbst und unser Leben im Verhältnis zu einer bestimmten Auffassung der Macht der Liebe beurteilen. (Hier berühre ich Probleme, die in meiner Abhandlung »Ethischer Lohn und Strafe«[17] in mancher Hinsicht ausführlicher besprochen werden.) Wieder gilt: Sofern wir uns verlockt oder gezwungen sehen, in diesen Worten formulierte Fragen zu stellen, wird es sich nicht um die gleichen Fragen handelt, die wir mit Bezug auf den Herzog von Omnium stellen wollen, sondern Fragen darüber, ob wir uns überhaupt dazu imstande sehen, auch weiterhin in solchen Begriffen zu denken.

Wie sind diese Denkweisen auf irdische Situationen anzuwenden? Wenn wir glauben, nur der absoluten Liebe sei man absoluten Gehorsam schuldig, werden wir über einen Maßstab verfügen, mit dessen Hilfe wir beurteilen können, in welchem Maße wir irdischen Autoritäten Gehorsam schulden. (Damit will ich keineswegs andeuten, dies sei der *einzige* Ursprung, auf den ein solcher Maßstab zurückginge, doch im Hinblick auf sonstige Aspekte unseres Lebens wird ein solcher Maßstab mit unserem Denken und Handeln in anderer Weise zusammenhängen als Maßstäbe, die die Vorstellung eines solchen Gottes nicht einschließen.) Wir können z. B. sagen: »Ich schulde dem Willen des Herzogs von Omnium nur insoweit Gehorsam, als es Gottes Wille ist, daß ich ihm gehorche«, und dies ist eine von mehreren Möglichkeiten, den Willen des Herzogs von Omnium an einem höheren Maßstab zu messen.

Doch der Begriff des Gehorsams gegenüber dem Willen Gottes geht weit über Fragen hinaus, die sich auf die Einstellung beziehen, die man gegenüber dem Willen irdischer Autoritäten annehmen sollte. (Außerdem *verbindet* dieser Begriff solche Fragen in charakteristischer Weise mit den darüber hinausgehenden Problemen.) Religiöse Menschen werden vom »Gehorsam gegenüber Gottes Willen« reden, wenn die Frage, ob man weltlichen Autoritäten gehorchen soll oder nicht, gar nicht zur Debatte steht. Wenn man in solcher Weise denkt, geht man von einem Standpunkt an moralische Fragen heran, der völlig verschieden ist von dem, der z. B. in einer utilitaristischen Einstel-

17 »Ethical Reward and Punishment«, *Ethics and Action*, S. 210 ff.

lung zum Ausdruck kommt, bei der Handlungen am Maßstab dessen beurteilt werden, was der Handelnde erreicht oder zumindest zu erreichen beabsichtigt. Wo eine Handlung dagegen den Charakter des »Gehorsams« hat, ist die Sorge um das Gute vom Willen des Befehlenden abhängig, und nicht vom Willen des Gehorchenden. Und während dies wie eine keineswegs einwandfreie Abdankung der moralischen Verantwortung klänge, wenn es um den Willen einer weltlichen Autorität ginge, ist die Sache nicht so offensichtlich, wenn es sich um Gehorsam gegenüber der Liebe selbst handelt. Der Sinn einer solchen Einstellung zu moralischen Fragen liegt in ihrer Verbindung mit sehr vielen verschiedenen Aspekten der menschlichen Existenz. So wird man z. B. häufig nicht imstande sein zu wissen, ob man die Kraft hat oder ob die Umstände hinreichend günstig sind, um seine Handlung derart durchzuführen, daß man das angestrebte Gute erreicht. Und es läßt sich immerhin behaupten, daß man *nie* imstande sein wird, mit Sicherheit zu wissen, ob das Ergebnis der eigenen Handlung im erhofften Sinne gut ist, oder zu wissen, ob dieses Gute, selbst wenn es erreicht worden ist, nicht durch andere künftige Umstände aufgewogen wird, die man nicht vorherzusehen oder zu beurteilen in der Lage ist. Derartige Überlegungen kennt man aus der Kritik der utilitaristischen Moralauffassung. Das Ausschlaggebende einer Handlung, welche den Charakter des »Gehorsams« hat, ist, daß man sie so auffassen kann, als bewahre sie dennoch ihren Sinn und ihren Wert.

Betrachten wir ein Musterbeispiel aus der Literatur über den Utilitarismus: Jemandem droht ein schrecklicher Tod, den zu verhindern in meiner Macht steht. Ich weiß vielleicht, daß der Betreffende ein böser Mensch ist, dessen Weiterleben mit sehr viel höherer Wahrscheinlichkeit zu mehr Übel in der Welt führt als sein Tod, sei er auch noch so furchtbar. (Allerdings fragt es sich, inwieweit ein Mensch derartige Dinge zu beurteilen vermag.) Vielleicht habe ich jedoch das Gefühl, daß ich nicht imstande bin – daß es mir nicht möglich ist –, ihn einfach seinem Schicksal zu überlassen. Und wenn ich ein religiöser Mensch bin, kann sich diese Unmöglichkeit in der Form darstellen, es sei Gottes Wille, daß ich ihn rette. Demgegenüber, mag ich empfinden, ist das Abwägen der Wahrscheinlichkeiten des Guten und des Bösen, die in den mir freistehenden Alternativen enthalten sind, belanglos. »Sie liegen in Gottes Hand.«

Ich behaupte natürlich nicht, daß sich gegen eine solche Denkweise keine Einwände vorbringen lassen und daß die Argumente alle für den Gläubigen und – in diesem Fall – gegen den Utilitaristen sprechen. Ich befürworte die Einstellung des Gläubigen nicht, sondern ich versuche zu verstehen, was für eine Einstellung das ist. Und dabei geht es mir darum, geltend zu machen, daß die »Notwendigkeit«, mit der Begriffe wie unendliche Macht und Güte von Gott prädiziert werden, in der Erörterung von Fragen wie der eben genannten liegt, bei der es um die *Anwendung* solcher Begriffe geht. Wir müssen einsehen, welchen Sinn es hat, solche Prädikationen als notwendig zu betrachten, und das ist nicht möglich, indem man sie in die vorgefertigten Rubriken der Logiker zu zwängen versucht, sondern nur, indem man erkennt, wie ihre Anwendung aussieht.

Abschließend komme ich, wie vorhin versprochen, auf den Begriff der »verschiedenen Realitätsbereiche« zurück. Ich habe durchweg argumentiert: Wenn wir verstehen wollen, in welcher Weise ein Ideensystem mit der Wirklichkeit zusammenhängt, gehen wir am besten so vor, daß wir die wirkliche Anwendung dieser Ideen im Leben untersuchen, anstatt unsere Aufmerksamkeit sozusagen auf das zu heften, was das eigentümliche Wesen der »Entitäten, auf die sie sich beziehen«, ausmacht. Philosophen, die sich entweder für oder gegen den Begriff der »verschiedenen Realitäten« aussprechen, erwecken oft den Eindruck, sie faßten die Sache so auf, als redeten sie über die Unterschiede zwischen verschiedenen Planeten. Doch wenn Aussagen über »verschiedene Realitäten« *in philosophischen Erörterungen* ins Spiel gebracht werden, geht es fast immer um eine Problematik, die die Unterschiede in der Grammatik und die Unterschiede in der Anwendung verschiedener Redeweisen beinhaltet. Und wenn wir diese Problematik so behandeln, als ginge es dabei um die Unterschiede im Wesen der bezeichneten Dinge oder in ihren Eigenschaften, geraten wir nur in Verwirrung.

Eben habe ich die Formulierung »in philosophischen Erörterungen« hervorgehoben. Mein Grund dafür war der, daß der religiös gläubige Mensch, wie mir scheint, Ausdrücke wie »eine andere Realität«, »eine höhere Ordnung« durchaus als etwas zum Ausdruck seines Glaubens Gehöriges verwenden kann, ohne in Verwirrung zu geraten. Ebenso kommt vermutlich keine Verwirrung ins Spiel, wenn jemand, der etwa nicht verstehen kann, welche Einstellung eine von ihm geliebte Frau zu ihm hat, sagt: »Ich frage mich, was in ihrem Kopf vor sich geht«, während jemand, der sich beim Philosophieren über das Wesen des Denkens so ausdrückt, als sei das Denken »etwas, was im Kopf – oder sonstwo – vor sich geht«, tatsächlich konfus ist. Für den Philosophen besteht das Problem in allen solchen Fällen darin, die Grammatik – die richtige Anwendung – solcher Ausdrücke im Rahmen des Aussagenbereichs, zu dem sie gehören, zu verstehen.

Es gibt Merkmale des religiösen Glaubens und der religiösen Praxis, aufgrund deren es, wie mir scheint, ganz natürlich und keineswegs anstößig wirkt, daß die Gläubigen – worunter ich nicht nur überzeugte Christen verstehe – einen Gebrauch für Ausdrücke wie »nicht von dieser Welt« finden. Dies hängt zusammen mit meinen früheren Ausführungen über die Wichtigkeit religiöser Gebräuche für unser Verständnis dessen, was religiöser Glauben ist. Ein Merkmal solcher Gebräuche besteht darin, daß sie charakteristischerweise ein Verhalten einschließen, das sie von alltäglichen, praktischen Verhaltensweisen *absetzt*. Meine Erörterung hat es hoffentlich deutlich gemacht, daß ich damit überhaupt nicht meine, daß solche rituellen Gebräuche (und die »Überzeugungen«, die vielleicht mit ihnen verknüpft sind) in *keinem Zusammenhang stehen* mit dem, was diejenigen, die den Glauben praktizieren, zu anderen Zeitpunkten im Laufe ihres Lebens tun und sagen. Im Gegenteil, wäre dies der Fall, wäre ich anzunehmen geneigt, daß die Riten nur unter äußerst großen Schwierigkeiten als etwas interpretiert werden könnten, dem religiöse Bedeutsamkeit zukommt. Dennoch meine ich, daß solche Riten tatsächlich den Sinn haben, einen Gegensatz zur Ordnung (oder zum Fehlen der Ordnung) im Leben der Menschen auszudrücken. Außerdem glaube ich, daß dies mit der Art und Weise zusammenhängt, in der sich in religiösen Kontexten verwendete Ausdrücke hinsichtlich Grammatik und Anwendung maßgeblich von denselben oder ähnlichen Ausdrücken unterscheiden, die in Kontexten gebraucht werden, in denen der religiöse Glauben nicht ausdrücklich betont wird. Es hängt mit der Art und Weise zusammen, in der Ausdrücke, die mit religiösem Akzent verwendet werden, dazu dienen können, einen Maßstab zu artikulieren, von dessen Standpunkt das Wirrsal und das Elend, die das menschliche Leben in seinen fundamentalen Aspekten so vielfach charakterisieren, beurteilt und verwunden werden können. Allerdings habe ich weder genügend Platz noch Einsicht, um zu sagen, was für eine Art von »Verwinden« das ist.[18]

18 Sehr dankbar bin ich Stuart Brown für seine Anmerkungen zur ursprünglichen Fassung dieser Abhandlung. Diese Anmerkungen haben mir geholfen, das, was ich sagen wollte, weit besser auszudrücken.

9
Darwin, Genesis und Widersprüchlichkeit

Eine wohlwollende Lektüre dessen, was Wittgenstein bei der Auseinandersetzung mit spezifischen philosophischen Problemstellungen über »Sprachspiele« sagt, kann dazu beitragen, daß sich eine Menge Nebel lichtet. Oft geraten wir dadurch in Schwierigkeiten, daß wir annehmen, einige unserer besonders tief verwurzelten Ausdrucks- und Denkweisen – z. B. in bezug auf die Gedanken und Gefühle von anderen oder von uns selbst, über Absicht, Erwartung, Erinnerung, Meinen und Verstehen – bedürften einer Art von Rechtfertigung, die, wie wir beim Nachdenken erkennen, unmöglich geliefert werden kann. Wittgensteins häufig wiederholte Bemerkung »Dieses Sprachspiel wird gespielt« durchhaut den gordischen Knoten, indem sie uns überzeugt, daß die Quelle unserer Schwierigkeiten weiter im Hintergrund liegt, als wir es uns vorgestellt hatten: in Verwirrungen, die schon in der Fragestellung selbst stecken, die dann die Schwierigkeiten hervorgerufen hat.

In der Philosophie aber stellen wir immer wieder fest, daß wir die eine Gruppe von Rätseln nur dadurch loswerden, daß wir uns in eine andere verstricken, die genauso hartnäckig ist wie die vorige und eine große Familienähnlichkeit mit dieser aufweist. Das gilt auch hier. Die Tätigkeiten – die Gewebe menschlicher Beziehungen und die mit ihnen einhergehenden Ausdrucksweisen –, welche Wittgenstein als »Sprachspiele« bezeichnet, sind nicht voneinander abgetrennt. Sie sind unordentlich miteinander verheddert, sie beeinflussen einander und darüber hinaus scheinen sie mitunter sogar in Konflikt miteinander zu geraten. Wittgenstein nennt viele Beispiele. Ein frappierendes findet sich im Abschnitt 239 von *Über Gewißheit*, wo er sich darauf bezieht, daß die Katholiken an die unbefleckte Empfängnis und an die Verwandlung von Wein in Blut beim Abendmahl glauben und somit Überzeugungen vertreten, die dem zu widersprechen scheinen, was normalerweise nicht nur von Nichtkatholiken, sondern in anderen Zusammenhängen auch von den Katholiken selbst als nachweisbar akzeptiert wird. Wenn wir angesichts solcher Beispiele schlicht sagen: »Dieses Sprachspiel wird gespielt«, fragt es sich, ob wir nicht unsere oberste philosophische Verantwortung preisgeben, nämlich die Verantwortung des Strebens nach Klarheit und Widerspruchsfreiheit. Machen wir damit nicht dem Irrationalismus Zugeständnisse? Diese Ansicht ist von vielen vertreten worden. Wenn zwei Überzeugungen einander widersprechen, können nicht beide recht haben. Sollten wir da nicht untersuchen, welche von beiden – wenn überhaupt eine – tatsächlich recht hat? – Doch dann stehen wir wieder der Frage gegenüber, die wir verscheucht zu haben glaubten, nämlich der Frage, wie es mit der *Rechtfertigung* unserer Sprachspiele steht.

Doch ehe wir uns wieder vom Nebel einhüllen lassen, wollen wir uns Klarheit zu verschaffen versuchen darüber, ob es bei der Frage, die wir vor uns haben, wirklich um zwei Überzeugungen geht, die einander in einem Sinne »widersprechen«, der uns auf die Behauptung festlegt, eine von ihnen müsse »falsch« sein.

Es ist äußert wichtig zu bedenken, daß Wittgensteins Gebrauch des Ausdrucks »Sprachspiel« unsere Aufmerksamkeit nicht so sehr auf Vorstellungssysteme, sondern auf Systeme von *Handlungen* lenken soll. Sein Sprachgebrauch ist z. B. nicht mit dem zu verwechseln, was die Logiker manchmal ein »universe of discourse« nennen.[1] Wir sollen dabei an Menschen denken, die in ihrem Handeln systematisch auf reale Situationen reagieren. Dies ist wichtig, damit wir begreifen können, was er über den »Widerspruch« sagen will. In einem Gespräch mit Friedrich Waismann betont Wittgenstein, die Vorstellung von einem »*versteckten*« Widerspruch sei konfus. »Ein Widerspruch ist nur dann ein Widerspruch, *wenn er da ist*«, sagt er. Wir sollen ihn uns nicht wie einen im Organismus verborgenen Krankheitskeim vorstellen: »Man ahnt nichts, und eines Tages ist man tot.« Dabei hat Wittgenstein die weitverbreitete Idee im Sinn, Russells Antinomie habe gezeigt, daß in den sogenannten logischen Grundlagen der Mathematik versteckte Widersprüche stecken, weshalb die Gefahr bestünde, daß sich mathematisches Schließen als ungültig erweisen könne.

Betrachten wir die folgende Bemerkung aus Wittgensteins 1939

1 Vergleiche das oben auf S. 171 angeführte Zitat von Michael Durrant.

gehaltenen *Vorlesungen über die Grundlagen der Mathematik*, die das mit der Russellschen Antinomie eng verwandte »Lügnerparadox« betrifft:

> Wie werden wir vom Gesetz vom ausgeschlossenen Widerspruch überzeugt? – Es geht so: Wir lernen eine bestimmte Praktik, eine Sprachtechnik, und dann neigen wir alle dazu, diese Form, auf die wir nicht natürlich zu reagieren wissen, zu beseitigen, es sei denn, man gibt uns eine neue Erklärung von ihr.
>
> Eine seltsame Konsequenz, die sich daraus ergibt, ist die: daß Widersprüche uns Rätsel aufgeben. Denken wir etwa an das Beispiel des Lügners. In gewisser Weise ist es sehr merkwürdig, daß sich jemals einer den Kopf darüber zerbrochen hat. Es ist viel ungewöhnlicher, als man vielleicht glaubt, daß sich die Menschen über so etwas bekümmern, denn die Sache funktioniert so: Wenn jemand sagt »Ich lüge«, so erwidern wir, daraus folge, daß er nicht lügt, woraus folgt, daß er wohl lügt, und so fort. Na und? Man kann auf diese Weise fortfahren, bis man schwarz wird. Und warum auch nicht? Es macht doch nichts.[2]

Nun möchte ich Wittgensteins Gedanken wie folgt weiterentwickeln. Angenommen, jemand würde sagen, der im Lügnerparadox enthaltene Widerspruch sei von Anfang an in dem Verb »lügen« verborgen gewesen, so daß wir – vielleicht, ohne es zu merken – ein Verb benutzt haben, das in Wirklichkeit inkohärent ist, womit all unser Reden über das Lügen irgendwie »ungültig« werde. Dies wäre offensichtlich absurd. Geschehen ist tatsächlich dies, daß wir eine neue Anwendung des Wortes »lügen« ausfindig gemacht haben, die zwar so ähnlich wirkt wie andere vertraute Verwendungsweisen, mit der wir jedoch nichts anzufangen wissen. Damit wird den bisherigen Anwendungen aber nicht die Grundlage entzogen. Wir brauchen nichts weiter zu tun, als die Äußerung »Ich lüge« zu *vermeiden*, außer vielleicht bei Gesellschaftsspielen und dann, wenn man jemanden in Verwirrung stürzen will.

2 Wittgenstein, *Vorlesungen über die Grundlagen der Mathematik: Cambridge, 1939*, Hg. C. Diamond, Übers. J. Schulte, Frankfurt am Main: Suhrkamp, 1978, S. 249f.

Gegen einen Widerspruch läßt sich deshalb etwas einwenden, weil wir nicht wissen, was wir damit *anstellen* sollen und wie wir fortfahren sollen. Wenn wir feststellen, daß wir durch eine bestimmte Ausdrucksweise in eine Situation gebracht werden, in der wir nicht wissen, wie wir fortfahren sollen, können wir entweder diese Ausdrucksweise schlicht vermeiden oder – falls wir aus irgendeinem Grund an ihr hängen (und es kann sein, daß wir *wichtige* Gründe dafür haben, an einer Ausdrucksweise zu hängen) – können wir nach einer Reaktionsweise auf diese Situation suchen, die uns natürlich vorkommt und die dazu beiträgt, uns weiterzubringen.

Diese Gedanken möchte ich nun auf Probleme anwenden, die die Menschen beim Nebeneinanderstellen der Schöpfungsgeschichte der Genesis und der Evolutionstheorie Darwins empfunden haben. Nach meiner Auffassung dieser Probleme ergeben sie sich aus dem nicht reibungslosen Zusammentreffen zweier Sprachspiele. Das heißt, ich möchte über die augenscheinlichen Widersprüche in bestimmten Formulierungen der beiden Darstellungen des Ursprungs der Lebewesen hinausschauen und die Systeme von Gebräuchen und Einstellungen in den Blick bekommen, zu denen diese Darstellungen gehören. Vielleicht wird das Wesen des Gegensatzes von diesem Standpunkt deutlicher sichtbar.

In der Genesis wird berichtet, wie Gott Himmel und Erde und alle Lebewesen in sechs Tagen erschaffen hat. Diese Geschichte gehört zu den Grundlagen des jüdisch-christlichen religiösen Glaubens. Im neunzehnten Jahrhundert veröffentlichte Darwin dann sein Buch *Über die Entstehung der Arten*, in dem er zu zeigen behauptet, daß sich die lebenden Organismen in einem ungemein langen Zeitraum der Evolution entwickeln, deren Mechanismus eine Verbindung von Zufallsvariationen im Bereich der erblichen Merkmale und des »Überlebens der Geeignetsten« sei. Bei diesem Vorgang seien einige Arten ausgestorben, während ganz neue allmählich entstanden seien.

Das Nebeneinander dieser beiden Darstellungen beunruhigte viele Gläubige, die einen Konflikt zwischen ihnen sahen. Verschiedene Personen haben sich in verschiedener Weise mit diesem Konflikt auseinandergesetzt. Manche glaubten einen unmittelbaren Widerspruch zwischen den beiden Darstellungen zu erkennen und meinten nicht umhin zu können, die eine oder die andere fallenzulassen. Für manche von diesen wiederum war dies ein Faktor, der zum Verlust des religiösen Glaubens beitrug, während andere Darwins Darstellung der Evolution als blasphemisch ablehnten und – manchmal mit Erfolg – versuchten, diese Darstellung aus dem Schulunterricht zu verbannen. Wieder andere leugneten, daß es hier einen wirklichen Widerspruch gebe, und sie lieferten Erklärungen der Genesis, die diese als mit der Evolutionstheorie verträglich hinstellten.

An diesem Punkt möchte ich *nicht* die womöglich natürlich erscheinende Frage aufwerfen, welches denn die »richtige« Reaktion gewesen wäre. Dies geschieht, wie ich hoffe, nicht aus Drückebergerei, sondern weil womöglich schon das bloße Stellen einer solchen Frage ein Symptom der Verwirrung ist. Die Vorstellung, die hinter dieser Frage steht, ist in etwa folgende: Die Menschen interessieren sich für ihren eigenen Ursprung und den der Welt, in der sie leben. Die Schöpfungsgeschichte war ein Ausdruck dieses Interesses und zugleich ein Versuch, es zu stillen. Die Entwicklung der Naturwissenschaft ist – wie man meinen könnte – ein anderer Ausdruck genau desselben Interesses. Der Darwinismus ist ein Ergebnis dieser Entwicklung und stellt eine andere und konkurrierende Antwort dar auf die in der Genesis aufgeworfenen Fragen.

Bei dieser Denkweise wird angenommen, daß das Gedankensystem, das mit der Anerkennung der Schöpfungsgeschichte einherging, irgendwie in seinem Inneren verborgen eine bestimmte Beziehung enthielt zu einem bislang noch gar nicht formulierten Darwinismus. Dies ist ein Beispiel der von Wittgenstein so genannten Versuchung, sich eine Möglichkeit als eine Art »schattenhafter Wirklichkeit« vorzustellen, die irgendwie »da« ist, ehe sie sich zeigt. Doch es verhält sich so, wie Wittgenstein im Gespräch mit Waismann sagt: »Ein Widerspruch ist nur dann ein Widerspruch, *wenn er da ist.*« Außerdem gilt, wie er in der *Philosophischen Grammatik* schreibt: »Einen verborgenen Zusammenhang gibt es in der Logik nicht.«[3]

Wie sollen wir diese Bemerkungen im vorliegenden Kontext anwenden?

3 Wittgenstein, *Philosophische Grammatik*, Teil II, I.1, S. 244.

Zunächst möchte ich sagen, daß unser Verständnis einer Formulierung wie »eine Darstellung der Entstehung der Dinge« vom Kontext abhängt, in dem wir Gebrauch von ihr machen. Stellen wir uns jemanden vor, der im Sinne der Bibel erzogen wurde, ehe es zu den wissenschaftlichen Entwicklungen kam, die Darwin die Möglichkeit gaben, *seine* Fragen über die Entstehung der Arten zu stellen. Damit meine ich natürlich nicht nur, daß er mit dem *Text* der Bibel vertraut gemacht wurde, sondern daß man ihm beigebracht hatte, diesen Text mit typisch religiösen Einstellungen und Gebräuchen wie Verehrung und Gebet in Verbindung zu bringen. Auf die Frage nach dem Ursprung der lebendigen Geschöpfe hätte ein solcher Mensch mit Hilfe von Begriffen geantwortet, die aus der Genesis stammten. Dies wären die Begriffe gewesen, in deren Sinne er die Frage aufgefaßt hätte, und diese Auffassung hätte z. B. in Zusammenhang gestanden mit der Verehrung des Schöpfers, vor dem keine Geheimnisse verborgen sind, und nicht mit beharrlichen Beobachtungen und wissenschaftlichen Überlegungen der Art, wie sie Darwin als Naturforscher an Bord des Expeditionsschiffs *Beagle* anstellte.
Andererseits setzte das, was Darwin und seine wissenschaftlich gesinnten Leser unter »einer Darstellung der Entstehung der Arten« verstanden, diese Methoden der wissenschaftlichen Forschung voraus. Es ist wichtig, dies zu bedenken. Die Vorstellung (die ich keineswegs als »falsch« hinstellen möchte), Darwin habe schlicht versucht, eine natürliche Ordnung zu beschreiben, die unabhängig von seiner oder sonst jemandes Auffassung von ihren Bestandteilen eben »vorhanden« ist, fasziniert uns vielleicht derart, daß wir vergessen, daß schon allein der Gedanke einer solchen »natürlichen Ordnung« von diesen *Praktiken* der Wissenschaft abhing, in deren Sinne man zu begreifen vermochte, daß Fragen in bezug darauf, was denn zu dieser Ordnung gehöre und was nicht, beantwortet werden könnten. Dies gehört mit zu dem, worauf Wittgenstein im Abschnitt 167 von *Über Gewißheit* hinauswill, wenn er feststellt, daß Lavoisier, wenn er die Ergebnisse eines Experiments in seinem Laboratorium beobachtet, nicht sagt, ein andermal könne es anders zugehen, sondern im Sinne eines bestimmten »Weltbilds« denkt, das er nicht erfunden, sondern als Kind gelernt hat. Damit soll natürlich nicht behauptet werden, Lavoisier mache keine echten

Entdeckungen von Tatsachen, die unabhängig von dem bestehen, was er denkt, sondern es ist eine Anmerkung dazu, was im Kontext solcher Untersuchungen als »Tatsache« gilt.

Die Unterschiede zwischen dem jeweiligen Hintergrund aus Gebräuchen und Überzeugungen, auf den sich die Schöpfungsgeschichte bzw. die *Entstehung der Arten* stützen, spiegeln sich in frappierenden Unterschieden der in diesen beiden Büchern verwendeten Ausdrucksweise. »Und der Geist Gottes schwebte auf dem Wasser.« Welchen Reim hätten sich Darwins wissenschaftlich gesinnte Leser darauf gemacht, wenn er dergleichen behauptet – oder, wie ich hervorheben möchte, *bestritten* – hätte? Die gleiche Frage können wir auch im Hinblick auf die Aussagen der Genesis stellen, wonach Gott seine Schöpfung »gut« fand und seine Geschöpfe »segnete«. Es ist nicht so, als würden diese Dinge durch Darwins Darstellung bestritten; eine derartige Leugnung wäre dort ebenso unangebracht wie die gegenteilige Behauptung. Es wäre so ähnlich, als wollte man fragen, ob ein Stück, das zu einem Puzzle der *Mona Lisa* gehört, an einer bestimmten Stelle in ein Puzzle von Picassos *Les Demoiselles d'Avignon* hineinpaßt oder nicht.

Hier möchte ich das, was ich sagen will, indem ich den Leser an alle diese Dinge erinnere, sehr sorgfältig formulieren. Ich möchte die Vorstellung *abschwächen*, wonach die in der Genesis gegebene Darstellung von Gottes Schöpfung der Lebewesen in zwei Tagen so gesehen werden *muß*, als kollidiere sie kopfüber mit Darwins Behauptung, komplexe Arten hätten sich allmählich in einer enorm langen Zeitspanne entwickelt. Das heißt, ich möchte geltend machen, daß dies nicht die *einzige* uns mögliche Betrachtungsweise der Situation ist. Wie ich angedeutet habe, liegt es nicht auf der Hand, daß wir eine einzige, eindeutige Vorstellung von »einer Darstellung des Ursprungs der Dinge« haben, so daß wir sagen können, daß die Genesis und Darwin zwei einander widersprechende Fassungen einer solchen Darstellung anbieten. Andererseits möchte ich weder behaupten, daß wir bloß mit gleichklingenden Worten spielen, wenn wir sagen, beides seien »Darstellungen des Ursprungs der Dinge«, noch daß die beiden Berichte überhaupt nichts miteinander zu tun haben. Was ich sagen möchte, ist, daß sie einander, von *einem* Standpunkt betrachtet, zu widersprechen scheinen, während sie einander, von einem *anderen* Standpunkt betrachtet, nicht zu widersprechen scheinen. Aber ich möchte nicht sagen, einer dieser beiden Standpunkte sei »*der* richtige«. Wir dürfen keinen von beiden aus dem Blick verlieren.

In den *Philosophischen Bemerkungen* schreibt Wittgenstein: »Sage mir, *wie* du suchst, und ich werde dir sagen, *was* du suchst.«[4] Insoweit wir die Genesis und *Die Entstehung der Arten* als Ergebnisse verschiedener Arten der Suche ansehen, werden wir die jeweiligen Gegenstände dieser Suchunternehmen als ebenso verschiedenartig ansehen. Damit werden die Kategorien, in deren Sinne wir die Beziehung zwischen den beiden Büchern erfassen, geändert, aber es wird natürlich keine Antwort auf die Frage gegeben, welches denn eigentlich die Beziehung zwischen ihnen sei.

Ich möchte nun sagen, daß es auf diese Frage keine allgemeingültige, definitive Antwort gibt. Es ist eine Frage, die der einzelne jeweils für sich beantworten muß, indem er sich überlegt, welche Bedeutung der religiösen Verehrung und der wissenschaftlichen Forschung in seinem Leben zukommen, und indem er darüber nachdenkt, ob er mit beiden leben kann und, wenn ja, wie.

Die Menschen sind in verschiedener Art und in verschiedenem Maße an die Tätigkeiten gebunden, die sie ausüben, sowie an die Traditionen und Institutionen, die ihr Leben beeinflussen. Dies gilt offensichtlich sowohl für die Religion als auch für die Wissenschaft. Der Wissenschaftler z. B. kann seine Arbeit als Möglichkeit ansehen, sich ein angenehmes Einkommen zu verschaffen, oder als Mittel seines ehrgeizigen Strebens nach Ansehen; sie kann ihn befriedigen, sofern ihn das Lösen von Rätseln fasziniert, und sie kann sein Erstaunen über die Herrlichkeit des Universums zum Ausdruck bringen. (Ein Hinweis auf die beiden zuletzt genannten Einstellungen findet sich in der Einleitung zur *Entstehung der Arten*, wenn Darwin sein Problem dort als »das Geheimnis aller Geheimnisse« kennzeichnet.) Natürlich sind mit den angeführten Möglichkeiten nicht schon alle genannt, und sie schließen einander für den jeweiligen Einzelmenschen auch nicht aus, obwohl ihr Nebeneinander womöglich innere Spannungen hervorruft. Wie jemand auf die Gegenüberstellung von Genesis

4 Wittgenstein, *Philosophische Bemerkungen*, III.27, S. 67.

und Darwin reagiert, das wird in sehr hohem Maße durch das Verhältnis beeinflußt, das er – im eben genannten Sinne – zur wissenschaftlichen Forschung hat, und natürlich auch durch sein Verhältnis zur religiösen Verehrung.

Die wissenschaftliche Forschung bringt, wie ich eben erwähnt habe, manchmal das Erstaunen des Menschen über die Welt zum Ausdruck; und das gleiche läßt sich auch von manchen Äußerungen religiöser Verehrung sagen – man denke z. B. an die Psalmen. In dem zuvor Gesagten habe ich die Verschiedenheit der wissenschaftlichen von den religiösen Einstellungen und Gebräuchen betont. Ich halte es allerdings nicht für Zufall, daß wir manchmal denselben Ausdruck – »Erstaunen« – auf beide anwenden können. Wir möchten vielleicht sagen, daß die beiden Gruppen von Einstellungen eine gemeinsame Tendenz ausdrücken können. Die verschiedenen Äußerungen dieser Tendenz haben sich weit auseinanderentwickelt, und gelegentlich kollidieren sie miteinander. Aber trotz des potentiellen Konflikts lassen die sichtbaren Ähnlichkeiten zwischen ihnen ihre gemeinsame Wurzel in einer Neigung erkennen, die in gewissem Sinne die Menschheit vereint. Ebenso können ihre Konflikte die Menschheit trennen – und auch einen Zwiespalt im einzelnen Menschen selbst hervorrufen. Doch was die Menschen besonders schmerzlich trennt, ist normalerweise nicht weit entfernt von dem, was sie eint. Warum sollten dies sonst *Konflikte* sein, und nicht bloß Unterschiede?

Es lohnt sich hier, über etwas nachzudenken, was Wittgenstein in seinem Vorwort zu den *Philosophischen Bemerkungen* von seinem eigenen Werk sagt. Dieses Buch wirkt zwar stilistisch und inhaltlich so weit entfernt von den Psalmen etwa, wie dergleichen überhaupt möglich ist, und dennoch vermag Wittgenstein zu schreiben: »Ich möchte sagen ›dieses Buch sei zur Ehre Gottes geschrieben‹, aber das wäre heute eine Schurkerei, d. h. es würde nicht richtig verstanden werden.«

Eine Untersuchung augenscheinlicher Widersprüche, wie sie etwa zwischen der Genesis und dem Darwinismus bestehen, kann, wie ich angedeutet habe, manchmal die Form einer Untersuchung bestimmter Arten von Konflikten *im eigenen Ich* annehmen, wobei es darauf ankommt, das Wesen der eigenen Bindungen zu klären. Wittgenstein führt uns in die Richtung dieser Auffassung der Sachlage, indem er die Rolle betont, welche unsere Sprache in unseren Gebräuchen spielt und in dem Leben, das wir führen. Dadurch stellt er sogleich eine Verbindung her zwischen der zeitgenössischen Philosophie und der Tradition, die durch Sokrates' Erwiderung auf den delphischen Spruch »Erkenne dich selbst!« exemplifiziert wird, und gibt dieser Tradition einen anregenden neuen Effekt. Die Äußerungen, zu denen sich jemand imstande bzw. außerstande sieht, die Schwierigkeit bzw. Leichtigkeit, mit der er verschiedenartige Gedanken zu verknüpfen vermag – dies sind wichtige Hinweise darauf, was für eine Art von Mensch er ist. Und indem er sich im eigenen Bewußtsein Klarheit darüber verschafft, was er akzeptieren kann und was nicht, macht er wichtige Entdeckungen über sich selbst: Entdeckungen, die vielleicht kaum zu unterscheiden sind von Entscheidungen darüber, was für eine Art von Mensch er sein will. Alle diese Probleme spielen in die Untersuchung der scheinbar tiefen Widersprüche im eigenen Denken hinein. Dabei handelt es sich nicht bloß um eine mechanische Übung, bei der die Arbeit in einem verborgenen Bereich von der Logik sozusagen schon geleistet worden ist und nur noch sichtbar gemacht zu werden braucht.

10

»Eine Einstellung zur Seele«

Im Mittelpunkt meiner Bemerkungen wird der Abschnitt IV des II. Teils der *Philosophischen Untersuchungen* stehen, dem auch die Formulierung des Titels entnommen ist. Der Leser möge mir gestatten, die Anfangsabsätze dieses Abschnitts zu zitieren:

> »Ich glaube, daß er leidet.« – *Glaube* ich auch, daß er kein Automat ist?
>
> Nur mit Widerstreben könnte ich das Wort in diesen beiden Zusammenhängen aussprechen.
>
> (Oder ist es *so*: ich glaube, daß er leidet; ich bin sicher, daß er kein Automat ist? Unsinn!)
>
> Denke, ich sage von einem Freunde: »Er ist kein Automat.« – Was wird hier mitgeteilt, und für wen wäre es eine Mitteilung? Für einen *Menschen*, der den Andern unter gewöhnlichen Umständen trifft? Was *könnte* es ihm mitteilen! (Doch höchstens, daß dieser sich immer wie ein Mensch, nicht manchmal wie eine Maschine benimmt.)
>
> »Ich glaube, daß er kein Automat ist« hat, so ohne weiteres, noch gar keinen Sinn.
>
> Meine Einstellung zu ihm ist eine Einstellung zur Seele. Ich habe nicht die *Meinung*, daß er eine Seele hat.

Für diejenigen, die eine philosophische Rubrik wollen, in der sie Wittgenstein fein säuberlich unterbringen können, steckt in diesen wenigen Sätzen eine ganze Menge Beunruhigendes. Diejenigen, die immer noch – trotz Wittgensteins eigener zahlreicher Hinweise auf die darin enthaltenen Fehler – den Verdacht hegen, Wittgenstein sei im Grunde seines Herzens Behaviourist, meinen womöglich, für ihre Auffassung spreche die Bemerkung, daß »Er ist kein Automat« einem nichts weiter mitteilen könne, als daß sich der andere immer wie ein Mensch benimmt. Doch dann wird Wittgensteins Gebrauch des Wortes »Seele« sie vielleicht zum Innehalten bewegen, wenn sie spüren, daß dieses Wort einen geradezu provozierend »dualistischen« Beigeschmack hat. Und damit keineswegs genug. Sowohl die Behaviouristen als auch die Dualisten sind zumindest der Ansicht: Wenn man den anderen als bewußtes Lebewesen ansieht, das Gedanken, Gefühle, Gemütsbewegungen, Hoffnungen, Absichten usw. hat, so heiße das, daß man in bezug auf ihn etwas Bestimmtes glaubt – allerdings gehen ihre diesbezüglichen Überzeugungen natürlich auseinander. Wittgenstein scheint diese Ansicht jedoch zu bestreiten. Er scheint zu sagen, daß es hier gar nicht darauf ankommt, etwas zu glauben oder eine Meinung zu haben, sondern darauf, daß man eine bestimmte Art von »Einstellung« zum anderen hat.

Der Gegensatz zwischen »Glauben« und »Einstellung« wird durch einen von C. L. Stevensons Arbeiten zur Ethik gründlich konditionierten Reflex eine weitere Speicheldrüse reizen. Meint Wittgenstein also, daß die Unterscheidung zwischen einem Automaten und einem Menschen mit Bewußtsein gar keine echte, objektive, faktenbezogene Unterscheidung ist, die in einem wirklichen Unterschied in der Natur der Dinge gründet? Hängt sie bloß von der Einstellung ab, die wir uns zu eigen machen? Dann ist das also alles willkürlich und subjektiv, und wir können den Unterschied *leugnen*, ohne fürchten zu müssen, daß wir etwas sagen, was zum Verhalten der Dinge in der Wirklichkeit in Widerspruch stünde!

Es wird uns helfen, zunächst eine weitere Stelle zu betrachten, an der Wittgenstein das Wort »Einstellung« in einem anderen, doch eng damit zusammenhängenden Kontext gebraucht:

> Ich sage jemandem, ich habe Schmerzen. Seine Einstellung zu mir wird nun die des Glaubens sein; des Unglaubens; des Mißtrauens; usw.
>
> Nehmen wir an, er sagt: »Es wird nicht so schlimm sein.« – Ist das nicht der Beweis dafür, daß er an etwas glaubt, das hinter der Schmerzäußerung steht? – Seine Einstellung ist ein Beweis seiner Einstellung. Denke dir nicht nur den Satz »Ich habe Schmerzen«,

sondern auch die Antwort »Es wird nicht so schlimm sein« durch Naturlaute und Gebärden ersetzt![1]

Während es Wittgenstein in dem vorigen Zitat aus II, IV um einen *Gegensatz* geht zwischen dem Glauben, daß jemand in einer bestimmten Situation Schmerzen hat, und dem Umstand, daß man anders auf ihn reagiert als auf einen Automaten, erörtert er hier im Abschnitt 310 des I. Teils tatsächlich den Glauben, der andere habe unter bestimmten Umständen Schmerzen. Und was er schreibt, muß jegliche Vorstellung ausräumen, wonach II, IV eine quasi technische Unterscheidung zwischen »Einstellung« und »Glauben« beinhalte, die der von C. L. Stevenson eingeführten ähnlich wäre. Hier ist er nämlich durchaus gewillt, Glauben und Unglauben selbst als »Einstellungen« zu kennzeichnen.

Nach meiner Auffassung geht es ihm darum, darauf zu dringen, daß wir uns, sofern wir uns im klaren sein wollen über das, worauf etwa der Glaube, jemand habe Schmerzen, hinausläuft, nicht durch den sprachlichen Ausdruck dieses Glaubens (»Er hat Schmerzen«) hypnotisieren lassen dürfen, sondern den ganzen Bereich des Verhaltens, des Benehmens, der Gesichtsausdrücke usw. betrachten sollten, in die solche sprachlichen Ausdrücke eingebettet sind und die sie fortsetzen, die den Wörtern ihren spezifischen Sinn verleihen und von denen einige die Wörter sogar häufig ersetzen können. Der Zweck einer solchen Untersuchung ist nicht der Nachweis, daß das, womit wir es hier zu tun haben, »eigentlich« gar kein Beispiel des Glaubens ist, sondern etwas anderes. Dies würde nämlich ganz irreführenderweise implizieren, daß wir im Hinblick auf das, was es heißt, etwas zu glauben, über ein sicheres Paradigma verfügen, das sich seinerseits nicht auf das Ausdrucksverhalten stützt, in das es eingebettet ist.

Der Satz »Seine Einstellung ist ein Beweis seiner Einstellung« ist keine Ablehnung der Behauptung, er glaube wirklich etwas, sondern mit ihm wird eine spezifische Charakterisierung dessen, was er glaubt, abgelehnt, nämlich die, wonach »er an etwas glaubt, das hinter der Schmerzäußerung steht«. Doch Wittgen-

1 Wittgenstein, *Philosophische Untersuchungen*, Teil I, § 310.

steins Ablehnung dieser Charakterisierung nimmt nicht die Form der Behauptung an, er glaube nichts weiter, als daß der andere sich in bestimmter Weise verhalte. Sein Glaube betrifft jemanden, zu dem er »eine Einstellung zur Seele« hat, und dies trägt dazu bei, daß sein Glaube so beschaffen ist, wie er nun einmal ist.

Wir könnten sagen, daß sich Wittgensteins Einwände im Abschnitt 310 eigentlich gegen eine Art *Ungeduld* richten. Wir sind dermaßen vertraut mit der Art von Verhalten und Ausdrucksbenehmen, das mit den typischen menschlichen Gefühlen und Gemütsbewegungen sowie mit den Ausdrucks-*Reaktionen* auf dieses Verhalten seitens der anderen einhergeht, daß wir glauben, es klar erfaßt zu haben, und nicht innehalten, um es uns richtig anzuschauen. »Seine Einstellung ist ein Beweis seiner Einstellung« bedeutet: »Halt ein und schau dir an, worin seine Einstellung wirklich besteht; vielleicht wirst du überrascht sein angesichts der Feinheiten und Komplexitäten, die dabei eine Rolle spielen. Und wenn du sie bemerkt hast, wirst du vielleicht weniger geneigt sein anzunehmen, ihre Bedeutung müsse von etwas abhängen, das unter der Oberfläche steckt und dessen Symptome sie lediglich sind.«

Folgendes ist ein Beispiel:

> Portia sah sogleich weg, als Anna sie direkt anschaute. Dies war, seit sie hereingekommen waren, in der Tat der erste Augenblick, in dem es überhaupt zur Debatte stand, einander direkt anzuschauen. Aber während der Unterhaltung über Pidgeon [Annas früheren Liebhaber] hatte Anna gespürt, wie diese dunklen Augen mit entschlossener Unschuld verstohlen immer wieder zu ihrem Gesicht zurückgekehrt waren. Anna, die in der Haltung von Madame Récamier auf dem Sofa lag, hatte – neben allem anderen Theater, das sie spielen mußte – so getan, als sei sie demgegenüber von zäher Unempfindlichkeit. Wäre die Erregung, die sie in ihrem ganzen Körper spürte, als Aura mit bebendem Rand nach außen gedrungen, hätte man sagen können, daß Portias Augen diese Linie des Bebens im Umkreis von Annas ruhender Gestalt erkundeten. Anna fühlte sich durch diesen einhüllenden Blick Portias mit ihrer Furcht, mit ihrem Geheimnis zusammengefesselt; sie fühlte sich mumi-

fiziert. Daher erhob sie die Stimme, als sie sagte, wie spät es war.[2]

Dies ist zweifellos eine Beschreibung einer in gefühlsmäßiger, ja seelischer Hinsicht erfüllten Begegnung, die jedoch weitgehend in Begriffen für »Physisches« formuliert ist.[3] Diese Szene zu zeichnen, wäre für einen Illustrator eine prächtige Sache! Freilich, die Bedeutung dessen, was hier geschildert wird, ist abhängig von dem ganzen Kontext, in dem die Begegnung stattfindet, von der Geschichte, in der Annas Verschlagenheit, ihre früheren Beziehungen zu ihrem verlorenen Liebhaber Pidgeon, ihre zweideutigen Beziehungen zu ihrem Mann und zu Portia, der verwaisten Halbschwester ihres Mannes, vor den Lesern des Romans ausgebreitet worden sind. Im Grunde ist das, was ich eben gesagt habe, nach meinem Gefühl zu schwach. Es ist nicht nur so, daß die *Bedeutung* dessen, was über die physische Wechselwirkung zwischen Anna und Portia gesagt wird, von diesem Hintergrund abhängt. Das heißt, es kommt nicht nur darauf an, daß wir die physische Situation sehen und interpretieren, sondern es ist, wie ich mich zu sagen geneigt fühle, überhaupt nur innerhalb eines solchen Geflechts menschlicher Beziehungen möglich, daß die physische Wechselwirkung zwischen den beiden das ist, was sie ist, und als solche dargestellt wird. Dies könnte meines Erachtens nur von jemandem bestritten werden, der dem Wort »physisch« unbedingt einen irreführend engen Sinn zuschreiben will. (Hierin liegt übrigens, wie man sagen könnte, eine der Hauptschwierigkeiten des »Physikalismus« als philosophischer Theorie.)

Doch meine Erörterung hat inzwischen eine Phase erreicht, an der ich auf die anfangs erwähnte Stelle II, iv aus den *Philosophischen Untersuchungen* zurückkomme, um die es mir ja auch in der Hauptsache geht. Eben habe ich gesagt, daß die physische

2 Elizabeth Bowen, *The Death of the Heart*, Penguin Books, 1966, Ende des 3. Kapitels.

3 Vgl. *Philosophische Untersuchungen* II, v (S. 497): »›Ich merkte, er war verstimmt.‹ Ist das ein Bericht über das Benehmen oder den Seelenzustand? (›Der Himmel sieht drohend aus‹: handelt das von der Gegenwart oder von der Zukunft?) Beides; aber nicht im Nebeneinander; sondern vom einen durch das andere.«

Wechselwirkung zwischen Anna und Portia nur innerhalb eines komplexen Geflechts menschlicher Beziehungen das ist, was sie ist, und auch als solche angesehen wird. Es ist ein Merkmal solcher Beziehungen, daß die Beteiligten zueinander eine Einstellung zur Seele haben. Was wir als nächstes betrachten müssen, ist die Beziehung zwischen *dieser* Vorstellung und den spezifischen Überzeugungen, die die Menschen bei speziellen Gelegenheiten im Hinblick auf die Gedanken und Gefühle der anderen haben können. Und gerade dies steht an der Stelle, die wir hier vor uns haben, im Mittelpunkt von Wittgensteins Aufmerksamkeit.

Die Art und Weise, in der die Menschen normalerweise miteinander umgehen und in der sie aufeinander reagieren, ist verschieden von der, in der sie mit Automaten – und auch mit anderen Lebewesen – umgehen. Da erscheint es naheliegend, so vorzugehen wie David Wiggins etwa, der im Schlußkapitel seines Buches *Sameness and Substance* unter anderem die Frage aufwirft, warum das so ist.[4] Und wenn man diese Frage stellt, ist es naheliegend, sie dadurch zu beantworten, daß man (ebenso wie Wiggins) von den Menschen aussagt, sie glaubten bestimmte Dinge voneinander. Wittgenstein lehnt diese ganze Art der Behandlung dieser Thematik ab.

Er hat, wie wir bereits gesehen haben, keine Einwände dagegen, daß man von »Glauben« spricht, wenn es darum geht, Personen jeweils *einzelne* Denk- und Gefühlszustände zuzuschreiben. Ihm kommt es hier darauf an, daß wir die *allgemeine* Auffassung oder Vorstellung, die wir von anderen Personen haben, nicht in der gleichen Weise charakterisieren können. Zunächst merkt Wittgenstein an, daß es »nur mit Widerstreben« ginge, ebendieses Wort »glauben« sowohl in dem Satz »Ich glaube, daß er leidet« als auch in dem Satz »Ich glaube, daß er kein Automat ist« zu verwenden. Damit wird angedeutet, daß ein derartiges Verfahren verschleiern würde, wie grundlegend die Unterschiede zwischen den Dingen sind, die ich in diesen beiden Fällen zu sagen versuche. Dagegen wird nicht angedeutet, es könne nicht angebracht sein zu sagen, daß wir »glauben«, jemand anders leide. Es geht vielmehr darum, daß dieser Fall grundverschieden ist von dem, in dem man einen Menschen *als* Menschen aner-

4 David Wiggins, *Sameness and Substance*, Oxford: Blackwell, Kap. 6, 9.

kennt, anstatt ihn für einen Automaten zu erklären. Dieser Unterschied läßt sich z. B. nicht auf einer einzigen Skala der »Glaubensgrade« messen. Es ist, wie wir sehen werden, auch nicht der Fall, daß »glauben, daß er kein Automat ist« nichts weiter ist als eine Summierung oder eine Mischung vieler Einzelüberzeugungen im Hinblick auf das, was der andere bei dieser oder jeder Gelegenheit denkt und fühlt.

Ehe ich dies zeige, möchte ich jedoch anmerken, daß Wittgensteins Einwände dagegen, hier das Wort »glauben« zu verwenden, nicht *ausschließlich* darauf beruhen, daß es eine zu weitgehende Ähnlichkeit mit »Ich glaube, daß er leidet« suggeriert. »›Ich glaube, daß er kein Automat ist‹ hat, so ohne weiteres, noch gar keinen Sinn.« Hier geht es Wittgenstein darum, daß es gar nicht klar ist, welche Information mir mitgeteilt würde, wenn mir jemand von einem Menschen sagte: »Er ist kein Automat.« »(Doch höchstens, daß dieser sich immer wie ein Mensch, nicht manchmal wie eine Maschine benimmt.)« Und wenn diese Bemerkung tatsächlich unter Umständen geäußert würde, die ihr den in Wittgensteins Parenthese formulierten Sinn verleihen, verlöre sie ihre Verbindung mit dem philosophischen Problem, das uns hier interessiert, nämlich wie das Kein-Automat-Sein damit zusammenhängt, daß man sich in normaler menschlicher Weise verhält. Was Wittgenstein hier sagt, ist, daß wir keine Möglichkeit ausfindig machen können, den Satz »Er ist kein Automat« auf einen Menschen anzuwenden, mit Bezug auf den sich gar nicht die Frage stellt, ob er sich normal *verhält*. Wenn ich von einem Menschen weiß, daß er sich wie ein völlig normaler Mensch verhält, gibt man mir keine zusätzliche Information über ihn, wenn man mir »mitteilt«, er sei kein Automat. Das heißt aber nicht, daß wir die quälenden Fragen der Philosophen im Hinblick auf das Wesen der Unterscheidung zwischen Menschen und Automaten einfach dadurch ausräumen können, daß wir auf ihre charakteristisch verschiedenen Verhaltensweisen deuten. Es gibt da noch etwas anderes, doch dies ist keine zusätzliche Information über die Menschen, deren Verhalten wir beobachten.

In welcher Beziehung steht der Umstand, daß ich jemanden für etwas anderes halte als einen Automaten, dazu, daß ich etwas Bestimmtes über die Art seiner Gefühle oder Gedanken glaube?

Die einleuchtendste Erwiderung ist zunächst die, daß es eine sehr viel *allgemeinere* Auffassung einer Person ist. Mein Glaube, daß jemand jetzt leidet, ist auf eine bestimmte (wenn auch möglicherweise umfassende) Situation beschränkt, während sich meine Auffassung, er sei kein Automat, darauf bezieht, was für eine Art von Wesen er im allgemeinen sei. Es bedarf jedoch keines langen Nachdenkens, um zu erkennen, daß eine solche Auffassung mit Bezug darauf, was für eine Art von Wesen er im allgemeinen ist, nicht bloß eine Verallgemeinerung meiner speziellen – durch den Glauben, daß er jetzt leide, exemplifizierten – Überzeugungen sein kann, die sich auf die Art seiner Gefühle und Gedanken zu verschiedenen Zeiten seines Lebens beziehen. Verhielte es sich doch so, bestünde kein Grund, warum ich nicht meinen sollte, daß er, obwohl er meistens ein Automat sei, nur bei *einer* Gelegenheit etwas empfinde (z. B. Leiden). Natürlich kann ich *sagen*, daß ich das glaube. Die Schwierigkeit ist die, zu sehen, unter welchen Umständen meine Äußerung als ernst zu nehmender Ausdruck dessen, was ich glaube, aufgefaßt würde.
Wenn meine Auffassung von jemandem als einem bewußten menschlichen Wesen nichts weiter wäre als eine allgemeine Summierung dessen, was ich im Hinblick auf seine bei dieser oder jener Gelegenheit gegebenen Bewußtseinszustände glaube, sieht es außerdem so aus, als müßte diese Auffassung – da sie so viel anspruchsvoller ist – Zweifeln sehr viel stärker ausgesetzt sein als jeder derartige Einzelglaube. Aber sofern davon überhaupt die Rede sein kann, verhält es sich eher anders herum, was allerdings (wie Wittgenstein anmerkt) nicht daran liegt, daß ich mir der Tatsache, daß er kein Automat ist, so sicher bin. Es liegt vielmehr daran, daß Zweifel und Sicherheit – zumindest soweit sie das Glauben modifizieren – hierbei gar nicht ins Spiel kommen.
In diesem Zusammenhang ist es wichtig, das ziemlich einleuchtende Faktum zu beachten, daß es im Hinblick auf meine Auffassung, ein Mensch sei etwas anderes als ein Automat, keine Rolle spielt, ob er leidet oder nicht leidet. Der Unterschied zwischen der Art, in der ich einen Menschen betrachte, und der Art, in der ich einen Automaten betrachte, liegt auch nicht darin, daß ich dem einen Bewußtsein, dem anderen dagegen keins zuschreibe, denn die Aussage, er sei ohne Bewußtsein, ist mit Bezug auf einen

Automaten ebenso unverständlich wie die Aussage, er habe Bewußtsein. Von einem Menschen, dessen Gehirn bei einem Unfall verletzt worden ist, kann ich etwa sagen, er sei monatelang ohne Bewußtsein gewesen – und dies könnte ich sogar sagen, obwohl er Anzeichen körperlicher Bewegungen hat erkennen lassen. Aber von einem Automaten könnte ich nichts dergleichen sagen. Dies untermauert, wie ich meine, auch meine Behauptung, es sei keine von seinen Bewußtseinszuständen zu bestimmten Zeitpunkten ausgehende Verallgemeinerung, daß er kein Automat ist, sondern dies sei eine *Bedingung* dafür, daß ihm zu bestimmten Zeitpunkten überhaupt Bewußtseinszustände zukommen (*oder nicht zukommen*).

Dabei bleibt allerdings noch recht unklar, wie diese »Bedingung« zu verstehen ist, worauf sie hinausläuft und wie sie mit einzelnen Zuschreibungen spezifischer Bewußtseinszustände zusammenhängt. Was diesen letzten Punkt betrifft, bin ich durch meine bisherigen Ausführungen nicht darauf festgelegt zu bestreiten – und ich bin in der Tat weit davon entfernt, es zu bestreiten –, daß wir dann, wenn wir jemandem bei einer Gelegenheit einen Bewußtseinszustand zuschreiben, wie selbstverständlich davon ausgehen, daß ihm bei anderen Gelegenheiten andere Bewußtseinszustände zugekommen sind. Und diese »selbstverständliche Voraussetzung« *gehört* zu dem, was Wittgenstein mit zur »Einstellung zur Seele« gerechnet hätte. Sie ist aber weder eine Hypothese noch eine Reihe von Hypothesen über irgendwelche speziellen Bewußtseinsmodi des anderen bei bestimmten Gelegenheiten. Eine Einstellung zur Seele ist nicht etwas, was ich nur gegenüber jemandem annehme, den ich recht gut kenne und über dessen Leben ich sehr viel zu wissen imstande bin. Eine solche Einstellung nehme ich vielmehr auch gegenüber Fremden an, die ich auf der Straße treffe oder an denen ich sogar nur vorübergehe.

> Die Menschen in unserer Umgebung üben durch ihre bloße Anwesenheit eine einzig und allein ihnen zugehörige Kraft aus, jede Bewegung, die unser Körper andeutet, aufzuhalten, abzuschwächen oder zu verändern. Jemand, der unseren Weg kreuzt, lenkt unsere Schritte nicht in derselben Weise ab wie ein Straßenschild; wer aufsteht, herumgeht oder sich wieder hinsetzt, tut es,

wenn er allein in seinem Zimmer ist, niemals in genau derselben Weise wie dann, wenn er Besuch hat.[5]

Der wichtige Ausdruck in diesem Zitat von Simone Weil ist »durch ihre bloße Anwesenheit«. Unsere charakteristischen Reaktionen auf andere Personen beruhen nicht auf irgendeiner Theorie, die wir über sie aufgestellt haben, sei es eine Theorie über ihre Bewußtseinszustände, ihr wahrscheinliches künftiges Verhalten oder ihre innere Verfassung. Freilich kann es durchaus sein, daß wir mit Bezug auf alle diese Dinge unsere Vorstellungen haben. So merken wir vielleicht sofort, daß ein Passant auf der Straße fröhlich oder niedergeschlagen ist; und wir hegen auch unsere Erwartungen im Hinblick auf das wahrscheinliche Verhalten der Leute, zumindest insoweit, als viele Dinge uns in Erstaunen versetzen würden. Wir wären entsetzt, wenn jemand absichtlich auf einen Fremden losginge und ihm ein Auge ausstäche.[6] Doch solche Erkenntnisse und Erwartungen stehen, zusammen mit unseren eigenen Reaktionen gegenüber anderen Personen, auf derselben Ebene und sind ebenso primitiv, womit nicht bestritten werden soll, daß unsere Reaktionen oft tatsächlich auf Überlegungen beruhen, die die Bewußtseinszustände oder das wahrscheinliche künftige Verhalten der anderen betreffen. Das, worauf es ankommt, ist erstens, daß es sich nicht immer so verhält, und zweitens, daß unsere *nicht* reflektierten Reaktionen zu dem primitiven Stoff gehören, aus dem unser Begriff der menschlichen Person gebildet worden ist und der solche diffizileren Überlegungen möglich macht.
Diesen Gedanken möchte ich ein wenig weiter ausführen, indem ich einige Anmerkungen mache zu der deutschen Formulierung – »eine Einstellung zur Seele« –, die Wittgenstein in den *Untersuchungen* II, IV verwendet. Eine bessere englische Übersetzung als Anscombes »an attitude towards a soul« kommt mir auch nicht in den Sinn, aber dennoch enthält diese Übersetzung einen feinen Wechsel der Betonung. Erstens deutet der bestimmte Artikel im Deutschen (»zur« = »zu der«) in höherem Maße als das englische »towards a« darauf hin, daß eine interne Beziehung

5 Simone Weil, »The *Iliad*, Poem of Might«, in: *A Simone Weil Anthology*, hg. von Sîan Miles, Virago, 1986.
6 Simone Weil, »Human Personality«, in: *A Simone Weil Anthology*.

besteht zwischen der Einstellung und ihrem Gegenstand. Mit anderen Worten, wir brauchen den Begriff der Seele, um die Einstellung als das zu charakterisieren, was sie ist; meines Erachtens macht das Beispiel aus dem Roman von Elizabeth Bowen deutlich, daß wir diesen Begriff sogar brauchen, um bestimmte physische Merkmale der Einstellung zu charakterisieren.

Falls das verworren klingt, möge man zum Vergleich an die Situation denken, in der man über etwas lacht, was man als etwas Komisches wahrnimmt. Stellen wir uns vor, wie jemand über eine der besonders übertriebenen Szenen des zweiten Akts von Rossinis *Barbier von Sevilla* lacht. Und nun male man sich aus, es werde in genau derselben Weise über die Darstellung von Petrus' Leid über seine Verleugnung Jesu in Bachs *Matthäuspassion* gelacht. Vermutlich sollte jeder Unbehagen empfinden, wenn ich von »genau derselben Weise« spreche. Es ist nicht bloß der Umstand, daß die Vorstellung, jemand könne die beiden Szenen in derselben Weise »komisch« finden, etwas Inkohärentes hat (obwohl das natürlich ein wichtiger Aspekt der Sache ist), sondern es kommt noch folgendes hinzu: In dem Sinne, in dem die Beschreibung einer Person, die »über etwas lacht«, was sie komisch findet, eine Beschreibung ihrer physischen Reaktion ist (und wird denn jemand bestreiten wollen, daß sie das ist?), können wir eine Vorstellung »derselben physischen Reaktion« nicht in einer Beschreibung unterbringen, die sich auf jemanden bezieht, der zuerst den *Barbier von Sevilla* vor sich hat und dann die *Matthäuspassion*. Die oben im dritten Kapitel erörterte Zeichnung von Charles Addams aus dem *New Yorker* macht sich diese begriffliche Pointe zunutze. Auf dieser Zeichnung sind viele, von der Bühne eines Operettentheaters aus gesehene Reihen mit grob lachenden Gesichtern abgebildet, während sich an einer unauffälligen Stelle ziemlich weit hinten das Gesicht von Leonardos Mona Lisa befindet. In diesem Kontext wäre es unmöglich gewesen, sie als *La Gioconda* zu beschreiben. Dementsprechend bemerkt Wittgenstein in einem ganz anderen Zusammenhang: »Das rein Körperliche kann unheimlich sein.«[7]

Weiter oben habe ich von einer »internen Beziehung« gesprochen, die zwischen einer Einstellung und ihrem Gegenstand be-

7 Wittgenstein, *Vermischte Bemerkungen*, S. 521.

steht. Dieser Gedanke läßt sich auch anders formulieren: Anstatt zu sagen, »eine Einstellung zur Seele« sei eine Einstellung zu einem bestimmten Gegenstand, die durch den Umstand gekennzeichnet sei, daß dies tatsächlich ihr Gegenstand ist, möchte ich sagen, daß der Begriff der Seele dazu dient, gewisse Merkmale meiner Einstellung hervorzuheben (von denen jedoch nur in bestimmten Arten von Kontext verständlicherweise behauptet werden kann, sie seien Merkmale dieser Einstellung). Ebenso wird, wenn man meine Reaktion auf die Äußerung eines anderen mit den Worten »über einen Witz lachen« beschreibt, meine Reaktion im Lichte des Begriffs des Witzigen gesehen. Betrachten wir zum Vergleich eine weitere Bemerkung aus Wittgensteins Schriften: »Die Wunder der Natur. Man könnte sagen: die Kunst *zeige* uns die Wunder der Natur. Sie basiert auf dem *Begriff* der Wunder der Natur. (Die sich öffnende Blüte. Was ist an ihr *herrlich*? Man sagt: ›Sieh, wie sie sich öffnet!‹)«[8]

Wer in dieser Weise auf die sich öffnende Blüte reagiert, sieht sie als ein Wunder der Natur. Dies können wir freilich nur deshalb sagen, weil es ein Beispiel ist für zahllose ähnliche menschliche Reaktionen auf Vorkommnisse in der Natur. In dieser Hinsicht kommt ihm eine Allgemeinheit zu, die es uns ermöglicht, dies als Exemplifizierung eines bestimmten Begriffs zu bezeichnen. Dieser Begriff (»die Wunder der Natur«) charakterisiert explizit die *Gegenstände* solcher Rekationen, und nicht die Reaktionen selbst; äußerst wichtig ist auch, daß sich solche Reaktionen typischerweise auf manche Gegenstände beziehen, auf andere dagegen nicht. Würde jemand z. B. im Hinblick auf einen Haufen verwesenden Fleisches eine ähnliche Gebärde machen und ähnliche Worte mit ähnlichem Ausdruck verwenden, wären wir verblüfft. Ja, es gibt hier Schwierigkeiten mit Bezug auf meinen Gebrauch des Wortes »ähnlich«. Dieses Benehmen würde uns in einem solchen Kontext gewiß ganz anders vorkommen als das einer Person, die eine sich öffnende Blüte vor sich hat. (Womit nicht bestritten werden soll, daß sogar ein Haufen verwesenden Fleisches unter den entsprechenden Umständen als Wunder der Natur gesehen werden kann. Wittgensteins Bemerkung deutet

8 Wittgenstein, *Vermischte Bemerkungen*, S. 530.

auch darauf hin, einem Künstler könne es gelingen, etwas Derartiges in diesem Licht darzustellen.)
Die meisten dieser Bemerkungen gelten mutatis mutandis auch für die Vorstellung, daß »meine Einstellung zu ihm eine Einstellung zur Seele ist«. Besonders wichtig ist der Hinweis darauf, daß das Typische solcher Reaktionen eine Bedingung ist für die Anwendbarkeit eines bestimmten Begriffs (im vorliegenden Fall: des Begriffs der Seele). Dies ist z. B. von Belang mit Bezug auf die womöglich von vielen mit Unbehagen empfundene Ahnung, Wittgensteins Standpunkt sei in gewisser Weise »subjektivistisch«. Darauf werde ich später zurückkommen.
Als nächstes möchte ich einige Feststellungen über das deutsche Wort »Einstellung« treffen, das mir manche Verbindungen aufzuweisen scheint, die dem englischen Wort »attitude« abgehen oder bei diesem Wort zumindest weniger ausgeprägt sind.
Viele Leser werden sich an das Lied »Ich bin von Kopf bis Fuß auf Liebe eingestellt« erinnern, das durch Marlene Dietrich so berühmt wurde. Das Partizip »eingestellt« hat natürlich dieselbe Wurzel wie das Substantiv »Einstellung«. Nun ist es zwar durchaus richtig, daß das englische Wort »attitude« nicht nur in Situationen angewandt wird, in denen man von Einstellungen spricht, die entweder bewußt angenommen werden oder jedenfalls mehr oder weniger dem Willen unterstehen und durch Vernunftüberlegungen gesteuert werden, aber dennoch ist es meines Erachtens zutreffend zu sagen, daß solche Vorstellungen wirklich eine herausragende Rolle spielen im Rahmen der direkten oder impliziten Aussagen über diesen Begriff von seiten neuerer Philosophen, die von diesem Begriff »attitude« umfassend Gebrauch gemacht haben. Und wie ich bereits angedeutet habe, ist eine Quelle des Widerstands gegen Wittgensteins Art der Auseinandersetzung mit unserem jetzigen Thema womöglich das Gefühl, eine solche Einstellung im Sinne von »attitude« könne man geradezu nach Belieben annehmen oder wieder ablegen. Dagegen ist das, was die zitierte Zeile aus dem Lied von Marlene Dietrich suggeriert, etwas ganz anderes. Wenn man »von Kopf bis Fuß auf Liebe eingestellt« ist, befindet man sich unabhängig davon, ob man es will oder nicht, in einem bestimmten Zustand. Und eben darauf will Wittgenstein meines Erachtens hinaus, wenn er schreibt: »Meine Einstellung zu ihm ist eine

Einstellung zur Seele.« Eine Einstellung, die ich mir nach Belieben zu eigen machen oder preisgeben kann, steht hier gar nicht zur Debatte. Es kann freilich vorkommen, daß meine Einstellung durch Umstände verstärkt, abgeschwächt oder modifiziert wird[9] – eine Wirkung, die in gewissem Maße auch durch Gedanken herbeigeführt werden kann –, doch normalerweise handelt es sich unter gegebenen Umständen um einen Zustand, in dem ich mich gegenüber anderen Menschen befinde, ohne daß ich es mir aussuchen kann. Dieser Aspekt wird eindringlich verdeutlicht durch das oben angeführte Zitat von Simone Weil, in dem einige der Möglichkeiten geschildert werden, wie unser eigenes Verhalten ganz unbewußt durch die bloße Anwesenheit anderer Menschen beeinflußt wird. Das gehört eben mit zur »Naturgeschichte des Menschen«, um einen Ausdruck zu gebrauchen, den Wittgenstein selbst in verschiedenen Kontexten auf seine Beschreibung von Aspekten des menschlichen Lebens anwendet.

Zum Abschluß dieses Kapitels möchte ich einige Bemerkungen machen über das, was Wittgenstein eigentlich tut, wenn er diesen Ausdruck »Naturgeschichte des Menschen« verwendet, sowie über einige analoge Themen. Erstens betont Wittgenstein offensichtlich den *instinktiven* Charakter der Phänomene, die ihn interessieren, sowie die Ähnlichkeit zwischen einer Beschreibung dieser Phänomene und einer Beschreibung der Gewohnheiten einer Spezies etwa, auf die man in einer biologischen Studie stoßen könnte.

Von diesem Blickpunkt aus könnte man einen Vergleich anstellen zwischen Wittgenstein und David Wiggins, einem Philosophen, der in letzter Zeit ebenfalls die biologische Dimension jener Merkmale menschlicher Wesen betont hat, die mit unserer Vorstellung von dem einhergehen, was Wiggins »Personheit« nennt. Obwohl es bei diesem Vergleich darum geht, den großen *Gegensatz* zwischen ihren Ansätzen hervorzuheben, möchte ich zunächst sagen, daß ihnen beiden daran liegt, gewisse frappierende Fakten zu erläutern, nämlich daß wir, wie Wiggins es formuliert, »sobald uns die menschliche Gestalt erscheint, sogleich eine Vielzahl sei's auch vorläufiger Erwartungen hegen«.[10] Natürlich reagieren wir ferner auf andere Menschen in

9 Simone Weil, »The *Iliad*, Poem of Might«, passim.
10 David Wiggins, *Sameness and Substance*, S. 222.

charakteristischen Weisen und wenden Begriffe auf sie an, von denen wir viele auf andere Arten von Lebewesen nicht – oder, wenn doch, dann in anderer Weise – anwenden würden.
Was für eine Frage wird durch diese frappierenden Fakten aufgeworfen und was für eine Erläuterung verlangen sie? In Zusammenhang damit steht auch die Frage, was für eine Beschreibung diesen Tatsachen angemessen ist. Wenn wir solche Erwartungen hegen, solche Begriffe anwenden usw., dann heißt das nach Wiggins, daß wir das Wesen, das wir vor uns haben, als einer bestimmten »natürlichen Art« zugehörig *klassifizieren*, und zwar sei es eine *Person*. Und das heißt, daß man es wie folgt ansieht, nämlich als

> dauerhafte materielle Entität, die wesentlich mit der biologischen Potentialität zur Ausübung aller Vermögen und Fähigkeiten ausgestattet ist, die begrifflich konstitutiv sind für die Personheit: Empfinden, Wünschen, Glauben, Bewegung, Gedächtnis und die verschiedenen sonstigen Elemente, die bei der spezifischen Tätigkeitsweise, die den Umfang des Personenbegriffs kennzeichnet, eine Rolle spielen.[11]

Daß man auf jemanden als Person reagiert, heißt nach dieser Auffassung also zunächst, daß man ihn als einer bestimmten natürlichen Art zugehörig klassifiziert, und dies wiederum beinhaltet, daß man mit Bezug auf ihn bestimmte quasi theoretische Dinge glaubt. Alles, was für unsere Einstellungen zu Personen und für unseren Umgang mit ihnen eigentümlich ist, geht hervor aus den Überzeugungen hinsichtlich der einer Person wesentlich zukommenden Eigenschaften und wird durch diese Überzeugungen gerechtfertigt. Und was diese Überzeugungen ihrerseits rechtfertigt, ist letzten Endes die wissenschaftliche Forschung. Aus diesem Grund legt Wiggins so großes Gewicht auf die Ansicht, *Person* sei ein Begriff für eine natürliche Art: »Personen bilden eine Klasse von Organismen, und identifiziert werden sie durch nomologisch bedingte Begriffe, unter die sie fallen.« Außerdem sind »die Werte, die von Personen anerkannt werden, das Ergebnis von Einwirkungen der Außenwelt auf Personen,

11 David Wiggins, *Sameness and Substance*, S. 160.

die so konstituiert sind, wie Personen nun einmal konstituiert sind.«[12] Die Wissenschaft der Biologie wird erläutern, wie die Außenwelt auf Personen einwirkt, womit sie zugleich eine Erklärung der Werte gibt, welche sie anerkennen. Ob Wiggins an diesem Punkt auch von »Rechtfertigung« würde sprechen wollen, ist mir nicht klar. Aber ein Wunsch nach Rechtfertigung ist in dieser Argumentation als ganzer zweifellos vorhanden. So meint Wiggins, wie wir sehen werden, z. B. gewiß, daß unsere Erwartungen im Hinblick auf die Menschen und unsere unmittelbaren Reaktionen auf sie einer rechtfertigenden Grundlage bedürfen, die die Form einer Theorie der menschlichen Natur annimmt.

Die wichtige Tatsache, die dieser Vorstellung zugrunde liegt, ist die, daß meine Reaktion auf einen bestimmten Menschen bei einer spezifischen Gelegenheit typisch ist für meine Reaktion auf *jeden* Menschen. Sie hat eine gewisse Allgemeinheit an sich, und die wichtige Frage lautet, wo wir diese Allgemeinheit ansiedeln und wie wir sie charakterisieren sollen. Es fällt verführerisch leicht anzunehmen, sie müsse in gewissen allgemeinen Überzeugungen liegen, die ich im Hinblick auf die Menschen hege.

Nehmen wir an, du und ich sind anwesend, während jemandem eine schreckliche Nachricht übermittelt wird, vielleicht die Nachricht vom Tode eines geliebten Menschen. Ich sage: »Armer Kerl! Wie sehr er darunter leiden wird«, worauf du erwiderst: »Was veranlaßt dich zu der Annahme, er werde darunter leiden?« Das wäre eine sonderbare Frage, und es wäre ganz natürlich, wenn ich zunächst davon ausgehe, daß du die Situation nicht begriffen hast, daß du nicht erkannt hast, was sich da abgespielt hat, was man ihm eigentlich mitgeteilt hat, usw. Freilich, wird die Frage in philosophischer Manier gestellt, wird es nicht auf diese Dinge ankommen, sondern es wird eine Aufforderung sein, darüber nachzudenken, daß meine Annahme, dieser Mensch werde darunter leiden, in meiner allgemeinen Erfahrung des menschlichen Lebens wurzelt. Das Ergebnis dieser allgemeinen Erfahrung ist, daß ich bei *jedem* Menschen damit rechnen würde, daß er unter solchen Umständen Leid empfindet.

An diesem Punkt komme ich der Formulierung des folgenden

12 David Wiggins, *Sameness and Substance*, S. 187.

Syllogismus gefährlich nahe: »Alle Menschen, die eine solche Nachricht hören, empfinden Leid. Dieser Mensch ist einer, der eine solche Nachricht hört. Also...« Warum gebrauche ich das Wort »gefährlich«? Der Schluß ist doch gültig, und ich bestreite die Prämissen keineswegs. Das Problem ist, daß dieser Syllogismus eine völlig mythologische Konstruktion ist, soweit es um eine Erklärung dafür geht, wie ich dazu komme zu fürchten, dieser Mensch werde Leid empfinden. Richtig ist, daß das Leben, das ich in der Gemeinschaft mit anderen Menschen geführt habe, für meine Reaktionen verantwortlich ist, doch dies ist nicht durch irgendwelche theoretischen Überzeugungen vermittelt, die es mich zu vertreten veranlaßt hat, obwohl es natürlich sein mag, daß ich tatsächlich solche Überzeugungen vertrete. Wittgenstein betont den gleichen Gedanken in einem anderen Zusammenhang und bemerkt dort: »Die tatsächliche Allgemeinheit liegt woanders.«[13]

Die tatsächliche Allgemeinheit ist im vorliegenden Fall die, daß meine Reaktion darauf, daß ich sehe, wie dieser Mensch die schlechte Nachricht empfängt, ein typisches, charakteristisches, ständig wiederholtes Merkmal des menschlichen Lebens ist, an dem ich teilhabe. Natürlich kann es sein, daß ich dieses Leben beobachte und Theorien darüber aufstelle, aber ich nehme auch daran teil, und diese (zu unserer »Naturgeschichte« gehörige) Beziehung der Beteiligung an einem Leben, an dem auch andere Menschen mitwirken, bringt schon von sich aus eine gewisse Allgemeinheit in meine spezielle und in einer spezifischen Situation geäußerte Reaktion auf einen Menschen. Dies sollte jedoch nicht so aufgefaßt werden, als bedeutete es: »Ich glaube, daß unter solchen Umständen jeder Mensch leiden würde, und ich glaube ferner, daß dieser Mensch unter diesen Umständen deshalb leiden wird.« Der richtige Ausdruck meiner Überzeugung lautet einfach: »Ich glaube, daß dieser Mensch unter diesen Um-

13 Wittgenstein, *Bemerkungen über die Grundlagen der Mathematik*, V, 50, S. 300. Der Gedanke, um den es Wittgenstein hier geht, wird besprochen von Rush Rhees in seinem Aufsatz »Questions of Logical Inference«, in: G. Vesey (Hg.), *Understanding Wittgenstein*, London: Macmillan, 1974. Außerdem verdanke ich vieles den Beiträgen von Rhees zu einer Diskussion über den Kausalitätsbegriff bei einer Veranstaltung, die 1980 im King's College, London, stattfand.

ständen leiden wird.« Und die so ausgedrückte Überzeugung ist eine, die ich auch im Hinblick auf jeden anderen Menschen vertreten würde, der sich in einer ähnlichen Situation befindet; außerdem würde sie auch jeder andere vertreten, der diese Situation versteht.

Dies ist natürlich keine Allgemeinheit, die die gleiche Rolle spielen könnte wie der Obersatz eines Syllogismus oder wie die eines Satzes einer Theorie, die von der Wesensbeschaffenheit der Person handelt. Aber meine Überzeugung benötigt gar keine derartige Rechtfertigung, und sie beruht auch nicht auf irgendeinem Grund (jedenfalls nicht auf einem Grund, der über das Wissen hinausginge, daß der Betreffende eine schlechte Nachricht empfängt). Unter diesen Umständen rechne ich einfach damit, daß er leiden wird, und die meisten Leute würden dies als eine vernünftige Erwartung gelten lassen; so etwas würde beinahe jeder unter solchen Umständen »eine vernünftige Erwartung« nennen. Erst im Kontext eines gemeinsamen Lebens, welches einen solchen Konsens beinhaltet, können unsere Einstellungen zueinander in der Weise verstanden werden, in der sie faktisch aufgefaßt werden. Dadurch werden sie zwar nicht *gerechtfertigt*, wohl aber werden damit die Bedingungen angegeben, unter denen man sie *verständlich* nennen kann. Ein Merkmal dieser Verständlichkeit ist unsere Fähigkeit, bestimmte Begriffe zur Äußerung unserer Einstellungen anzuwenden. »Armer Kerl! Wie wird er darunter leiden.« Dies ist natürlich der Tonfall des Mitleids. Im Zusammenhang von Beziehungen, die solche Äußerungen – neben zahllosen anderen natürlich – beinhalten, geschieht es, daß wir verstehen, was Leiden ist. Das heißt zwar nicht, ohne Mitleid zu empfinden, sei es unmöglich zu wissen, daß ein anderer leidet, aber es heißt, daß man – sofern nicht ein ganz spezieller Kontext angegeben wird – nicht fragen kann, warum der Umstand, daß jemand leidet, ein Grund für Mitleid mit ihm sein soll.

David Wiggins meint, wenn wir nicht an so etwas wie die menschliche Natur glaubten, würden wir »die menschliche Gestalt nicht als Schlüssel zu so vielem ansehen. Wir müßten uns dann in einer Weise prüfen, in der wir es nicht tun und zu der wir gar nicht imstande sind.«[14] Wiggins' Verwendung des Ausdrucks

14 David Wiggins, *Sameness and Substance*, S. 223.

»nicht imstande« scheint mir an diesem Punkt genau richtig zu sein, aber meiner Ansicht nach ist seine Diagnose unseres Unvermögens verfehlt. Nicht weil unsere Überzeugungen hinsichtlich der menschlichen Natur so tief eingebürgert sind, sind wir zur Selbstprüfung außerstande, sondern deshalb, weil unsere Reaktionen mindestens ebenso primitiv sind wie unsere eventuellen derartigen Überzeugungen selbst (und wahrscheinlich sind sie primitiver als diese).

11
Wer ist mein Nächster?

Eine philosophische Erörterung bedarf der gut formulierten Beispiele. Ich möchte mein Thema vorstellen, indem ich ein überaus bekanntes Beispiel aus dem Neuen Testament anführe, nämlich das Gleichnis vom guten Samariter. Das Zitat lautet:

> Und siehe, da stand ein Schriftgelehrter auf, versuchte ihn und sprach: Meister, was muß ich tun, daß ich das ewige Leben ererbe?
>
> Er aber sprach zu ihm: Was steht im Gesetz geschrieben? Was liest du?
>
> Er antwortete und sprach: »Du sollst den Herrn, deinen Gott, lieben von ganzem Herzen, von ganzer Seele, von allen Kräften und von ganzem Gemüt, und deinen Nächsten wie dich selbst!«
>
> Er aber sprach zu ihm: Du hast recht geantwortet; tu das, so wirst du leben.
>
> Er aber wollte sich selbst rechtfertigen und sprach zu Jesus: Wer ist denn mein Nächster?
>
> Da antwortete Jesus und sprach: Es war ein Mensch, der ging von Jerusalem hinab nach Jericho und fiel unter die Räuber; die zogen ihn aus und schlugen ihn und machten sich davon und ließen ihn halbtot liegen.
>
> Es traf sich aber, daß ein Priester dieselbe Straße hinabzog; und als er ihn sah, ging er vorüber.
>
> Desgleichen auch ein Levit: als er zu der Stelle kam und ihn sah, ging er vorüber.
>
> Ein Samariter aber, der auf der Reise war, kam dahin; und als er ihn sah, jammerte er ihn; und er ging zu ihm, goß Öl und Wein auf seine Wunden und verband sie ihm, hob ihn auf sein Tier und brachte ihn in eine Herberge und pflegte ihn.

> Am nächsten Tag zog er zwei Silbergroschen heraus, gab sie dem Wirt und sprach: Pflege ihn; und wenn du mehr ausgibst, will ich dir's bezahlen, wenn ich wiederkomme.
>
> Wer von diesen dreien, meinst du, ist der Nächste gewesen dem, der unter die Räuber gefallen war?
>
> Er sprach: Der die Barmherzigkeit an ihm tat. Da sprach Jesus zu ihm: So geh hin und tu desgleichen! (Lukas, 10, 25-37)

Der Aufbau dieses Gleichnisses ist merkwürdig. Es beginnt mit einer Bitte um praktischen Rat (»Was muß ich tun, daß ich das ewige Leben ererbe?«). Daraufhin wird das Gesetz angerufen, und dieses liefert eine Antwort in Gestalt einer Vorschrift. Daran schließt sich eine theoretische, vielleicht sogar sprachbezogene Frage an, welche die Bedeutung eines der Ausdrücke in dieser Vorschrift betrifft (»mein Nächster«). Soweit gibt es keinen Anlaß zur Verwunderung. Aber sehen wir einmal, was als nächstes geschieht! Anstatt mit einer Definition oder einer Reihe von Kriterien zu antworten, erzählt Jesus eine *Geschichte*. Auch dieser Geschichte entnimmt er weder eine Definition noch ein Kriterium, sondern er konfrontiert sein Gegenüber mit einer weiteren Gegenfrage, die sich auf die Geschichte selbst bezieht. Sobald diese Frage beantwortet ist, spricht Jesus lediglich ein *Gebot* aus (»Geh hin und tu desgleichen!«). Ende der Episode. Was geht hier vor?

Um einer Antwort auf diese Frage vorzuarbeiten, möchte ich einige weitere Merkmale des Gleichnisses herausstellen, und zwar Merkmale sprachlicher Art.

Die Frage des Schriftgelehrten enthält einen Indikator, und zwar das Possessivpronomen der ersten Person »mein«; dementsprechend ist das Wort »Nächster« *relational*. Man könnte »Nächster« in diesem Zusammenhang durch »*Mit*-Mensch« wiedergeben. Die Frage, die sich stellt, ist nicht das unpersönliche »Was ist ein Mitmensch?«, sondern in etwa: »Wie erkenne ich einen anderen als meinen Mitmenschen?« Dies entspricht dem Umstand, daß das Gesetz, das zu der Frage Anlaß gibt – »Du sollst deinen Nächsten lieben wie dich selbst« –, in der zweiten Person Singular formuliert ist, das heißt, es wendet sich an die jeweilige Einzelperson, die das Gesetz hört. Daher ist der Indikator in der

anschließenden Auseinandersetzung um die Auslegung des Gesetzes so wichtig. Wer mit Kierkegaards Schriften über die Beziehung zwischen Religion und Philosophie vertraut ist, wird hier eines seiner Hauptthemen wiedererkennen. Der Schriftgelehrte erwartet offenbar – ebenso wie die von Kierkegaard so verheerend angegriffenen Philosophen – eine Antwort, die einige allgemeine Kennzeichen nennt, durch die die Art definiert wird, welcher die als Mitmenschen geltenden Wesen angehören. Indem Jesus auf die Frage mit einer Geschichte erwidert, die von den Beziehungen zwischen zwei Individuen handelt, gibt er dem Schriftgelehrten indirekt zu verstehen, daß sich seine Frage nicht in dieser Weise beantworten läßt. Und der Kontext der Geschichte betont denselben Punkt. Sie wird im Zuge der Beantwortung einer Frage erzählt, die augenscheinlich die Kriterien betrifft, an denen ich meinen Nächsten erkennen soll. Daher könnte man damit rechnen, daß sie eine Darstellung der Kriterien des Samariters enthält. Doch in dieser Hinsicht schweigt sich die Erzählung ganz bewußt aus, in der es heißt: »Und als er ihn sah, jammerte er ihn, und er ging zu ihm, goß Öl und Wein auf seine Wunden und verband sie ihm, hob ihn auf sein Tier und brachte ihn in eine Herberge und pflegte ihn.« Nichts stellt sich zwischen die Situationswahrnehmung des Samariters und seine barmherzige Reaktion. Wir können auch nicht außer acht lassen, welcher Gegensatz in dieser Hinsicht besteht zwischen ihm und dem Priester sowie dem Leviten, namentlich diesem letzteren, der ja hinübergeht und in kalkulierender Weise hinschaut, ehe er wieder auf die andere Straßenseite geht und weiterzieht.[1] Dieser Gegensatz ist freilich um so frappierender, als es sich hier um eine Begegnung zwischen einem Samariter und einem Juden handelt (also gleichsam zwischen einem Palästinenser und einem Israeli), das heißt, es ist gerade eine von den Situationen, in denen man mit Bedenklichkeiten und Zögern rechnen könnte.
Mehr noch, sobald die Geschichte erzählt ist, fordert Jesus den Schriftgelehrten nicht auf, dem Vorfall seinerseits die Kriterien zu entnehmen, von denen man annehmen könnte, der Samariter habe sich stillschweigend nach ihnen gerichtet, als er in dem

1 Vgl. den Text der von Winch zitierten King James Version: »And likewise a Levite, when he was at the place, came and looked on him, and passed by on the other side.« Anm. d. Übers.

Reisenden seinen Nächsten erkannte. Seine Frage wirkt auf den ersten Blick sonderbar: »Wer von diesen dreien, meinst du, ist der Nächste gewesen dem, der unter die Räuber gefallen war?« Ich nenne diese Frage sonderbar, denn die *ursprüngliche* Frage schien sich darauf zu beziehen, wer denn der Nächste des *Samariters* sei (und vielleicht auch darauf, woran ihn der Samariter als solchen erkannt habe – doch diese Deutung habe ich nunmehr ausgeschieden). Jetzt geht es aber um die Frage, wer denn der Nächste desjenigen sei, der unter die Räuber fiel. Ist damit das Thema gewechselt worden? Nein, natürlich nicht. Zunächst einmal kommt es darauf an, daß die Beziehung eine wechselseitige ist. In gewisser Weise läßt sich also *jemand anders als Mitmenschen anerkennen* nicht davon trennen, daß man sich *zu ihm wie zu einem Mitmenschen verhält*. Die genaue Beziehung zwischen diesen beiden Begriffen ist im Grunde das Thema des vorliegenden Kapitels. Aber dank ebendieser Beziehung ist Jesus imstande, die theoretisch klingende Frage des Schriftgelehrten durch ein praktisches Gebot zu beantworten.

Nun möchte ich einen weiteren Hinweis geben auf den Schluß des von Lukas berichteten Vorfalls. Es ist nicht so, als würde dem Schriftgelehrten von Jesus *mitgeteilt*, wer von denen, die auf den verletzten Reisenden stießen, dessen Nächster gewesen sei, sondern Jesus *fragt* ihn. Dies ist, glaube ich, mehr als nur ein wirksamer rhetorischer Kunstgriff, wie es ja auch nicht bloß ein rhetorischer Kunstgriff ist, wenn Sokrates in Platons Dialog *Menon* den jungen Sklaven mit dem Satz des Pythagoras bekannt macht, indem er ihm die Lösung der Aufgabe nicht *mitteilt*, sondern indem er ihm die Lösung *entlockt*. In beiden Fällen soll angedeutet werden, daß jeder von uns von sich aus über die Mittel verfügt, die jeweilige Frage zu beantworten, wobei Platon diesen Gedanken bildhaft ausdrückt, indem er von »Erinnerung« spricht. Weiterhin wird in beiden Fällen angedeutet, daß eigentlich niemand die Antwort wirklich kennt, der nicht selbständig zu ihr gelangt ist. Wäre es nötig gewesen, dem Schriftgelehrten die Antwort auf die letzte Frage Jesu *mitzuteilen*, wäre er gar nicht in der Lage gewesen, sie zu verstehen.

Die Beantwortung der Frage »Wer ist denn mein Nächster?« beziehungsweise der Frage »Wer war der Nächste des Verletzten?« muß die Form einer praktischen Erwiderung annehmen.

Das »muß« deshalb so sein, weil alles, wohin man auf andere Weise gelangen würde, keine Antwort auf diese Frage wäre. Ich würde sogar behaupten, daß der Schriftgelehrte – sowie diejenigen von uns, die das Gefühl haben, seine Antwort auf die letzte Frage Jesu sei die einzig mögliche – in ähnlicher Weise reagieren wie der Samariter selbst. Es ist hier verlockend zu behaupten, daß wir alle auf dasselbe reagieren, nämlich auf das – was immer es sein mag –, was unter den Begriff »Mitmensch« fällt. Dies ist zwar nicht falsch, doch es suggeriert irreführenderweise, daß wir dazu noch auf andere Weise als eben durch solche Reaktionen Zugang hätten, während das, was wir nach meiner Auffassung wirklich tun müssen, ist, den Charakter ebendieser Reaktionsweise nutzbringender zu beschreiben.

Der Samariter reagiert auf etwas, was er als eine durch die Anwesenheit des Verletzten hervorgerufene *Notwendigkeit* ansieht. Das, worauf ich mit der Einführung dieses Wortes hinauswill, läßt sich verdeutlichen, indem man betrachtet, was jemand, der sich in der Lage des Samariters befindet und ebenso reagiert wie dieser, sagen würde, wenn er von einem Gefährten zur Eile angetrieben würde, um eine wichtige Verabredung einhalten zu können: »Aber ich *kann* ihn doch nicht einfach hier liegen und sterben lassen.« So wie der Ausdruck »ich *kann* es nicht« in einem derartigen Zusammenhang verwendet wird, bringt er die Art von Notwendigkeit – das heißt, in diesem Fall eine Unmöglichkeit – zum Ausdruck, die mir hier vorschwebt.

Ich weiß, daß manche geneigt sind, an dieser Stelle den Einwand zu erheben, die Worte, die ich dem Samariter in den Mund gelegt habe, könnten nicht »buchstäblich« wahr sein, weil es keinen relevanten Unterschied gebe zwischen ihm und dem Priester und dem Leviten, denen es doch nicht einmal schwergefallen, geschweige denn unmöglich gewesen sei, an dem Verletzten vorüberzugehen. Wieso kann dann, was ihnen möglich ist, ihm unmöglich sein? Dieser Einwand wäre jedoch verfehlt, denn es gibt dennoch einen relevanten Unterschied: Der Samariter *sieht* hier eine Unmöglichkeit, während die anderen keine sehen. *Das* ist der Unterschied.

Freilich, dies ist nicht das, was derjenige, der den Einwand erhebt, unter einem »relevanten« Unterschied versteht. Er denkt vielleicht an so etwas wie ein gebrochenes Bein oder eine Lähmung von der Art, die den Samariter daran hindern würde, weiterzuziehen. Es ist jedoch, wenn man darüber nachdenkt, hinlänglich klar, daß dies – ganz im Gegenteil – ein *ir*-relevanter Unterschied wäre, was sich verdeutlichen läßt, wenn wir uns ein weiteres Gesprächsstück ausmalen. Nachdem der Samariter gesagt hat: »Ich kann ihn doch nicht einfach hier liegen und sterben lassen«, versetzt sein Begleiter: »Natürlich kannst du das, du hast dir doch nicht das Bein gebrochen, oder?« Damit würde er nicht auf den Gedanken des Samariters eingehen, sondern in schwarzem Humor einen geschmacklosen Witz machen. Und soweit es sich hier um einen »Witz« handelt, würde sich dieser gerade davon herschreiben, daß der genannte Unmöglichkeitsbegriff in diesem Zusammenhang *irrelevant* ist.

Unsere Überlegung zu diesem Punkt ist allerdings nicht ohne Erkenntniswert geblieben. Sie hat eine wichtige Eigentümlichkeit des Begriffs der Unmöglichkeit bzw. der Notwendigkeit verdeutlicht, mit dem wir es hier zu tun haben: Sie beweist, daß es schwierig ist, diesen Begriff in »naturalistischer« Terminologie zu erklären, und sie deutet an, daß es vielleicht unmöglich ist.

Folgendes wäre ein Beispiel für das, was ich meine, wenn ich von »einer Erklärung in naturalistischer Terminologie« spreche: Angenommen, *diesmal* gelingt es wirklich, daß Frankreich und Großbritannien einen Tunnel unter dem Ärmelkanal bauen. (In der Philosophie ist es üblich, ausgefallene Beispiele anzuführen.) Da könnte es sein, daß die Techniker feststellen, an einer bestimmten Stelle sei es *notwendig*, tiefer als ursprünglich geplant zu graben, und zwar aufgrund dessen, was sie über die Gesteins- und Bodenzusammensetzung des Meeresgrunds an dieser Stelle herausbekommen haben. Das heißt, die Notwendigkeit einer Handlungsweise wird hier aus einer unabhängigen Bestimmung der Eigenschaften einer Sache abgeleitet. Ein Beispiel aus dem Bereich der menschlichen Beziehungen wäre das folgende: In George Eliots großem Roman *Middlemarch* stellt Dr. Lydgate fest, daß es unmöglich ist, sich den Maßnahmen zu widersetzen, die der Bankier Bulstrode im Hinblick auf das Gemeindekrankenhaus im Sinn hat, denn Bulstrode hat die finanziellen Angelegenheiten Lydgates fest im Griff. In beiden Beispielen wird die Notwendigkeit oder Unmöglichkeit einer bestimmten Handlungsweise durch Bezugnahme auf wahrscheinliche *Konsequenzen* untermauert. Dies ist für solche Fälle charakteristisch. Wichtiger für meine jetzigen Belange ist jedoch, daß Notwendigkeiten und Unmöglichkeiten in diesen Fällen dadurch bestätigt werden, daß auf Merkmale der durch die ins Auge gefaßte Handlung betroffenen Elemente Bezug genommen wird, und zwar auf Merkmale, die unabhängig von der Bezugnahme auf diese und ähnliche Notwendigkeiten bestimmt werden können. Eine vorgeschlagene Handlung oder Reihe von Handlungen stellt für den potentiellen Akteur keine mögliche Alternative mehr dar, weil die Verwirklichung des erwünschten Zwecks durch Umgebungsbedingungen unmöglich gemacht wird oder weil diese weitere Konsequenzen nach sich ziehen, die nicht akzeptiert werden können.

Eine naturalistische Erklärung moralischer Notwendigkeiten wäre demnach eine, die sie als Begrenzungen der Möglichkeiten des Handelnden deutet, Zwecke zu erreichen, die ihm entweder als Einzelperson oder – im entgegengesetzten Extremfall – als Angehörigen der menschlichen Gattung zukommen sollen. Das heißt in etwa, daß solche Modalitäten nicht als Beschränkungen dessen gedeutet werden, was jemand *wollen* kann, sondern als Beschränkungen dessen, was der Wille unter Voraussetzung seiner vermutlichen Grundmotivation zu *verwirklichen* vermag. Eine derartige Denkweise ist kennzeichnend für eine moralphilosophische Richtung, die in der zweiten Hälfte dieses Jahrhunderts gewiß äußerst einflußreich, ja vielleicht vorherrschend gewesend ist. Zu einer Wortführerin dieser Richtung wurde Elizabeth Anscombe mit ihrem 1958 zum ersten Mal veröffentlichten folgenreichen Artikel »Modern Moral Philosophy«[2], dessen Töne durch die einflußreichen Schriften von Philippa Foot weiterhin nachklingen und nun mit sehr viel größerer Lautstärke in Alasdair MacIntyres kürzlich erschienenem Buch *After Virtue*[3] erschallen, das in seinem ganzen Aufbau durch den Grundgedanken von Miss Anscombes Artikel vorgeprägt ist. Dabei handelt es sich um die Vorstellung, die Miss Anscombe

2 G. E. M. Anscombe, *Collected Philosophical Papers*, Bd. III, Oxford: Blackwell, 1981.

3 A. MacIntyre, *Der Verlust der Tugend: Zur moralischen Krise der Moderne*, dt. Ubers. von Wolfgang Rhiel, Frankfurt a. M.: Campus, 1987.

1958 mit den Worten ausdrückt, die Moralphilosophie müsse auf »eine angemessene Philosophie der Psychologie« angewiesen sein, womit sie sicherlich eine Psychologie meint, die die praktische Vernunft des Menschen im Sinne der Anpassung von Mitteln an menschliche Zwecke erklären würde. Dahinter steht meines Erachtens der Gedanke, daß sich menschliche Zwecke von menschlichen Bedürfnissen herschreiben, und dahinter wiederum der Gedanke, daß sich die menschlichen Bedürfnisse daraus ergeben, was für eine Art von Wesen der Mensch ist. Mit anderen Worten, insgesamt besagt diese Auffassung, die Moralität beruhe irgendwie auf der (unabhängig erfaßbaren) menschlichen Natur und lasse sich vielleicht aus dieser ableiten.

Dieser Ausdruck »unabhängig erfaßbar« kennzeichnet die Stelle, an der die Schwierigkeit liegt.

Hier möchte ich auf das Gleichnis zurückkommen. Der Samariter wird, wie ich betont habe, als jemand geschildert, der barmherzig reagiert, ohne irgendwelche Fragen zu stellen (außer solchen freilich, die mit der Ermittlung der Hilfsbedürftigkeit und der Art der erforderlichen Hilfe zu tun haben). Er fragt nicht, ob der verwundete Reisende ein geeigneter Gegenstand seiner Barmherzigkeit ist, und ebendas ist wesentlich für die *Reinheit* der Barmherzigkeit, von der das Gleichnis ein Bild gibt. Es ist eine Reaktion, welche die Überzeugung des Samariters zum Ausdruck bringt, es sei *notwendig*, dem Reisenden zu helfen, unter diesen Umständen sei gar *nichts anderes möglich*. Wenn ich die Sache derart formuliere, mag man den Einwand erheben, daß ich die sogenannte »Notwendigkeit« der Hilfe als etwas völlig *Willkürliches* hinstelle und deshalb gar nicht als echte Notwendigkeit. Ebendies ist vermutlich im großen und ganzen der gleiche Gedanke wie der, den Miss Anscombe 1958 durch die Behauptung zum Ausdruck gebracht hat, ein sogenanntes unbedingtes moralisches »Sollen« (der von Kant erörterten Art) sei eigentlich unverständlich. Und Alasdair MacIntyre ist im Hinblick auf die heutige Moralität insgesamt der gleichen Ansicht: Ihre Forderungen seien willkürlich und deshalb unverständlich.

Miss Anscombes Argumentation beruht auf der Behauptung, ein solcher Gebrauch leite sich von der Vorstellung her, wonach man *durch das Gesetz* »verpflichtet«, »genötigt«, »gebunden«

oder dergleichen ist. Nach ihrer Ansicht läßt sich dieser Sachverhalt historisch dadurch erklären, daß er ursprünglich durch eine jüdisch-christliche »Gesetzesauffassung der Ethik« verständlich gemacht worden sei (wobei sich die Verständlichkeit vermutlich von einem – wie immer aufgefaßten – menschlichen Bedürfnis herschreibt, den Willen eines entsprechenden Gesetzgebers zu erfüllen). Aber, so fährt sie fort, als die allgemeine Anerkennung der Ethik, wie sie von einem göttlichen Gesetzgeber verlangt wird, längst nicht mehr gegeben war, sei der Sprachgebrauch nicht außer Kurs gesetzt worden. Bei dieser Sachlage, behauptet sie, handelt es sich um »die interessante Situation, in der ein Begriff außerhalb des gedanklichen Rahmens, der ihn eigentlich erst verständlich gemacht hat, weiterlebt«.

Ich bin nicht imstande, diese kühne (und nicht belegte) historische These zu erörtern. Wir wollen sie gelten lassen, um mit unserer Auseinandersetzung weiterzukommen. In Frage stellen möchte ich jedoch Anscombes philosophische Schlußfolgerung bezüglich der angeblichen Unverständlichkeit dieses Gebrauchs moralischer Modalitäten unter heutigen Gegebenheiten.

Eine Vorbemerkung: Aus dem angeblichen Verschwinden der Umstände, die einem Sprachgebrauch früher eine gewisse Verständlichkeit verliehen haben, *folgt* offenbar nicht, daß ein derartiger Sprachgebrauch jetzt *keine* Verständlichkeit mehr besitzt. Höchstens können wir daraus folgern, daß er jetzt *anders* aufzufassen ist. Ob er etwas bedeutet und, wenn ja, was, läßt sich nur durch eine Untersuchung der jetzigen Verwendung des Ausdrucks feststellen – und von einer solchen Untersuchung ist in diesem frühen Artikel Anscombes nichts zu finden.

Um einen Schritt in die Richtung zu tun, in der diesem Mangel abgeholfen werden kann, wollen wir untersuchen, wie der Samariter in meinem kleinen Zusatz zu dem Gleichnis das Wort »kann nicht« verwendet. Man könnte meinen, dieser Gebrauch würde Miss Anscombes Vermutung hinsichtlich der Abhängigkeit solcher absoluter Modalitäten von einer Gesetzesauffassung der Ethik besonders gut entsprechen, denn Jesus erzählt das Gleichnis eben im Rahmen einer Auseinandersetzung um das, »was im Gesetz geschrieben steht«, und wir dürfen annehmen, daß seine Hörer eine Auffassung von Gott als Gesetzgeber hatten. Jesu Gleichnis beruft sich aber gar nicht auf diese Auffas-

sung, sondern es *stellt sie in Frage*, oder zumindest spricht es diese Auffassung in einer Weise an, die voraussetzt, daß die moralische Modalität, auf die der Samariter reagiert, *unabhängig* von jeglicher Bindung an einen speziellen theologischen Glauben auf die Hörer des Gleichnisses wirken würde. Es ist die eigene Reaktion des Schriftgelehrten auf diese Modalität, die es ihm ermöglicht, die Schlußfrage Jesu zu beantworten und damit sein Verständnis des Gesetzes zu erweitern. Daher kann man seine Einsicht in diese Modalität und seine Reaktion auf sie ihrerseits nicht als etwas von seiner Gesetzesauffassung Abhängiges begreifen. Dem könnte ich noch hinzufügen, daß es auch für *uns* durchaus möglich ist, diese Modalität zu verstehen und auf sie zu reagieren, egal, ob wir eine Vorstellung von Gott als dem Urheber eines moralischen Gesetzes haben oder nicht. Andernfalls wäre das Gleichnis für jemanden, der diese Auffassung nicht teilt, bedeutungslos – und das ist nicht nur unzutreffend, sondern es würde eine der offenbaren Absichten Jesu, die er mit seinen Gleichnislehren verfolgt, radikal zunichte machen.
Ich möchte noch ein wenig weiter gehen, und zwar in eine Richtung, die meine anschließende Argumentation vorwegnimmt. Daß die Pflicht, dem verletzten Reisenden zu helfen, auf die der Samariter reagiert, überhaupt verständlich ist, hängt nach Miss Anscombe davon ab, daß man akzeptiert, es sei ein göttliches Gesetz, so handeln zu müssen. Ich bin im Gegenteil der Meinung, daß sich der Begriff des göttlichen Gesetzes seinerseits nur auf der Basis unserer Reaktion auf solche Modalitäten entwickeln kann. Was ich meine, läßt sich erhellen, indem man zunächst zur Kenntnis nimmt, daß Jesus in einem anderen Zusammenhang des Neuen Testaments (Matthäus 22, 39) von dem durch das Samaritergleichnis erläuterten Gebot sagt, es sei einem anderen »gleich«, welches diesem vorausgeht: »Du sollst den Herrn, deinen Gott, lieben von ganzem Herzen, von ganzer Seele und von ganzem Gemüt.« Dieses zweite Gebot ließe sich in der Tat als Anwendung oder auch als besonders wichtige Exemplifizierung des ersten betrachten. Bestätigt wird diese Ansicht durch Bemerkungen wie die folgende aus dem 1. Brief des Johannes (4, 20): »Wenn jemand spricht: Ich liebe Gott, und haßt seinen Bruder, der ist ein Lügner. Denn wer seinen Bruder nicht liebt, den er sieht, wie kann er Gott lieben, den er nicht sieht?« Dies

deutet, wie mir scheint, darauf hin, daß wir nicht zuerst eine Auffassung von Gott haben, aufgrund deren wir sodann unsere Vorstellung von dem Gebot, unseren Nächsten zu lieben, bilden. Im Gegenteil, die begriffliche Entwicklung verläuft in der entgegengesetzten Richtung. Die Reaktionen auf moralische Modalitäten, die uns und dem Samariter gemeinsam sind, gehören – wie sehr sie auch durch die Umstände verändert oder unterdrückt werden mögen – zu den Keimen, denen bei manchen Menschen der Begriff der Göttlichkeit und ihrer Gesetze entsprießt. Dabei ist es natürlich keinesfalls notwendig, daß sich unser Verständnis in dieser Richtung entwickelt. Und wenn es sich nicht so entwikkelt, sehe ich keinen Grund, warum das jemanden daran hindern sollte, die Aussagekraft eines solchen modalen Ausdrucks in seinem ursprünglichen Zusammenhang zu begreifen.
Ich möchte mich zwar nicht allzu lange mit meinen Ausführungen über Miss Anscombe aufhalten – teils, weil dies nicht der richtige Anlaß ist, und teils, weil das, was ich darüber zu sagen habe, an anderer Stelle veröffentlicht wird –, doch ich kann nicht umhin, auf eine erstaunliche Tatsache Bezug zu nehmen, die die Richtung betrifft, die von einigen ihrer späteren Arbeiten eingeschlagen wird. Erstaunlich ist diese Tatsache deshalb, weil sie, wie mir scheint, ihre früheren Ansichten über das moralische »Sollen« untergräbt, ohne daß von ihrer Seite ausdrücklich anerkannt würde, daß es sich so verhält. In zwei Aufsätzen, die zwanzig Jahre nach dem Artikel »Modern Moral Philosophy« veröffentlicht wurden, bespricht Miss Anscombe gewisse Probleme hinsichtlich des Gebrauchs modaler Begriffe wie *müssen*, *nicht können*, *sollen*, wobei sie in Hume denjenigen Philosophen erkennt, der diese Probleme als erster ans Licht gebracht habe.[4] Hume zerbricht sich an einer bekannten Stelle seines Traktats über die menschliche Natur den Kopf darüber, woher die Verpflichtung rühre, ein Versprechen zu halten. Er stellt dort die Frage, wie die bloße Äußerung der Worte »Ich verspreche es« eine vorher nicht bestehende Verpflichtung oder Notwendigkeit hervorbringen kann, sich künftig in bestimmter Weise zu verhalten. Es gibt keinen diesen Worten entsprechenden »geistigen Akt«, der das zuwege bringen könnte, und die Annahme, die

4 G. E. M. Anscombe, »Rules, Rights and Promises« und »On the Source of the Authority of the State«, in: *Collected Philosophical Papers*, Bd. III.

Worte könnten es ganz allein fertigbringen, scheint eine magische Auffassung zu sein.
Miss Anscombes Vorschlag lautet, dieser Fall gehöre zu einer Klasse von Modalausdrücken, die sie anschaulich als »bremsende Modalwörter« bezeichnet. Wenn Kinder ihre Muttersprache lernen, werden sie von den Erwachsenen an bestimmten Handlungen gehindert, wobei ihnen zugleich gesagt wird: »Das darfst du nicht«, und vielleicht wird ihnen auch ein Grund genannt, wie etwa »Das gehört jemand anders«, »Dieses Zimmer ist nur für sie da«, »Du hast versprochen, es nicht zu tun« oder »Das geht dich nichts an«. Derart erzogene Kinder reagieren dann allmählich auf die Worte selbst, ohne daß die physischen Hindernisse, die zum Lernprozeß gehörten, zum Einsatz kämen, und sie gelangen ihrerseits dahin, solche Wörter sowohl in ihren Äußerungen gegenüber anderen als auch bei ihren eigenen Überlegungen über anstehende Handlungen zu verwenden. Den Grund, der zur Unterstützung eines solchen »bremsenden Modalworts« angeführt wird, nennt Miss Anscombe den »Logos« dieses Worts. Dieser Grund hat die Eigentümlichkeit, daß er nur für jemanden verständlich ist, der die angemessene Reaktion auf das Bündel von Modalausdrücken, zu deren »Rechtfertigung« dieser Logos gebraucht wird, bereits gelernt hat. Des weiteren macht Miss Anscombe eine Bemerkung, die schon als solche wie auch namentlich in bezug auf das hier erörterte Thema wichtig ist. Sie sagt nämlich, daß ähnliche Überlegungen für alle menschlichen Lebensbereiche gelten und zum Lernen jeder Art von Sprache gehören, die zum Beispiel mit der Vorstellung verknüpft ist, daß es bestimmte Dinge gibt, die man nicht sagen »kann«, sowie bestimmte Dinge, auf die man festgelegt ist (die man anerkennen »muß«), sofern man gewisse andere Dinge akzeptiert hat. Ein besonders frappierendes Beispiel ist das Erfassen von einfachen arithmetischen Begriffen der Zahl, der Addition, der Subtraktion usw. Wenn ein Kind zählen lernt, muß ihm vor allen Dingen ein überaus strenger, starrer Drill beigebracht werden. Es muß die Reihe der Zahlwörter lernen, deren *Anordnung* natürlich von ausschlaggebender Bedeutung ist und außerdem – zumindest vom Standpunkt des Lernenden – völlig willkürlich wirkt. Einen ähnlich strengen und willkürlichen Charakter haben auch die Vorschriften, die beim Zählen von

Gegenständen verschiedener Arten eine Rolle spielen, also wenn es um die erforderliche »Zuordnung« zwischen Zahlwort und Gegenstand usw. geht. Nur wenn das Kind angemessen auf eine solche Ausbildung reagiert und bedingungslos mitmacht, werden die Zahlbegriffe richtig gelernt. Dies ist, wie gesagt, ein besonders frappierendes Beispiel, doch es ist ein Beispiel für etwas, was das ganze Sprachlernen durchzieht, das mechanisches Abrichten in Verfahrensweisen in weit höherem Maße beinhaltet, als wir zunächst vielleicht einsehen wollen.

Es wäre jedoch verfehlt, wollte man allzu ausschließlich auf dem Faktum beharren, daß solche Verfahrensweisen *gelernt* werden müssen; jedenfalls wäre es dann verfehlt, wenn es unsere Aufmerksamkeit von der unentbehrlichen Rolle ablenkte, die unter verschiedenen Arten von Umständen von ganz spontanen Reaktionen unsererseits gespielt wird. Ja, wären solche charakteristischen Reaktionen nicht die Norm, wäre ein Lernen der Art, auf die ich mich bezogen habe, unmöglich, denn der Erfolg der Abrichtung in Verfahrensweisen ist auf die Vorhersagbarkeit der Reaktionen auf eine solche Abrichtung angewiesen. Nicht alle diese Reaktionen können ihrerseits durch Abrichtung hervorgebracht worden sein. Wollte man dies annehmen, würde man sich in einen unendlichen Regreß verwickeln. Daß Miss Anscombe es versäumt, diese Spontaneität in Rechnung zu stellen, ist nach meinem Eindruck eine Lücke in ihrer Darstellung der »bremsenden Modalwörter«, und zwar eine Lücke, die sie vielleicht daran hindert, die Reichweite ihrer Argumentation bis an die Grenze auszunutzen.

Nun möchte ich die Aufmerksamkeit darauf richten, wie diese Vorstellungen auf unser wechselseitiges Verständnis angewandt werden. Miss Anscombe betont, wie gesagt, die Wichtigkeit des Umstands, daß wir beim Erwerb von Begriffen, die die von ihr so bezeichneten »Logoi« der von uns in unseren wechselseitigen Beziehungen respektierten Modalausdrücke bilden, von unseren Lehrern tatsächlich daran gehindert werden, unter verschiedenen Arten von Umständen bestimmte Dinge zu tun. Dem möchte ich hinzufügen, daß es in bezug auf uns eine wichtige Tatsache ist, daß unsere Reaktionen aufeinander in allen möglichen Hinsichten völlig verschieden sind von unseren Reaktionen auf sonst etwas. Die Bedeutung dieser Tatsache liegt im gegenwärtigen

Zusammenhang in ihrer Verbindung mit unserem Verständnis dafür, mit was für einer Art von Wesen wir eigentlich Umgang haben. Wenn ich zum Beispiel sehe, wie sich jemand anders zufällig mit dem Hammer kräftig auf den Daumen schlägt, werde *ich* zusammenzucken, aufschreien und nach dem eigenen Daumen greifen. Weder habe ich diese Handlungsweise gelernt noch tue ich dergleichen infolge meines Nachdenkens über die Schmerzen, die der andere erträgt. Vielmehr ist dieses Handeln selbst ein *Ausdruck* meiner Einsicht in seine Schmerzen.
Betrachten wir ferner das folgende – nach meiner Auffassung großartige – Zitat aus Wittgensteins Erörterung der Beziehung zwischen Geist und Körper:

> Aber ist es nicht absurd, von einem *Körper* zu sagen, er habe Schmerzen? – Und warum fühlt man darin eine Absurdität? Inwiefern fühlt meine Hand nicht Schmerzen; sondern ich in meiner Hand?
>
> Was ist das für eine Streitfrage: Ist es der *Körper*, der Schmerzen fühlt? – Wie ist sie zu entscheiden? Wie macht es sich geltend, daß es *nicht* der Körper ist? – Nun, etwa so: Wenn Einer in der Hand Schmerzen hat, so sagt's die *Hand* nicht (außer sie schreibt's), und man spricht nicht der Hand Trost zu, sondern dem Leidenden; man sieht ihm in die Augen. Wie bin ich von Mitleid *für diesen Menschen* erfüllt? Wie zeigt es sich, welches Objekt das Mitleid hat? (Das Mitleid, kann man sagen, ist eine Form der Überzeugung, daß ein Andrer Schmerzen hat.)[5]

Wittgenstein kennzeichnet Betrachtungen wie diese als »Bemerkungen zur Naturgeschichte des Menschen«. Damit will er sagen, daß Denken und Verstehen in »naturgeschichtlicher Weise« angesehen werden sollten, nämlich als Begriffe, die die Lebensweisen der Menschen charakterisieren. Wenn man die Dinge in dieser Weise anschaut, wird es mehr als natürlich erscheinen, daß das Verständnis der Menschen *füreinander* davon abhängt, was für ein Leben sie führen.
Jonathan Swift ist ein Schriftsteller, dessen spezifische Sensibilität sehr gut widerspiegelt, was in diesem Gedanken enthalten ist.

5 Wittgenstein, *Philosophische Untersuchungen*, §286 f.

Dabei denke ich sowohl an den schauerlichen »Bescheidenen Vorschlag« als auch an die (in gewisser Weise ebenso beklemmende) »Reise zu den Houyhnhnms« aus *Gullivers Reisen*. Aus Rücksicht auf die Empfindlichen werde ich davon Abstand nehmen, ausführlich auf den ersten dieser beiden Texte einzugehen. Ich werde lediglich darauf hinweisen, daß sich die Wirksamkeit von Swifts schroffer Satire auf den Geist der Bürokratie nahezu ausschließlich der Art und Weise verdankt, in der sein Vorschlag und dessen Präsentationsform unser Gefühl menschlicher Gemeinschaft mit den elenden irischen Bauern und ihren Kindern restlos ausschalten. Dies könnte als Ausgangspunkt dienen für die Reflexion über das Wesen der Bestürzung und des Unverständnisses sowie des Entsetzens, die wir angesichts eines Phänomens wie der Massenvernichtungen im nationalsozialistischen Deutschland empfinden. Ich möchte sagen, es sei wichtig zu erkennen, daß hier etwas vorliegt, was in gewissem Sinne nicht zu »verstehen« ist, wenn wir unser Gefühl für das, was menschliches Leben ist, behalten wollen. Was ich damit meine, ist, daß die Bewahrung dieses Gefühls eine ganz andere Art von Reaktion verlangt als die, welche nach einer Erklärung strebt – doch dieser schwierigen Frage werde ich hier nicht weiter nachgehen.

Was die »Reise zu den Houyhnhnms« betrifft, habe ich besonders Gullivers Beziehung zu den Yahoos im Sinn. Gulliver ist ganz natürlicherweise darauf bedacht, sich von diesen abstoßenden und beunruhigend menschenähnlichen Wesen zu distanzieren. Gegen Ende seines Aufenthalts in diesem Land kommt es zu einem aufschlußreichen Vorfall, bei dem er, während er nackt im Fluß schwimmt, von einem weiblichen Yahoo mit lüsternen Absichten verfolgt wird. In diesem Augenblick, sagt er, habe er es sich nicht mehr verhehlen können, einer der Ihren zu sein. Seine hysterisch entsetzte Flucht bekundet den Konflikt zwischen der *Notwendigkeit* und der *Unmöglichkeit*, seine menschliche Gemeinsamkeit mit einem dieser verdorbenen Geschöpfe anzuerkennen.

Das Gegenstück hierzu ist die Schwierigkeit, die *wir* als Leser Swifts – und ich glaube nicht, daß es nur mir so geht – empfinden, wenn es darum geht, die völlig rationalen Houyhnhnms ernst zu nehmen, es sei denn, als geistreichen Einfall. Man wird mir hoffentlich keinen »Spezismus« vorwerfen, wenn ich behaupte, daß wir zu *Pferden* keine solche Beziehung entwickeln können, wie sie nötig wäre, um derartige Eigenschaften an ihnen wahrnehmen zu können. Der Grund, weshalb ich sage, dabei handele es sich nicht um das, was man »Spezismus« nennt, ist der, daß es gar nichts damit zu tun hat, ob man die Menschen für *höhere* Wesen hält als die Pferde. Es könnte ebensogut das Gegenteil bezeigen.

Wir sollten nicht vergessen, daß die geballte Wirkung der Begegnung mit den Yahoos und den Houyhnhnms auf Gulliver darin besteht, daß er noch Jahre nach Verlassen ihres Landes an Wahnvorstellungen leidet. Ich glaube, Swift wußte, was er tat, als er seine Geschichte auf diese Weise enden ließ.

In allen diesen Fällen verhält es sich nicht so, als würde ich zuerst die menschliche Gemeinsamkeit mit anderen erkennen, woraufhin diese Erkenntnis die gedankliche Rechtfertigung liefert für meine Reaktion auf bestimmte Modalitäten im Umgang mit ihnen. Im Gegenteil, dabei handelt es sich um eine Erkenntnis, die ihrerseits von diesen Reaktionen abhängig ist. In dieser Hinsicht gleicht sie in etwa Miss Anscombes Logos für ein bremsendes Modalwort. Ebendiesen Gedanken unterstreicht Wittgenstein kurz und bündig mit seiner Bemerkung: »Meine Einstellung zu ihm ist eine Einstellung zur Seele. Ich habe nicht die *Meinung*, daß er eine Seele hat.«[6]

Nun möchte ich versuchen, die verschiedenen Fäden zusammenzuziehen und zu sehen, welche Schlußfolgerung sie nahelegen. Diese Schlußfolgerung werde ich durch die Behauptung zum Ausdruck bringen, daß die praktischen Modalitäten, auf die wir in unserem Umgang miteinander reagieren – wobei es sich unter besonderen Umständen freilich um modifizierte, abgeschwächte oder verstärkte Reaktionen handeln kann –, den von Wittgenstein sogenannten »Regeln der Grammatik« ähneln, ja vielleicht sogar ein Spezialfall dieser Regeln sind. Wittgenstein spricht von der »Willkürlichkeit« solcher Regeln:

> Warum nenne ich die Regeln des Kochens nicht willkürlich, und warum bin ich versucht, die Regeln der Grammatik willkürlich zu nennen? Weil ›Kochen‹ durch seinen Zweck definiert ist,

6 Wittgenstein, *Philosophische Untersuchungen*, Teil II, iv.

> dagegen ›Sprechen‹ nicht. Darum ist der Gebrauch der Sprache in einem gewissen Sinne autonom, in dem das Kochen und Waschen es nicht ist. Wer sich beim Kochen nach andern als den richtigen Regeln richtet, kocht schlecht; aber wer sich nach andern Regeln als denen des Schachs richtet, spielt ein *anderes Spiel*; und wer sich nach andern grammatischen Regeln richtet, als den und den, spricht darum nichts Falsches, sondern von etwas Anderem.[7]

Ebenso, könnten wir sagen, sahen der Priester und der Levit, als sie den Verletzten auf der Straße erblickten, etwas anderes als der Samariter. Wir könnten behaupten: Sie sahen in ihm keinen Nächsten. Vielleicht würde es sonderbar klingen, wollte man sagen, daß sie ihn nicht als Mitmenschen gelten ließen. Freilich, in vielen Zusammenhängen würden wir das nicht sagen, aber in manchen Kontexten drücken wir uns *doch* so aus. Denken wir an die Einstellung, die die Europäer und die weißen Amerikaner im siebzehnten und achtzehnten Jahrhundert zu den Sklaven hatten. Von diesen wurde manchmal behauptet – und mitunter sagten sie es sogar von sich selbst –, daß Sklaven nicht als Menschen angesehen würden.[8] Damit soll nichts über ihre Fähigkeit zu biologischen Klassifikationen gesagt werden, obwohl dergleichen zweifellos in konfuser Weise mit der eigentlichen Kernfrage verquickt wurde, die nämlich das Wesen ihres moralischen Empfindens betrifft. Mir kommt es vor allem darauf an, daß unser *moralisches* Empfinden, wenn es um Fragen bezüglich unseres gegenseitigen Verständnisses geht, in der Tat ein Aspekt unseres *Empfindens* ist, also der Art und Weise, wie wir die Dinge sehen, und mithin unseres Verständnisses der Welt, in der wir leben.

7 Wittgenstein, *Zettel*, § 320.

8 Eine interessante Erörterung dieses Themas findet sich in Stanley Cavells Buch *The Claim of Reason*, Oxford University Press, 1979.

12
Partikularität und Moral

Zunächst ein Beispiel: Es entstammt einem Stück mit dem Titel *Rabbit Pie Day* von Tim Rose Price, das vor einigen Jahren von der BBC im Fernsehen gezeigt wurde. Das Thema dieses Stücks ist die aufgrund einer politischen Übereinkunft zwischen der britischen und der sowjetischen Regierung erfolgte Zwangsrepatriierung russischer Kriegsgefangener in britischer Hand. Die Gefangenen haben von dieser Heimkehr wenig Gutes zu erwarten. Das Stück spielt in einem Durchgangslager in England. Der Kommandant ist ein englischer Intellektueller aus der Mittelschicht, der aufgrund seiner leicht linksgerichteten politischen Sympathien dazu neigt, dem Zweck der Abmachung, aus der sich die bevorstehende Repatriierung der Gefangenen ergibt, positiv gegenüberzustehen. Sein Feldwebel ist ein Chauvinist aus der Unterschicht, der sich kaum für Politik interessiert, der alle Ausländer verachtet und ganz besonders empört ist über die anarchische Fremdheit der Gefangenen in seiner Obhut. Im Laufe des Stücks wird dem Personal des Durchgangslagers allmählich klar, was für ein grausiges Geschick die Gefangenen bei ihrer Rückkehr »daheim« erwartet. Der Kommandant erhebt erfolglos Einspruch bei seinen Vorgesetzten; aber er kann nichts unternehmen, um den Rücktransport aufzuhalten. Weigerte er sich, seine Befehle zu erfüllen, würde er die Dinge für die Gefangenen wahrscheinlich noch verschlimmern – ganz zu schweigen von den Folgen, die das für ihn selbst hätte. In der Zwischenzeit beginnen die Gefangenen in seinem Bewußtsein und in der Vorstellung seines Feldwebels, die Gestalt von ganz realen, lebendigen, wenn auch alles andere als heiligmäßigen Menschen anzunehmen, deren Leben nolens volens mit dem ihrer britischen Aufseher verflochten ist. Am Schluß des Stücks werden die Gefangenen, die keine Ahnung von ihrem Bestimmungsort haben, auf Lastwagen verladen, während ihre Aufseher mit dem Gefühl äußersten Abscheus zurückbleiben. Dies gilt vor allem für den Kommandanten und – was vielleicht noch interessanter ist – auch für seinen Feldwebel.

Der Abscheu des Kommandanten ließe sich in dem Urteil zum Ausdruck bringen, er habe etwas Schäbiges getan, indem er diese Menschen, die ihm vertrauten, betrog. Dies ist nach meiner Annahme ein Beispiel für eine bestimmte Art von moralischem Urteil; und ich nehme ferner an, daß der Abscheu, den der Kommandant empfindet, als »moralischer« Abscheu zu charakterisieren ist. Es ist die Verbindung des Urteils und des Abscheus mit Begriffen wie *Verrat*, *Treubruch* und dergleichen, welche nach meiner Auffassung die Rechtfertigung für diese Bezeichnung »moralisch« liefert.
Die Frage, um die es mir hier geht, ist die folgende: Was für ein logischer Zwang wird in einem Fall wie diesem durch die situationsgegebenen Fakten auf die Zulässigkeit moralischer Reaktionen auf die Fakten ausgeübt? Um meine Frage ein wenig weiter zu erläutern, möchte ich einen Vergleich anführen: Jemand, der die Uhrzeit nennen möchte, wird durch bestimmte Merkmale seiner Umgebung eingeschränkt: durch die Stellung der Sonne, die Anzeige der Uhren usw. usf. Durch solche Merkmale wird eine bestimmte Antwort auf die Frage »Wie spät ist es?« als die richtige bestimmt. Und es ist ein Merkmal der Bedeutung von Wörtern wie »bestimmen« und »richtig« in diesem Kontext, daß für jeden, der diese Frage aufwürfe, durch diese Merkmale der Umgebung *dieselbe* Antwort als die richtige bestimmt würde. Ja, wer diese Beschränkungen seiner Äußerungen außer acht ließe, würde kaum als jemand *gelten*, der »dieselbe Frage stellt«. Dagegen können zwei Menschen (mit den gleichen Geschmacksvorlieben) die Frage stellen: »Wo würde ich gern die Ferien verbringen?« Und obwohl ihre Umstände in allen relevanten Hinsichten gleich sind, brauchen sie nicht die gleiche Antwort zu geben. Die Formulierung »brauchen nicht« heißt hier soviel wie: Wenn sie verschiedene Antworten gäben, wäre das kein Grund zur Annahme, daß sich einer von ihnen geirrt hat. Ja, es ist nicht einmal recht klar, was »Irrtum« unter diesen Umständen überhaupt hieße. Wenn wir nun auf unsere Ausgangsfrage zurückkommen und die beiden zuletzt genannten Beispiele als paradigmatisch auffassen, wollen wir also fragen, was wir zu dem Urteil des Kommandanten sagen sollen, er sei an einem schäbigen Verrat an Menschen, die ihm vertrauten, beteiligt gewesen. Würde jemand anders in der gleichen Situation

urteilen, er sei moralisch sauber geblieben (und zwar vielleicht mit der Begründung, er habe nur seine Pflicht getan und gesetzmäßige Befehle erfüllt), fragt es sich, ob es der Fall sein muß, daß entweder er oder der Kommandant im Irrtum ist.
Ich glaube, es ist wichtig, diese Frage derart zu formulieren, daß hinsichtlich der Form einer akzeptablen Antwort kein Vorurteil entsteht. Diese Art von Vorurteil ist zum Beispiel dadurch hervorgerufen worden, daß man die Frage sehr häufig in folgender Terminologie formuliert hat: »Bringt das Urteil, wonach mein Verhalten gegenüber diesen Menschen ein schäbiger Treubruch war, von sich aus eine *Tatsache* zum Ausdruck, die diese Situation betrifft, oder artikuliert es vielleicht vielmehr eine *Einstellung* zu den in dieser Situation gegebenen Fakten?«
Mit Fragen dieser Form werden wir es nicht weit bringen können. Um nur einen Grund zu nennen: Die Überlegungen, aufgrund deren unsere Neigungen in entgegengesetzte Richtungen gelenkt werden, sind zu ausgeglichen. Wir können die Zulässigkeit von Formulierungen wie »Es ist eine Tatsache, daß mein Verhalten schäbig war« nicht bestreiten. Wir können auch nicht leugnen, daß sich jemand völlig sprachrichtig verhält, wenn er meine Äußerung mit den Worten »Das ist wahr« billigt oder sie mit den Worten »Das ist nicht wahr« anfechtet. Und wie können wir die Anwendbarkeit der Tarskischen Formel bestreiten, wonach gilt: »›Mein Verhalten war schäbig‹ ist dann und nur dann wahr, wenn mein Verhalten schäbig war«? Andererseits wäre es jedoch absurd zu leugnen, daß das, was der Kommandant denkt, sofern er sein Verhalten als schäbig beurteilt, in ganz anderer Beziehung zum Geschehen im Lager steht als etwa sein Urteil, daß die Gefangenen am 14. Januar aus dem Lager abgezogen sind. Dieser Unterschied ist derart, daß es ganz natürlich erscheint, ihn dadurch zu formulieren, daß man sagt, das eine Urteil behaupte eine Tatsache, die sich auf diese Situation bezieht, während das andere eine Einstellung zu den Fakten dieser Situation ausdrücke.
Die Philosophen haben auf diese allgemeine Sachlage nicht alle in der gleichen Weise reagiert. Einerseits haben sie manchmal von einer »moralischen Wirklichkeit« gesprochen, die den erforderlichen Zwang auf das moralische Urteil ausübe. An diesem Ausdruck als solchem ist eigentlich nichts auszusetzen, und *im*

Rahmen moralischer Auseinandersetzungen läßt er sich auf alle möglichen Weisen nutzbringend einsetzen. Doch im gegenwärtigen Kontext stellt er, wenn er im Dienst einer allgemeinen Kennzeichnung »der Beziehung moralischer Äußerungen zur Realität« gebraucht wird, einen Rückfall ins Mythologische dar. Wir haben hier nicht viel mehr vor uns als eine Art von metaphysischem Gegenstück zur Tarskischen Formel bezüglich Wahrheit: etwas, was einfach gebraucht wird, um die These zu stützen, daß es bei moralischen Urteilen tatsächlich einen logischen Zwang gibt, ohne eine wirkliche Erklärung der Beschaffenheit dieses Zwangs zu liefern. Andererseits wird von Philosophen, die sich von der verdächtig mythologischen Erscheinung der derart ins Spiel gebrachten moralischen Realität beeindrucken (oder vielleicht deprimieren) lassen, mitunter bestritten, daß die in der Situation gegebenen Fakten auch nur den geringsten logischen Zwang ausüben auf die Zulässigkeit moralischer Urteile.
Die Schwierigkeit ergibt sich hier zum Teil aus dem Umstand, daß die grammatische Form, in der das Urteil ausgedrückt wird, als solche kein zuverlässiger Hinweis ist auf die Art und Weise, in der das Urteil faktisch angewandt wird. Formeln der Form »›p‹ ist dann und nur dann wahr, wenn ›s‹« können jede Exemplifizierung von »p« enthalten, von der sich ohne Verstoß gegen die Grammatik sagen läßt, sie sei wahr; aber dennoch können verschiedene Exemplifizierungen von »p« in völlig verschiedener Weise angewendet werden. Die metaphysische Interpretation der Tarskischen Formel legt die Vorstellung nahe, die Unterschiede lägen in den »verschiedenen Arten von Tatsachen«, die durch die Werte des in der zweiten Hälfte vorkommenden »s« zum Ausdruck gebracht werden. Nach dieser Interpretation ist die Grundbeziehung zu den Tatsachen immer die gleiche, und sie ist dasjenige, was in dem Teil der Formel ausgedrückt wird, der »ist dann und nur dann wahr, wenn« lautet. Als paradigmatischen Wert von »p« nehmen wir sodann eine Art von Satz, dessen Anwendung auf die Tatsachen besonders unkompliziert und deutlich erscheint (etwa »Schnee ist weiß«); mit diesem Paradigma vergleichen wir Sätze eines Typs, dessen Anwendung auf die Tatsachen uns philosophisch problematisch vorkommt (etwa »Mein Verhalten war schäbig«). Nun steht der Annahme nichts mehr im Wege, daß die (metaphysisch interpretierte) Tars-

kische Formel für »ist wahr« auch im problematischen Fall die Beziehung zu den Tatsachen angibt: Es wird sich um eine Beziehung handeln, die im Grunde derjenigen gleicht, die im unkomplizierten Fall besteht. Der Unterschied wird in der Komplexität der Tatsachen liegen, die durch »s« behauptet werden.

Diese ganze Denkweise ist ein Beispiel für das, was Wittgenstein angreift, wenn er sich in seinen Schriften über die Unterscheidung äußert zwischen dem, was gesagt werden kann, und dem, was sich nur zeigen läßt. Wir nehmen an, daß uns die Tarskische Formel die Beziehung nennt, die zwischen dem Ausdruck in Anführungszeichen und der Welt besteht. Aber natürlich ist das, was wir auf der rechten Seite der Formel vor uns haben, wieder nichts weiter als Worte. Das Vorhandensein oder Fehlen von Anführungszeichen macht zwar einen Unterschied im Hinblick auf die Art und Weise, in der die Worte aufzufassen sind, aber es gelingt nicht, Wörter durch solche Hilfsmittel der Notation in etwas anderes zu verwandeln. Der Satz erhält seine Beziehung zu etwas von Wörtern Verschiedenem (also zu dem, was wir »die Welt« nennen) nur durch seinen Gebrauch, durch seine Anwendung. Diese Anwendung kann beschrieben werden. Aber die Wörter auf der rechten Seite der Tarskischen Formel sind *nicht* eine Beschreibung der Weise, in der die in Anführungszeichen gesetzten Wörter auf der linken Seite angewendet werden, sondern sie *sollen* die Tatsachen zum Ausdruck bringen, auf die sich die Worte in Anführungszeichen beziehen (also ihre Wahrheitsbedingungen). Es gelingt uns aber nicht, aus der Sprache herauszukommen, indem wir uns des Hilfsmittels der Notation bedienen und auf der linken Seite der Formel Anführungszeichen gebrauchen, während wir sie auf der rechten Seite auslassen. Nur durch die *Anwendung* der Sprache kommen wir in Berührung mit der Welt.

Diese Einsicht wird manchmal nur zum Teil begriffen, was dann wiederum zu neuen Verwirrungen Anlaß gibt. So wird es mitunter vorkommen, daß Philosophen behaupten, die Bedeutung moralischer Urteile stehe in Widerspruch zu ihrem Gebrauch – ein neueres Beispiel hierfür ist das, was Alasdair MacIntyre in seinem Buch *After Virtue* schreibt. Dahinter steckt der Gedanke, daß die grammatische Subjekt-Prädikat-Form, in der solche Urteile zum Ausdruck gebracht werden, ihre *Bedeutung* angibt, die

vielleicht darin besteht, daß einer Handlung, einer Person, einer Situation oder sonst etwas eine Eigenschaft zugeschrieben wird. Von der wirklichen *Anwendung* des Urteils heißt es jedoch, sie stehe völlig in Gegensatz zu dieser Bedeutung, ja es müsse so sein, weil es in Wirklichkeit keine derartigen Eigenschaften gebe, die zuzuschreiben wären. Solche Sätze würden vielmehr gebraucht, um Einstellungen auszudrücken und/oder zu beeinflussen. Doch der vermeintliche Fehler im Hinblick auf ihre Bedeutung, von dem angenommen wird, er werde durch ihre irreführende grammatische Form ausgelöst, spielt nach dieser These seinerseits eine Rolle – und zwar eine illegitime Rolle – bei der Verstärkung des Einflusses dieser Sätze auf Einstellungen. Hörer (und vielleicht auch Sprecher) solcher Sätze werden irregeleitet, so daß sie gewisse Einstellungen zu Situationen annehmen, weil sie meinen, diese Einstellungen würden ihnen durch diese im Grunde mythologischen Eigenschaften der Situationen irgendwie abgefordert. Sie glauben, es werde ihnen etwas von bestimmter Art mitgeteilt, während in Wirklichkeit nirgends auf der Welt etwas von dieser Art existiert, was mitzuteilen wäre.
Konfus sind hier nach meiner Meinung die Philosophen, die eine solche Diagnose stellen. Die Art der Anwendung eines Urteils findet in *keinem* Fall seinen unmittelbaren Ausdruck in der grammatischen Form seines Ausdrucks. Dies gilt ebensosehr für die grammatische Form jener Äußerungen, die als Musterbeispiele für die Zuschreibung von Eigenschaften angesehen werden, wie für die grammatische Form der Äußerungen, die der im vorigen Absatz angedeuteten Art von Kritik unterzogen werden. »›Schnee ist weiß‹ ist dann und nur dann wahr, wenn Schnee weiß ist« sagt nichts über die richtige Anwendungsweise des Ausdrucks »Schnee ist weiß«. (Welches ist eigentlich die richtige Anwendungsweise dieses Ausdrucks? Ist jemand dieser Frage einmal ernsthaft auf den Grund gegangen? Die Antwort ist keineswegs so offensichtlich, wie scheinbar allgemein angenommen wird, denn es ist gar nicht klar, wann das gesagt werden könnte, es sei denn, vielleicht als Teilerklärung des Wortes »weiß« oder dessen, was Schnee ist, für jemanden, der zum erstenmal davon gehört hat.)
So, wie der Begriff »eine Eigenschaft zuschreiben« in diesem Gedankengang vorkommt, ist er eigentlich nichts weiter als ein

metaphysischer Schatten, der von einer bestimmten syntaktischen Form geworfen wird. Und Philosophen, die sagen, die Anwendung eines solchen Ausdrucks »auf die Welt« bestehe darin, daß damit »eine Tatsache behauptet« werde, machen kaum mehr als eine Gebärde – gleichsam eine Gebärde zum Weißsein des Schnees hin. Sie erkundigen sich nicht sonderlich genau, welche Umgebungsbedingungen nötig wären, um mit dieser Gebärde das Gewünschte zu erreichen. Und wenn sie dann von Ausdrücken, die ihnen – wie etwa die zur Ethik gehörenden Ausdrücke – problematischer vorkommen, sagen, daß diese ebenfalls »Tatsachen behaupten« (oder wenn sie das bestreiten), wiederholen sie lediglich diese Gebärde und meinen, sie hätten, um die Gebärde in der richtigen Weise verständlich zu machen, genug getan, wenn sie hinzufügen, daß es sich bei den betreffenden Tatsachen in diesem Fall um solche handelt, die zur »moralischen Wirklichkeit« gehören. Das dient jedoch nur dazu, das Nichtssagende der Gebärde zu verhüllen, indem man sie mythologisch verbrämt.

Es ist im Grunde immer noch die gleiche Verwirrung, in die wir verstrickt bleiben, wenn wir daraus folgern, die Wirklichkeit erlege der Anwendbarkeit ethischer Ausdrücke gar keine logischen Beschränkungen auf. Der Witz ist, daß wir, solange wir uns weiterhin entlang der syntaktischen Pfade bewegen, durch die grammatische Oberflächenformen verbunden werden, nicht einmal begonnen haben, die wirklichen Beziehungen zu Personen, Situationen und Dingen zu untersuchen, die wir durch unsere ethischen Begriffe zum Ausdruck bringen.

Mit diesen Überlegungen im Sinn komme ich auf das Beispiel zurück, von dem ich ausgegangen bin: auf das Beispiel des Lagerkommandanten, der auf die Rolle reagiert, die er bei der Zwangsrepatriierung der in seine Obhut gegebenen Kriegsgefangenen spielt. In welcher Beziehung stehen die moralischen Begriffe, die seine Reaktion prägen, zu den durch die Situation gegebenen Fakten, auf die er reagiert?

Vorhin habe ich angemerkt, daß unsere Behauptung, die Empfindung des Kommandanten sei eine des *moralischen* Abscheus, durch ihren Zusammenhang mit Begriffen wie Verrat, Treubruch usw. usf. gerechtfertigt wird. Sein Abscheu ist jedoch nicht bloß Abscheu im Hinblick auf einen *Einzelfall* von Verrat, Treubruch usw. Das heißt, sein Abscheu ist nicht durch eine Bindung seinerseits an (wie immer gedeutete) allgemeine Prinzipien zu erklären – mag sein, daß er derart festgelegt ist, vielleicht ist er es aber nicht. Es ist nicht so, als wendete er eine Reihe solcher Prinzipien auf die vorliegenden Tatsachen an und erkenne dadurch, daß er auf eine bestimmte Betrachtungsweise dieser Tatsachen festgelegt ist. Freilich, es gibt tatsächlich Situationen, die in dieser Weise gekennzeichnet werden können, aber die hier betrachtete Situation gehört nicht zu ihnen. Außerdem ist dieses Beispiel, abgesehen von seinem hochdramatischen Charakter, nach meiner Überzeugung gar nicht untypisch für eine umfassende Reihe von Fällen, in denen moralische Begriffe auf Einzelsituationen angewandt werden.

Der Kommandant – der, was seine allgemeinen Prinzipien anlangt, geneigt ist, die Politik gutzuheißen, in deren Rahmen die Repatriierung vollzogen wird, und den Kritikern dieser Politik zu mißtrauen – wird moralisch dadurch sensibilisiert, daß er zu diesen Einzelmenschen Kontakt bekommt und erkennt, was er ihnen antut. Und das liegt gewiß nicht daran, daß er sie besonders gern mag; alles in allem findet er sie lästig und undurchschaubar. Noch klarer ist die Situation im Falle seines Feldwebels, der die Gefangenen gar nicht mag und zu dessen Prinzipien sicher keine Gebote gehören, sich um die Interessen von Ausländern zu kümmern. Doch dadurch, daß er zu ihnen als Individuen Kontakt hat, fühlt er sich angesichts seines Handelns seltsam unwohl in seiner Haut. Und das Wesen dieses Kontakts sowie das Wesen seines Unbehagens lassen sich, wie ich behaupten möchte, nicht ohne den Gebrauch moralischer Begriffe zum Ausdruck bringen.

Der allgemeine Gedanke, um den es hier geht, ist von Grete Hermann sehr deutlich ausgesprochen worden, wenn sie gegen die neukantianische Sittlichkeitsauffassung ihres ehemaligen Lehrers Leonard Nelson wie folgt argumentiert:

> Wer sich über eine Lüge empört, wendet sich gegen die bestimmte Lüge, deren Zeuge er war oder von der er erfahren hat. Aber er empört sich nicht über die Klasse aller möglichen Lügen. Das bloße Werturteil: »Diese Lüge ist ein Unrecht!« kann zwar seinen Grund haben in der allgemeinen Überzeugung, daß jede

Lüge Unrecht sei. Die Empörung über die Lüge aber hat gewiß nicht ihren Grund in einer Empörung über alle Lügen.[1]

Dies steht freilich völlig im Gegensatz zu Kants Moralphilosophie, wonach die Vernunft selbst (wie sie im allgemeinen Gesetz zum Vorschein kommt) die Triebkraft für jede Handlung oder Reaktion, die als moralisch bezeichnet zu werden verdient, liefern muß. Andernfalls, meint Kant, könne der Handelnde nur durch sein zufälliges Gefühl im Hinblick auf die Umstände seiner spezifischen Lage motiviert werden; und das hieße, daß es keine objektive Überlegung gäbe, durch die sein Wille *gebunden* würde.

Seit Schopenhauer haben die Gegner Kants darauf erwidert, ein rationales Prinzip könne von sich aus nicht über die Kraft verfügen, die nötig ist, um jemanden zu einer Handlung zu veranlassen, die seinen eigenen starken Interessen zuwiderläuft. Diese Kraft könne nur daher rühren, daß der Akteur in der Situation, in der er handeln muß, stark praktisch engagiert ist. Ebendieser Gedanke wurde auch von Spinoza ausgesprochen: »Ein Affekt kann nur gehemmt oder aufgehoben werden durch einen Affekt, der entgegengesetzt und der stärker ist als der zu hemmende Affekt.« Und ferner: »Die wahre Erkenntnis des Guten und Schlechten kann einen Affekt, sofern sie wahr ist, nicht hemmen, sondern allein, sofern sie als Affekt angesehen wird.«[2] Spinoza behauptet sogar – und meines Erachtens mit einiger Berechtigung –, daß die »Erkenntnis des Guten und Schlechten«, sofern sie in rein allgemeiner Weise ausgedrückt wird, eine verwirrte Form von Bewußtsein ist. Zur Klarheit kann ich nach seiner Auffassung nur dadurch gelangen, daß ich meine Wahrnehmung der für meine individuelle Gegenwart in der Welt charakteristischen Einzelumstände schärfe, wobei diese Schärfung der Wahrnehmung zugleich eine Läuterung meines praktischen Engagements ist. Da der Kontakt mit anderen Menschen der wichtigste Aspekt dieses praktischen Engagements ist, wird es erforderlich,

1 Grete Henry-Hermann, »Die Überwindung des Zufalls«, in: Minna Specht und Willi Eisler (Hg.), *Leonard Nelson zum Gedächtnis*, Verlag Öffentliches Leben, 1953, S. 43.

2 Spinoza, *Die Ethik*, dt. Übers. von Otto Baensch, Hamburg: Felix Meiner, 1967, IV. Teil, Lehrsätze 7 und 14.

unser Wissen über die anderen und unser Verständnis für sie so zu erklären, daß es möglich wird zu sehen, inwiefern solches Wissen und Verständnis unserem Willen von sich aus moralische Beschränkungen auferlegen können. Eine Erklärung, der dies gelänge, wäre eine, die die Anerkennung solcher moralischen Beschränkungen des Willens zum Kriterium des in Frage stehenden Wissens und Verständnisses macht.

Daß der Kommandant in unserem Beispiel in ebendieser Weise Abscheu empfindet über seine Rolle beim Verrat an seinen Schützlingen, ist seinerseits ein Merkmal der Art und Weise, in der er dahin gelangt, die individuelle menschliche Realität dieser Schützlinge zu verstehen. *Diese* Weise, in der die Anwendung moralischer Begriffe mit unserem Bewußtsein der Realität der Menschen zusammenhängt, möchte ich hervorheben.

Kant selbst kommt mit dem, was er über die Achtung vor dem Menschen als Zweck an sich selbst äußert, dieser Auffassung nahe. Aber obwohl er hier etwas von großer Wichtigkeit sagt, scheint er mir dennoch das Wesen der Sache um Haaresbreite zu verfehlen. Nach Kants Darstellung klingt es so, als gebühre dem anderen die Achtung kraft und wegen eines Merkmals, das er besitzt (nämlich seiner »Vernunft«). Betrachten wir dagegen das Gleichnis vom guten Samariter, das uns ein Musterbeispiel nennt für die Achtung vor dem anderen: Darin wird nichts gesagt über irgendwelche Gründe, die die Reaktion des Samariters auf den verletzten Reisenden rechtfertigen. Diese Reaktion wird lediglich beschrieben und dem Verhalten des Priesters und des Leviten gegenübergestellt; außerdem werden wir ermahnt, hinzugehen und desgleichen zu tun. Meiner Meinung nach wäre es ein großer Fehler, wollte man annehmen, dieses Gleichnis sei unvollständig und bedürfe einer Ergänzung im Sinne Kants (oder sonst eines Philosophen). Der Sinn und die Eindringlichkeit des Gleichnisses rühren gerade daher, daß *keine* rechtfertigende Ergänzung geboten wird. Daß es sich so verhält, zeigt, was an Alan Donagans Versuch verfehlt ist, die jüdisch-christliche Moralität auf neukantianischer Grundlage zu rekonstruieren.[3] Die Eindringlichkeit des Gleichnisses rührt her von dem Anblick dieses vor mir auf dem Weg liegenden Verletzten, den ich in der

3 Alan Donagan, *The Theory of Morality*, University of Chicago Press, 1977.

Vorstellung zu betrachten aufgefordert bin. Daß das Wesen, dem ich da gegenüberstehe, ein Mensch ist, ist freilich wesentlich. Aber obwohl er – wie jeder andere Mensch auch – ein Exemplar der Menschengattung ist, begegnet er mir nicht unter diesem Aspekt, sondern als einzelnes Individuum mit seinem eigenen Wesen und mit seiner eigenen Geschichte. Wichtig ist auch, daß die Hilfe, die ich ihm anbiete, dieses individuelle Wesen und diese individuelle Geschichte wirklich berücksichtigt; andernfalls kann man mir vorwerfen, es sei eigentlich nicht *er*, um den ich mich da kümmere.

Natürlich, in dem Gleichnis wird *auch* betont, daß jedem Menschen in der Not einzig und allein aufgrund dessen, was er ist, Hilfe gebührt. Darin liegt die Wichtigkeit des Umstands, daß der Helfende *Samariter* ist und daher ein traditioneller Feind dessen, dem er hilft. Mir geht es aber darum, daß das, was als echte »Hilfe« gelten wird, nur von jemandem erkannt wird, der sich sorgfältig um das Wesen und die Umstände des partikularen Individuums kümmert, das sich da in Not befindet.

Es ist schwierig, diesen Gedanken ausgewogen und mit der richtigen Betonung zu formulieren; und wenn man die Art dieser Schwierigkeit begreift, wird das zum Verständnis des Gedankens selbst beitragen. Betrachten wir die folgende Bemerkung Wittgensteins, die als erste in den *Vermischten Bemerkungen* abgedruckt ist:

> Wenn wir einen Chinesen hören, so sind wir geneigt, sein Sprechen für unartikuliertes Gurgeln zu halten. Einer, der chinesisch versteht, wird darin die *Sprache* erkennen. So kann ich oft nicht den *Menschen* im Menschen erkennen.[4]

In meiner eigenen Übersetzung ins Englische lautet der letzte Satz: »Similarly I often cannot discern the *humanity* in a man.« Diese Übersetzung hat etwas Problematisches, das wesentlich mit dem hier erörterten Punkt zusammenhängt. Wittgensteins ganz konkreter Ausdruck »den *Menschen* im Menschen erkennen« ist weit treffender als meine abstrakte Formulierung »discern the *humanity* in a man« (aber es ist mir eben nicht gelungen,

4 Wittgenstein, *Vermischte Bemerkungen*, Werkausgabe, Bd. 8, S. 451.

einen idiomatischen englischen Ausdruck zu finden, der dem Original wirklich gerecht würde). Wittgensteins Formulierung erfaßt die Partikularität, die hier in Frage steht. Es ist bemerkenswert, daß sich das gleiche Problem nicht stellen könnte, wenn es etwa darum ginge, in dem Tier, das ich vor mir habe, ein Eichhörnchen zu erkennen. Daß es hier überhaupt ein Problem gibt, gehört, wie man – unter Verwendung einer viel späteren Formulierung Wittgensteins – sagen könnte, zur Grammatik des Wortes »Mensch«. Der in Wittgensteins Bemerkung angestellte Vergleich mit der Sprache macht dies wunderbar deutlich. Der Ausdruck »in dem, was man hört, die Sprache erkennen« ist vermutlich nicht nur so zu verstehen, daß wir erkennen, daß es sich um etwas Sprachliches handelt, sondern er bedeutet auch, daß wir verstehen, was damit gesagt ist, also die partikulare Sache, die damit ausgesprochen wird. Und »den *Menschen* im Menschen erkennen« heißt, daß man *diesen* Menschen als das (den) erkennt, was (der) er ist, obwohl wir dabei freilich die allgemeine Kategorie »Mensch« zum Einsatz bringen.

Es gibt Einwände gegen Kants Art der Deutung dieser Problematik im Sinne eines Imperativs, wonach die Menschen nicht bloß als Mittel, sondern als Selbstzweck zu behandeln sind. Der erste Einwand besagt, daß der Terminus »Selbstzweck« in die Irre führt. In zu hohem Maße wird dadurch ein Gegensatz nahegelegt, wie er zwischen Hannibals Bezwingung der Alpen – nämlich um auf die andere Seite zu gelangen – und dem Klettern auf einen Berg sozusagen »um seiner selbst willen« besteht, wobei man in diesem Fall die Tätigkeit des Kletterns als »Selbstzweck« bezeichnen dürfte. Dies könnte hier irreführend sein, denn obwohl man natürlich die Vorstellung kennt, wonach der Berg eine äußere Herausforderung darstellt, die im Bergsteiger den Wunsch wachruft, ihn zu erklettern, so gilt das dennoch nur in einem Zusammenhang, in dem der Betreffende von der Bergsteigerei fasziniert ist. Manche lassen sich, wie wir wissen, wirklich davon faszinieren, andere dagegen nicht; und während der Bergsteiger womöglich meint, daß denjenigen, die der letzteren Kategorie angehören, etwas entgeht, wäre es absurd, wenn er sie deshalb verurteilte. Doch mit der Achtung, die dem anderen Menschen gebührt, verhält es sich nicht so – jedenfalls nicht nach Kants Ansicht. Wenn jemand diese Achtung nicht an den

Tag legt, besteht die angemessene Reaktion weder darin, daß man die Achseln zuckt, noch darin, daß man sagt, es »entgehe ihm etwas«. Wieder ist die Art und Weise wichtig, in der das Wort »gebührt« in diesem Zusammenhang verwendet wird. Es gibt nichts, wovon wir sagen, daß es einem Berg »gebühre«; oder wenn wir doch sagen, einem Berg gebühre Achtung, so hat das mehr mit der Sorge um die Sicherheit des Bergsteigers zu tun als mit der Sorge um den Berg. Sagt man dagegen von jemandem, er versäume es, einem Mitmenschen die gebührende Achtung zu erweisen, so ist das eine Verurteilung oder zumindest eine Kritik. Und daher steht am Schluß des Gleichnisses vom guten Samariter die Weisung: »Geh hin und tu desgleichen!« Von jemandem, der, sobald er einen Berg sieht, hinaufklettert, könnte man nicht eine Geschichte erzählen, die mit der Moral schließt »Tu desgleichen!«. Oder wenn man es doch täte, würde die Weisung gewiß nicht die gleiche Beziehung zur Geschichte haben wie Christi Weisung zu dem Gleichnis, das er eben dargelegt hat.

Mein zweites Bedenken im Hinblick auf Kants Darstellung dieser Dinge betrifft seinen Versuch, einen Grund zu nennen – eine Grundlage zu liefern – für die Achtung, die dem Mitmenschen gebührt. Manchmal klingt seine Darstellung nachgerade so, als gebühre die Achtung nicht der Person selbst, sondern der durch sie exemplifizierten Vernunft, wobei es allerdings recht und billig ist hinzuzufügen, daß dies kaum Kants Absicht entsprechen kann. Es ist nicht ganz leicht, diesen Sachverhalt deutlich zu machen, denn etwas, was man vielleicht »Vernunft« nennen möchte, hängt tatsächlich eng zusammen mit dem, was wir unter der Achtung verstehen, die einer Person gebührt. Aber man muß den Eindruck vermeiden, als gebühre der Person *aufgrund* ihrer Vernunft Achtung. Richtig ist, daß die Art von Achtung, um die es hier geht, verständlicherweise nur einem Wesen zuteil werden kann, das in einem bestimmten Sinn Vernunft besitzt. Dies liegt, um mit Simone Weil zu reden, daran, daß die Form der Achtung für die andere Person die Anerkennung ihres Vermögens der Zustimmung und der Ablehnung ist. Und dieses Vermögen kann nur einem Wesen zugeschrieben werden, das imstande ist, zwischen Alternativen zu unterscheiden und die Relevanz dieser Alternativen für seine eigenen Wertsetzungen zu beurteilen. Damit möchte ich nicht bestreiten, daß man in abgeschwächtem

Sinne davon sprechen könnte, einem Tier werde eine Wahl zugestanden und seine Entscheidung werde »respektiert«; aber dabei möchte ich unbedingt betonen, daß es sich wirklich um einen abgeschwächten Sinn handeln würde.

Als ich eben Simone Weil nannte, dachte ich dabei an ihre Äußerungen zu diesem allgemeinen Thema in Essays wie »L'Iliade, poème de la force«, »La personne et le sacré« und »Luttons-nous pour la justice?«. Aber anstatt ihre Ausführungen weiter zu erörtern, möchte ich auf eine erstaunliche Ähnlichkeit hinweisen zwischen ihren Äußerungen und der Hauptargumentation des brillanten Mittelteils von Stanley Cavells monströs unausgewogenem Buch *The Claim of Reason*.

Im Mittelpunkt von Cavells Erörterung steht ein Problem, das in der Beschreibung menschlichen Handelns steckt, nämlich: Wie eine Handlung zu beschreiben ist, wenn ihre moralische Betrachtung ansteht, ist selbst notwendig ein Thema, über das es zu Auseinandersetzungen kommen kann. Bei einer solchen Auseinandersetzung kommt eine zentrale, wenn auch vielleicht nicht letztlich ausschlaggebende Stellung dem zu, was der Akteur selbst über die Beschreibung seiner Handlung sagt; und dies wird mit dem Standpunkt zusammenhängen, den er im Hinblick auf seine Verpflichtungen, Absichten, Beziehungen zu anderen usw. vertritt. Der Begriff der Achtung vor der anderen Person wird dann in wichtiger Weise mit der Vorstellung zusammenhängen, daß man seine eigene Selbstauffassung, seine Handlungen und seine Beziehungen zu anderen ernst nimmt. Dabei ist das »Ernstnehmen« seinerseits natürlich etwas, was je nach den besonderen Umständen der Situation äußerst unterschiedliche Formen annehmen wird.

Cavell stellt, ebenso wie Simone Weil, eine Verbindung her zwischen der in diesem Sinne aufgefaßten Achtung und dem Begriff der *Gerechtigkeit*. Wenn man jemanden gerecht behandelt, so beinhaltet das ein ernsthaftes Eingehen auf seine eigene Selbstauffassung, seine eigenen Bindungen und Sorgen, sein eigenes Verständnis der Lage und deren Anforderungen an ihn. Dies bedeutet, daß eine Darlegung in Kantischer Manier durch Angabe von Imperativen mit spezifischem Inhalt ausgeschlossen ist. Kant beharrt zwar darauf, daß moralische Imperative *selbstgesetzgebend* seien, aber er meint auch, daß die an solcher Gesetzgebung beteiligte Vernunft *Allgemeinheit* des Inhalts verlangt und damit zur Entwicklung einer Art Kalkül Anlaß gibt, der zeigt, welches Gesetz im Einzelfall erlassen werden muß. Diese beiden zuletzt genannten Forderungen schließen einander jedoch aus, wie mir scheint. Sowenig es dem theoretisierenden Moralphilosophen behagen mag, zum Schluß muß er es akzeptieren, daß Menschen, die moralisch guten Willens sind, tatsächlich verschiedene oder sogar entgegengesetzte moralische Standpunkte vertreten oder einnehmen können, und zwar auf der Basis von Umständen, die sich nicht derart auseinanderhalten lassen, daß damit der eine Standpunkt gegenüber dem anderen in einer Weise gerechtfertigt würde, die von jedem vernünftigen Wesen akzeptiert werden müßte. Dies mag nach Anarchie und letztlicher Leugnung der Vernunft klingen, doch ich glaube, daß wir einsehen werden, daß es sich nicht so verhält, wenn wir die Art und Weise betrachten, in der das in der Praxis funktioniert.

Die Hauptrolle der Vernunft in solchen Angelegenheiten besteht nicht darin, daß man zu einem Standpunkt gelangt, durch dessen Anerkennung gleichsam definiert wird, was ein vernünftiger Mensch guten Willens ist. Mit dieser Behauptung will ich keine Stellung beziehen hinsichtlich der Frage, ob es überhaupt je Umstände gibt, unter denen es möglich ist, zu einem solchen Standpunkt zu gelangen; ich meine nur, daß solche Umstände, sollten sie wirklich eintreten, einen ganz besonderen Fall darstellen. Eine Möglichkeit, im Kontext moralischer Auseinandersetzungen Vernunft an den Tag zu legen, ist die, daß man Verständnis aufbringt für die moralischen Standpunkte anderer im Gegensatz zur eigenen Position, wobei man freilich deren Schwierigkeiten erkennt, es ihnen aber ebenso zugesteht, Probleme der eigenen Position ins Licht zu rücken. Es gibt gar keinen Grund a priori, mit der Möglichkeit zu rechnen, zu einer von allen Schwierigkeiten freien Position zu gelangen, die jeder akzeptieren kann. Entscheidung, Wille und Verantwortung spielen hierbei eine Rolle, denn indem man einen Standpunkt bezieht, übernimmt man ipso facto Verantwortung im Hinblick auf die Schwierigkeiten, in die man dadurch geraten mag – und hier rechne ich zu den Schwierigkeiten auch Gefahren moralischer Art. Mit anderen Worten, derartigen Problemen entspricht nicht

notwendig etwas, was wir eine »Lösung« würden nennen wollen. Damit ist aber nicht implizit gesagt, daß alles Beliebige erlaubt ist oder daß das, was irgend jemand sagt, ebensoviel Beachtung verdient wie das, was jemand anders sagen mag. Hier muß man allerdings einräumen, daß das, was guten Willens gesagt wird, eine mindestens ebenso gutwillige Erwiderung verdient, auch wenn sie in die entgegengesetzte Richtung zielt.
Die Richtung, in die die Argumentation geführt hat, zeigt, daß es hier nicht nur um eine lokale Frage geht, die den Gehalt einer einzelnen Anwendungsart moralischer Begriffe betrifft, sondern es geht um unser Verständnis des Begriffs des Menschen und seine Beziehung zu Begriffen wie dem der Vernunft und des Handelns. Dies dürfte kaum wundernehmen, denn es liegt – um auf das Ausgangsbeispiel zu kommen – offenbar auf der Hand, daß das besondere Engagement des Kommandanten für seine Schützlinge nur bei einem Lebewesen möglich ist, das so komplex ist wie der Mensch. Zur Erklärung dieses Engagements ist es erforderlich, daß diese Komplexität wenigstens teilweise entwirrt wird.
Ich habe mich dem Kantischen oder neukantianischen Vorschlag widersetzt, das, was an einem Menschen moralische Achtung erheischt, sei eine Eigenschaft – wie etwa die der Vernunft –, die er ebenso wie andere normale Menschen exemplifiziert. Demgegenüber habe ich geltend gemacht, daß der Gegenstand der Art von Achtung, die hier zur Debatte steht, der einzelne in seiner Partikularität ist. Damit soll nicht *bestritten* werden, daß die Vernunft ein gemeinsames Merkmal normaler Menschen ist. Sie ist tatsächlich ein solches Merkmal; und der Gebrauch des Wortes »normal« zeigt in diesem Zusammenhang an, daß es um eine begriffliche Bestimmung geht. Vielleicht kann man sogar sagen, daß die Art und Weise, in der die Vernunft den normalen Menschen kennzeichnet, dazu beiträgt, dem Begriff »Partikularität« hier seinen speziellen Sinn zu geben.
Was ich mich zu sagen bemühe, wird herrlich zum Ausdruck gebracht in einem Zitat aus Pico della Mirandolas *Oratio de hominis dignitate*, das nach M. O'C. Drurys Bericht auf Wittgenstein großen Eindruck gemacht hat. Diesem Zitat folgt eine Wiedergabe von Drurys eigener Übersetzung dieser Stelle:

> Nec certam sedem, nec propriam faciem, nec munus ullum peculiare tibi dedimus, O Adam: ut quam sedem, quam faciem, quae munera tute optaveris, ea, pro voto, pro tua sententia, habeas et possideas. Definita ceteris natura intra praescriptas a nobis leges coercitur: tu nullis angustiis coercitus, pro tuo arbitrio in cuius manu te posui, tibi illam praefinies.

> Dir, Adam, haben wir keinen festen Ort in der Stufenleiter der Wesen zugewiesen; kein feststehender Gesichtsausdruck wird deine Gattung kennzeichnen; du brauchst keine bestimmte Aufgabe zu erfüllen. Daher wirst du erlangen und behalten, welchen Rang du auch wählen magst, was du zum Ausdruck bringen willst, welche Aufgabe du erfüllen möchtest, je nach deiner eigenen Entscheidung und deinem eigenen Wunsch. Alle anderen Geschöpfe sind unabänderlich gebunden durch die Gesetze und Vorschriften, die wir für sie erlassen haben; du jedoch bist durch keine Beschränkungen eingepfercht, so daß du durch die dir überantwortete Wahlfreiheit dein eigenes Geschick bestimmen kannst.[5]

Dieses Zitat verdeutlicht den Zusammenhang zwischen dem Ernstnehmen eines Menschen und der kritischen Prüfung seiner Äußerungen oder Handlungen. Dieser Zusammenhang ist weder ein willkürlicher noch ein trivialer. Bei Pico heißt es: »Durch die dir überantwortete Wahlfreiheit kannst du dein eigenes Geschick bestimmen.« Aber daß man durch seine Entscheidung »ein Geschick bestimmt«, stünde gar nicht zur Debatte, wenn sich dies nicht in einem Raum abspielte, in dem sich daraus Konsequenzen ergeben und in dem Risiken eingegangen werden können. Ja, außerhalb eines solchen Zusammenhangs hätten die Vorstellungen des eine Entscheidung Treffens, des hinsichtlich einer Frage einen Entschluß Fassens usw. kaum Gehalt. Inwiefern würden sich diese von einer beiläufigen Zufallshandlung unterscheiden?

Ebenso wichtig ist die Art und Weise, in der eine Person derart auf eine andere wirken kann, daß deren eigene Auffassung von

5 M. O'C. Drury, »Bemerkungen zu einigen Gesprächen mit Wittgenstein«, in: R. Rhees (Hg.), *Ludwig Wittgenstein: Porträts und Gespräche*, dt. Übers. v. J. Schulte, Frankfurt am Main: Suhrkamp, 1987, S. 135 f.

sich selbst und von ihrem Ort in der Welt in Frage gestellt wird. Freilich wirken auch Dinge auf eine Person, aber nicht in der gleichen Weise. Der Unterschied läßt sich durch die Feststellung formulieren, daß es den Menschen wesentlich ist, potentielle gegenseitige Kritiker zu sein. Dies meine ich nicht bloß in dem engen Sinn, in dem eine Person die Aussagen und Handlungen einer anderen explizit der Kritik unterziehen kann, so wichtig dies auch ist. Darüber hinaus möchte ich sagen, daß jeder der Gefangenen in meinem Beispiel auf seine eigene Weise kraft des eigenen Charakters und durch die partikulare Geschichte seiner Beziehungen zu dem Kommandanten und seinem Feldwebel eine implizite Kritik dieser beiden sowie ihrer Auffassungen vom Leben und von ihrer eigenen Rolle im Leben verkörpert. Diese Personen lernen etwas voneinander, was nur sie in ebendieser Situation lehren können. Mag sein, daß das, was sie lehren, in gewissem Sinne durch eine explizite Aussage, die sich allgemeiner anwenden läßt, ausgedrückt werden kann. Aber wenn man – und sei es aus noch so vernünftigen Gründen – von der Wahrheit einer derartigen Aussage überzeugt ist, so ist das nicht das gleiche, wie in der Art und Weise belehrt zu werden, in der diese Personen einander belehren. Dies steht offenbar in engem Zusammenhang mit der Bedeutung, welche es für die Moralität hat, wenn man nicht durch Vorschriften, sondern durch Beispiele lernt.

13

Ethischer Relativismus

I

Das Wort »Relativismus« wird meistens wahrscheinlich als Schimpfwort verwendet; und Erörterungen der Streitfragen, um die es dabei geht, verlaufen leicht mißmutig. Das liegt zum Teil zweifellos daran, daß bestimmte Extremformen des relativistischen Standpunkts die bloße Möglichkeit einer redlichen Auseinandersetzung zu untergraben scheinen und vielleicht sogar den Eindruck erwecken, sie seien dazu bestimmt, eine solche Auseinandersetzung unmöglich zu machen. Aber nicht alle, die relativistische Positionen anziehend finden, sind unredlich; und es gibt ganz echte und gewichtige Schwierigkeiten, auf die sie die Aufmerksamkeit zu lenken versuchen. Wenn wir uns über diese Schwierigkeiten klarzuwerden wünschen, erscheint es mir wichtig, daß wir das Wort »Relativismus« nicht als Schlagwort oder als Ankündigung eines Manifests deuten, wodurch wir uns dann verpflichtet fühlen, entweder zum Angriff oder zur Verteidigung zu schreiten.

Ich bin sicher, daß die meisten, die Philosophie lehren, regelmäßig immer wieder in Zorn versetzt werden durch eine äußerst allgemeine und radikale Form des relativistischen Standpunkts, die jegliche Möglichkeit einer ernsthaften intellektuellen Untersuchung im Keim zu ersticken scheint und üblicherweise von Studienanfängern im ersten Semester vertreten wird. Diese Position hat jedoch ernsthafte geistige Vorläufer, die – sei es zu Recht oder zu Unrecht – oft mit dem Namen des großen Sophisten Protagoras in Verbindung gebracht werden, und zwar aufgrund des ihm zugeschriebenen Aphorismus: »Aller Dinge Maß ist der Mensch, der seienden, daß sie sind, der nicht seienden, daß sie nicht sind.« Schematisch ließe sich diese Argumentation wie folgt formulieren:

Wenn eine Person A eine Aussage p für wahr hält, dann ist p, was ihn betrifft, wirklich wahr; mit anderen Worten, p ist wahr für ihn. Wenn jemand anders, B, anderer Meinung ist als A, läßt sich von ihm etwas genau Paralleles sagen, nämlich daß p für B falsch bzw. daß nicht-p für ihn wahr ist. Aus einer Diskussion zwischen beiden kann sich ergeben, daß entweder A oder B bzw. beide womöglich ihre Meinungen ändern, doch das Resultat wird die gleiche Form haben, nämlich daß p für A und/oder B wahr ist. Sind sie derselben Meinung, verhält es sich einfach so, daß p für A wahr oder falsch *und* für B wahr oder falsch ist. Also werden Wahrheit und Falschheit immer noch relativ sein zu der Person, von deren Überzeugungen die Rede ist. Einem Wahrheitsbegriff, der über diese Art von Relativität hinausgeht, werden wir immer noch nicht nähergekommen sein. Und wenn ich, der ich diese Auseinandersetzung von außen betrachte, zu dem Schluß komme, daß die eine oder die andere Seite recht hat und daß etwa p wahr ist, dann ist die Lage, korrekt formuliert, schlicht die, daß p jetzt für mich wahr ist. Im Grunde, so schließt diese Argumentation, täten wir besser daran, nicht irreführenderweise von Wahrheit und Falschheit schlechthin zu reden, sondern mit Bindestrichen versehene Ausdrücke zu gebrauchen, wie etwa »wahr-für-A«, »wahr-für-B« usw. Denn eine Behauptung, wonach p wahr ist, sei ihrem Wesen nach eine Behauptung, die besagt, daß p laut der Meinung desjenigen, der die Behauptung aufstellt, wahr ist. Also könne seine Behauptung nichts weiter besagen, als daß p für ihn wahr ist. Und die irreführende Trennung von »wahr« und »für X« werden wir vermeiden, wenn wir den ganzen Ausdruck durch Bindestriche verknüpfen.

Die augenscheinliche Stärke dieser Argumentation ist zugleich ihre eigentliche Schwäche. Sie betont meines Erachtens zu Recht, daß es so etwas wie ein Urteil über die Wahrheit einer Sache, welches nicht irgendwann auch *jemandes* Urteil ist, gar nicht gibt. Dem könnte man hinzufügen, daß niemand mehr tun kann, als die Wahrheit, wie er sie sieht, mit dem verfügbaren Höchstmaß an Sorgfalt und Geschick auszusprechen. Dennoch bleibt die Möglichkeit bestehen, daß jemand anders, der ebenso sorgfältig und gewandt vorgeht, anderer Meinung ist. Dies wollen wir, um die Auseinandersetzung voranzubringen, einräumen (obwohl ich eigentlich meine, daß hier Einschränkungen am Platze sind). Was bei dieser Argumentation versäumt wird, ist, daß dem *Inhalt* eines solchen Urteils nicht genügend Aufmerksamkeit geschenkt wird. Wenn mein Urteil besagt, daß die Erde flach ist, dann ist es nach meinem Urteil wahr, daß die Erde flach ist. Mein Urteil besagt aber nicht, daß es nach meinem Urteil wahr ist, daß die Erde flach ist; meine Meinung ist nicht die, daß es nach meiner Meinung wahr ist, daß die Erde flach ist, sondern meine Meinung ist schlicht die, daß es wahr ist, daß die Erde flach ist.

Hier hat uns das Verb »glauben« zum besten. Es läßt sich, ebenso wie andere Verben, in der ersten, zweiten und dritten Person konjugieren. Aber in der ersten Person Singular läuft es nicht auf das gleiche hinaus wie etwa in der dritten Person Singular. Wenn ich sage: »Er glaubt, daß die Erde flach ist«, kann ich dem hinzufügen: »Aber er hat unrecht«, ohne daß daran etwas auszusetzen wäre. Dagegen kann ich nicht sagen: »Ich glaube, daß die Erde flach ist, aber ich habe unrecht.« Damit will ich natürlich nicht bestreiten, daß ich faktisch unrecht haben kann mit dem, was ich glaube. Ich will nur festellen, daß jemand, wenn er sagt: »Ich glaube, daß p«, die Wahrheit von p bestätigt, während er dies nicht tut, wenn er von jemand anders behauptet: »Er glaubt, daß p.«

Die bisher betrachtete allgemeine relativistische Argumentation macht sich diese Komplexität des Glaubensbegriffs und der Beziehungen zwischen diesem Begriff und dem der Wahrheit zunutze (vielleicht wird sie aber auch von dieser Komplexität hinters Licht geführt). Gerade an dieser Komplexität liegt es, daß wir von

1) »A glaubt, daß p« = »p ist für A wahr«

nicht fortschreiten können zu:

2) »Ich glaube, daß p« = »p ist für mich wahr«.

Während »wahr für A« in (1) nicht zum Bestandteil des Ausdrucks von A's Urteil wird, verhält es sich bei (2) so, daß »wahr für mich« tatsächlich zu einem Bestandteil *meines* Urteils wird, und zwar einfach deshalb, weil das »ich glaube« zu meinem Urteil gehört, während »A glaubt« nicht zu A's Urteil gehört.

Mir wäre es eigentlich viel lieber, den Anfangsschritt von »A glaubt, daß p wahr ist« zu »p ist für A wahr« zu vermeiden. Dann werden wir nicht zu Unrecht versucht sein, den Bindestrichausdruck »wahr-für-A« zu verwenden. Die Behauptung, an keinem Punkt gebe es Raum für das Urteil, wonach etwas schlichtweg wahr ist, läuft zum Schluß auf die These hinaus, es gebe überhaupt nirgends Raum für den Begriff des Urteils. Ebendeshalb waren Argumente dieses Typs so gut für die Zwecke der Sophisten geeignet, die der rhetorischen Überredung eine höhere Stellung einräumen wollten als der sachlichen Diskussion – jedenfalls solange, als unbemerkt blieb, daß solche Argumente auch die Verständlichkeit der rhetorischen Überredung selbst untergraben, indem sie die Verständlichkeit jedes Urteils, zu dem jemand überredet werden könnte, zunichte machen. (Dies ist nach meiner Auffassung eine der Pointen der komplexen Argumentation, die Sokrates im ersten Teil von Platons *Gorgias* darlegt.)

II

Viele Leute, die einen solchen allgemeinen Relativismus bezüglich der Wahrheit nicht sonderlich anziehend finden, können sich dennoch von einer relativistischen Auffassung moralischer Werte angezogen fühlen. Dieser Auffassung wende ich mich jetzt zu. Sie wird durch eine vielfältige Reihe von Begründungen untermauert, manchmal auch vermittels relativistischer Argumente hinsichtlich der Wahrheit, ohne daß erkannt wird, daß solche Argumente allgemeiner gelten als nur für moralische Urteile. Üblicher ist jedoch, daß die Begründung eine *Unterscheidung* beinhaltet zwischen moralischen Urteilen (oder, umfassender gesprochen, »Werturteilen«) und anderen Arten von Urteil (auf die vielleicht recht vage hingedeutet wird mit Formulierungen wie »Tatsachenurteile sowie Urteile der Mathematik und der Logik«). Diese Unterscheidung wird genau deshalb getroffen, weil man meint, daß die Begriffe der Wahrheit und der Falschheit (in nichtrelativistischem Sinne) auf die letztere Gruppe zutreffen, aber nicht auf die erstere. Sehr oft wird diese These durch Feststellungen gerechtfertigt wie die, daß es »in der Welt keine Tatsachen« gibt, denen Moralurteile »entsprechen« könnten. Nun glaube ich zwar tatsächlich, daß es im Hinblick auf die Rubriken »Tatsache« und »Wert« eine wichtige Unterscheidung bzw. eine Reihe wichtiger Unterscheidungen gibt

(ohne daß ich hier auf diese umfassende Problematik eingehen werde), aber ich meine dennoch, daß nichts als Verwirrung herauskommt, wenn eine solche Unterscheidung in Verbindung mit einer Korrespondenztheorie der Wahrheit getroffen wird.
Wer sagt, die Wahrheit faktenbezogener Urteile bestehe in der Übereinstimmung mit den Tatsachen, dem schweben normalerweise – wenigstens zunächst einmal – ganz einfache Musterbeispiele vor, wie etwa das alte Lieblingsbeispiel aus der Fibel und aus den Lehrbüchern der Philosophie: »Die Katze liegt auf der Matte.« Da ist einerseits der Satz (Horch, du kannst ihn doch hören! oder: Schau, du kannst ihn doch sehen!), und andererseits ist da die Matte, auf der die Katze entweder liegt oder nicht liegt (und das kannst du ebenfalls sehen). Selbst in diesem offenbar unkomplizierten Fall ist es in der Praxis gar nicht so einfach, befriedigend und präzis anzugeben, wie der Begriff der Übereinstimmung angewandt werden soll; und der Versuch, es zu tun, läßt zahllose Komplikationen erkennen, welche Bezugnahme, Identität, raum-zeitliche Lokalisierung und dergleichen betreffen. Aber nun wollen wir einräumen, daß es – bei Fällen dieser Art – möglich ist, diese Komplikationen auszuräumen und eine befriedigende Erklärung der Übereinstimmung zu geben. Wir brauchen gar nicht weit über das unkomplizierte Musterbeispiel hinauszuschauen, und schon merken wir, wie schwierig es ist, dieses Paradigma im Falle anderer Urteile anzuwenden, welche zweifellos »faktenbezogen« sind.
Nehmen wir zum Beispiel an, daß wir unser Musterbeispiel einfach in die Vergangenheitsform übertragen. Die konventionelle Formel der »Übereinstimmung« gilt sicher dennoch; meine Aussage »Die Katze lag gestern auf der Matte« ist dann und nur dann wahr, wenn die Katze gestern auf der Matte lag. Allerdings liegt die *Anwendung* der Formel nicht mehr so auf der Hand wie im Fall des Beispiels in der Gegenwartsform. Jetzt liegt die Katze nicht auf der Matte. Und selbst wenn sie da läge, stünde das in keinem sonderlich direkten Zusammenhang mit der Frage, ob sie gestern dort lag. Freilich, wenn ich weiß, daß es ein Tier mit regelmäßigen Gewohnheiten ist, kann ich aus seiner heutigen Anwesenheit auf der Matte folgern, daß es wahrscheinlich auch gestern da gelegen hat. Doch nun berufe ich mich bereits auf Überlegungen, die uns recht weit von allem fortführen, was

durch die einfache Übereinstimmungsformel nahegelegt wird. Und falls ich wirklich die Wahrheit meiner Aussage erhärten will, muß ich mich auf alle möglichen indirekten Belege berufen, wie etwa die Zeugenaussagen von Personen, die gestern die Matte gesehen haben können, oder die Zeugenaussagen von anderen Personen, die womöglich behaupten, die Katze zur betreffenden Zeit an anderer Stelle gesehen zu haben. (Und was überzeugt mich von der Wahrhaftigkeit und/oder Zuverlässigkeit aller dieser Zeugen?) Damit will ich nicht auf die Behauptung hinaus, die Wahrheit meiner Aussage *bestehe darin*, daß ich auf alle diese Fragen die passenden Antworten erhalte – wollte man dies annehmen, beginge man den Fehler des Verifikationismus. Nein, die Wahrheit dieser Aussage besteht darin, daß die Katze gestern auf der Matte gelegen hat. Mir kommt es vielmehr darauf an, daß diese Formel wenig Licht wirft auf die Art und Weise, in der wir die Ausdrücke »wahr« und »falsch« tatsächlich *anwenden*, und darauf, wie wir in wirklichen Fällen bestimmen, daß der eine oder der andere dieser Ausdrücke anwendbar ist. Die Kluft zwischen der Einfachheit der Formel und der Komplexität der Anwendungsbedingungen wird sogar noch entmutigender, wenn wir uns darauf besinnen, wieviel erforderlich ist, um etwa die Wahrheit der Darwinschen Evolutionstheorie oder die einer Theorie der Entstehung des Sonnensystems zu bestimmen (und dies ist etwas, worüber sich die populären Darstellungen solcher Theorien in der Regel in auffälliger Weise ausschweigen).

Mit derartigen Überlegungen im Sinn möchte ich nun knapp die Frage betrachten, ob moralische Urteile wirklich wahr und falsch sein können. Doch zunächst möchte ich den Vorbehalt machen, daß es eigentlich ganz irreführend ist, das Problem in dieser überaus allgemeinen Weise aufzuwerfen, denn das, was wir »Moralurteile« nennen, bildet eine heterogene Gruppe, und es steht uns gar nicht an vorauszusetzen, daß wir eine Erklärung geben können, die ihnen allen entspricht. Obwohl ich also weiterhin umfassend von »Moralurteilen« sprechen werde, möchte ich damit nicht implizit behaupten, daß die Möglichkeit besteht, das, was ich über die erörterten Beispiele sage, auch auf andere Arten von Beispielen zu übertragen.

Als erstes muß ich sagen: Es erscheint mir völlig unbestreitbar, daß wir im Hinblick auf viele Urteile, die offenbar zu Recht als »moralische« bezeichnet werden, tatsächlich Wörter wie »wahr« und »falsch« und »Tatsache« gebrauchen. Würde ich zum Beispiel hören, wie jemand sagt, die britische Regierung habe einen schäbigen Treubruch begangen, als sie nach dem Zweiten Weltkrieg Stalin zubilligte, die in deutscher Gewalt vorgefundenen russischen Kriegsgefangenen zu repatriieren, obwohl sie recht gut Bescheid wußte, daß diese Gefangenen einem beinahe sicheren Tode entgegengingen, so könnte ich darauf antworten, indem ich sage: »Das ist absolut wahr«, oder: »Das ist eine unzweifelhaft feststehende Tatsache.« Und gleichviel, ob der andere meiner Meinung ist oder nicht (denn dies steht hier freilich nicht zur Debatte), er würde vermutlich nicht annehmen, daß ich damit die Sprache mißbrauche. Außerdem sehe ich keine einleuchtende Möglichkeit zu bestreiten, daß die »Übereinstimmungsformel«, die im Fall des Beispiels »Die Katze liegt auf der Matte« gebraucht wurde, hier ebensogut zutrifft: »Die britische Regierung beging einen schäbigen Treubruch ...« ist dann und nur dann wahr, wenn die britische Regierung einen schäbigen Treubruch beging ...

Aber, könnte man hier einwenden, wir sind doch nicht imstande, die Meinung, daß sich die britische Regierung schäbig verhalten habe, durch eine einfache Untersuchung der Tatsachen zu bestätigen. Nein, dazu sind wir nicht imstande, doch dieser Entgegnung ist der Stachel genommen, sobald wir bemerken, wie äußerst begrenzt der Nutzen dieser Vorstellung einer »Tatsachenuntersuchung« ist, auch wenn es darum geht, unsere Verwendungsweise der Wörter »wahr« und »falsch« im Zusammenhang mit Urteilen zu erklären, deren Faktenbezogenheit unumstritten ist.

Mit diesen Hinweisen will ich nicht bestreiten, daß es zwischen faktenbezogenen und moralischen Urteilen überhaupt einen wichtigen Unterschied einer Art gibt, wie sie durch diese Überlegungen bezüglich Wahrheit und Falschheit aufgezeigt werden soll. Ich möchte lediglich andeuten, daß der Unterschied nicht in dieser Weise zutage gefördert werden kann. Die Vorstellung, dies sei dennoch möglich, schreibt sich, wie ich meine, nicht von den Eigentümlichkeiten der moralischen Urteile selbst her, sondern von Unklarheiten, die den Wahrheitsbegriff im allgemeinen umgeben. Es würde mich jedoch zu weit vom Thema abbringen, wollte ich diese Unklarheiten an dieser Stelle erörtern.

Ich komme auf die Ethik zurück. Die Tatsache, daß es ethische Meinungsverschiedenheiten gibt, nimmt hier bei Erörterungen des Relativismus immer eine hervorragende Stellung ein; und radikale Uneinigkeit über bestimmte Grundprobleme ist zweifellos kennzeichnend für eine Vielzahl ethischer Auseinandersetzungen, obwohl es ganz und gar nicht leichtfällt, klar anzugeben, was das genau bedeutet. Um nur einen Punkt zu nennen: Es trifft offensichtlich nicht zu, daß es auf anderen Gebieten menschlichen Interesses keine Meinungsverschiedenheiten gibt oder daß solche Uneinigkeiten in anderen Bereichen nie beigelegt werden können. Ferner stimmt es auch nicht, daß es immer möglich ist, Meinungsverschiedenheiten im Hinblick auf ethische Streitfragen zu bereinigen. Vielleicht sind wir überzeugt, daß Uneinigkeit in der Ethik weiter verbreitet und nicht so leicht auszuräumen ist wie in anderen Bereichen, doch dies scheint – obwohl es nicht uninteressant ist, sofern es zutrifft – nicht einmal ansatzweise auf eine relativistische Schlußfolgerung hinzudeuten. Es könnte sein, daß derartige Streitfragen so problematisch und so verwikkelt sind, daß es oft lediglich *schwierig* oder sogar *praktisch* unmöglich ist, bei ihnen zu einer Lösung zu gelangen. Oder es könnte sein, daß es sich dabei um Streitfragen handelt, die die Leidenschaften besonders leicht erregen, was dann das zu einer Lösung erforderliche Urteilsvermögen vernebelt. Um die Schlußfolgerung zu rechtfertigen, daß Aussagen über »einmütige Lösungen« hier begrifflich völlig fehl am Platze seien, bedarf es tragfähigerer Gründe als dieser.

An dieser Stelle kann ich nicht umhin, ernsthafter als bisher auf den Gedanken einzugehen, daß die Probleme, die wir als »ethische Streitfragen« bezeichnen, nicht in allen Fällen den gleichen begrifflichen Charakter aufweisen und deshalb nicht alle in eine einheitliche Erklärung gezwängt werden können, ohne daß dies zu Verzerrungen führen würde. Eine wichtige Unterscheidung wird zwischen dem Fall gemacht, in dem wir Konflikte zwischen Urteilen betrachten, die von Personen geäußert werden, die derselben Kultur angehören, und dem Fall, in dem wir Moralurteile vergleichen, die für ganz verschiedene Kulturen kennzeichnend sind. Ich will nicht so tun, als wäre dies eine völlig klare Unterscheidung oder als wären wir stets imstande, in bestimmten Einzelfällen zu entscheiden, wie die Art der jeweils aufgeworfenen Fragen in dieser Hinsicht einzuordnen ist. Aber die Unterscheidung büßt darum nicht an Wichtigkeit ein.

Ich werde mir nun ein Beispiel vornehmen, das ich auch bei anderer Gelegenheit erörtert habe.[1] George Orwell war fasziniert von der Figur Gandhis, von dem, wofür Gandhi stand. (Diese letztere Formulierung verweist, wie ich meine, auf etwas Wichtiges, nämlich auf das Ausmaß, in dem das Verständnis eines moralischen Standpunkts von der Erkenntnis abhängt, inwieweit er tatsächlich durch das Leben der Menschen verwirklicht werden kann. Dieser Aspekt der Sache wird zu häufig übersehen, wenn die Moralität im Hinblick auf abstrakt formulierte Grundsätze und Urteile erörtert wird.) Orwell erkannte die moralische Kraft von Gandhis Askese und seiner Abwendung von Typen menschlicher Beziehungen, welche emotionale Verwicklungen mit anderen Individuen – oder auch nur das Risiko solcher Verwicklungen – beinhalten. Was Orwell bestritt, war weder die Wahrheit noch die Relevanz der Arten von Gründen, mit denen Gandhi seine Befürwortung des Verzichts auf solche Beziehungen untermauerte. Er räumte zum Beispiel ein, daß man durch solche Verwicklungen zu bösen Handlungen veranlaßt werden kann. Er glaubte jedoch, daß die Bereitschaft, sich mit solchen Gefahren – und hier meine ich: mit *moralischen* Gefahren – abzufinden, erforderlich ist, damit wir unsere menschliche Natur akzeptieren können. Wenn wir so leben, daß wir uns vor solchen Risiken schützen, indem wir emotionale Verwicklungen meiden, ist das eine Art Ablehnung des Lebens zugunsten einer unmenschlichen Auffassung von Reinheit. Im Ergebnis kann eine derartige Ablehnung zu einer Versteinerung der eigenen Menschlichkeit führen, und Orwell hatte vermutlich das Gefühl, so etwas sei auch mit Gandhi geschehen: etwas, was ihm zutiefst widerstrebte. (Es geht mir hier nicht um eine Betrachtung der Gerechtigkeit von Orwells Urteil über Gandhi.)

1 Vgl. Peter Winch, »Apel's Transcendental Pragmatics«, in: S. C. Brown (Hg.), *Philosophical Disputes in the Social Sciences*, Harvester Press, 1979. Orwell artikuliert seine Einstellung zu Gandhi in seinen »Reflections on Gandhi« (in: *Collected Essays, Jornalism and Letters*, Penguin Books, 1970). Den ersten Hinweis auf Orwells Essay verdanke ich Cora Diamond.

Gehörten Orwell und Gandhi der gleichen Kulturgemeinschaft an? Auf diese Frage gibt es offensichtlich keine einfache Antwort. Ihrer Herkunft nach waren sie in der Tat enorm verschieden, was mitunter gewiß zu wechselseitigen Mißverständnissen führt. Aber man kann das zu weit treiben – Orwell verstand vieles von dem, was Gandhi sagte, sehr gut. Nicht nur waren die Kulturen Indiens und Großbritanniens eng miteinander verflochten, sondern asketische Paradigmen gibt es im Rahmen der moralischen Traditionen Europas ebenso wie im Hinduismus. Es war den beiden gewiß genug gemeinsam, um im Hinblick auf bestimmte, wenn auch nicht alle Themen ins Gespräch zu kommen. Aber man kann noch weiter gehen: Es ist nicht nur so, daß die Moralauffassungen Gandhis und Orwells miteinander ins Benehmen kommen *können*, sondern in gewissem Sinne geschieht das notwendigerweise – die eine *erfordert* die andere. Sie stehen in interner Beziehung zueinander, insofern das zueinander in einer bestimmten Beziehung Stehen dazu beiträgt, das zu konstituieren, was jedes einzelne ist. Es dürfte kaum möglich sein, Gandhis asketische Moralität zu formulieren, es sei denn, man gibt eine Beziehung an, in der sie zu einer Moralauffassung wie derjenigen Orwells steht, und das gleiche gilt auch umgekehrt.

Es ist natürlich und richtig, diese Beziehung mit den Worten zu charakterisieren, diese beiden moralischen Konzeptionen seien nicht bloß verschieden und schlössen einander aus, sondern sie seien einander *entgegengesetzt*: Die eine beinhaltet eine *Ablehnung* der anderen. Doch an diesem Punkt müssen wir, wie ich meine, überaus behutsam vorgehen. Es ist verlockend, aber meines Erachtens verfehlt, in der folgenden Weise fortzufahren: *Wenn diese beiden Auffassungen in einem logisch signifikanten Sinn des Wortes »entgegengesetzt« einander entgegengesetzt sind, dann läuft die Anerkennung der einen Auffassung darauf hinaus, daß man sie für wahr und die andere daher für falsch hält. Es ist nicht wie in dem Fall, in dem man den Vorschlag akzeptiert, die Ferien nicht in Griechenland, sondern in Italien zu verbringen, wo die Entscheidung genausogut andersherum hätte fallen können und wo die Frage, ob dem einen Vorschlag mehr »Gültigkeit« zuzuschreiben ist als dem anderen, gar nicht zur Debatte stünde, außer unter ganz besonderen Umständen.*

Aber wenn sich der ethische Fall nicht so verhält wie dieser, müssen wir imstande sein, die eine oder die andere Position als wahr und die jeweils entgegengesetzte als falsch zu kennzeichnen. Umgekehrt, wenn wir feststellen, daß wir außerstande sind, die Positionen in dieser Weise zu kennzeichnen, laufen solche Streitfragen zum Schluß auf persönliche Vorlieben hinaus, und für die Auffassung der einen Person wird logisch gesehen ebensoviel sprechen wie für die Auffassung irgendeiner anderen Person.

Diese Argumentation enthält einen sehr weit verbreiteten Fehler, nämlich die Annahme, einen echten logischen Gegensatz zwischen zwei Ansichten könne es nur geben, insofern sich diese Ansichten als »wahr« oder »falsch« kennzeichnen lassen, wobei diese Ausdrücke so verwendet werden, daß implizit gilt, wir wüßten, was es hieße, auf Erwägungen zu stoßen, die die betreffende Streitfrage zwischen beliebigen Personen, die guten Willens sind und diese Streitfrage begriffen haben, erledigen würden. Damit sind Erwägungen gemeint, die in solcher Weise auf eine Konklusion verweisen, daß der Umstand, daß jemand die Konklusion auf der Basis dieser Erwägungen nicht akzeptiert, dadurch zeigen würde, daß er die betreffenden Erwägungen nicht verstanden hat oder daß er sich nicht aufrichtig verhält im Hinblick auf diese Streitfrage. Die Auseinandersetzung zwischen Orwell und Gandhi ist aber nicht von dieser Art. Es gibt keinen Grund anzunehmen, zwei derartige Menschen würden Einigkeit erzielen über das, was sie trennt, egal, was für Argumente ins Feld geführt werden. (Damit will ich nicht sagen, eine solche Einigung sei »prinzipiell« unmöglich – und zwar zum Teil deshalb nicht, weil ich nicht verstehe, was der Ausdruck »prinzipiell« in diesem Zusammenhang bedeutet.) Aber ebensowenig besteht Grund zur Annahme, die Nichtübereinstimmung müsse ein Zeichen mangelhaften Verständnisses oder von Unaufrichtigkeit auf seiten eines der beiden Disputanten sein.

Wenn dies für eine relativistische Schlußfolgerung erachtet wird, dann glaube ich tatsächlich, daß zumindest *so* viel Wahrheit im Relativismus steckt. Es wäre allerdings sehr überraschend, wenn gar nichts für einen Standpunkt spräche, der sich über eine so lange Periode der Geschichte hinweg als derart kräftig erwiesen hat. Genauso, wie man ja auch bei der Gegenposition zum

Relativismus, sofern man *ihre* historische Standfestigkeit berücksichtigt, damit rechnen kann, daß eindringliche Argumente zu ihren Gunsten sprechen. Die Schwierigkeit besteht darin, die Stärken und Schwächen in einer Weise zu formulieren, die ein Umkippen in Übertreibungen auf der einen wie auf der anderen Seite verhindert.

Eine relativistische Übertreibung wäre es zum Beispiel, wenn man aus den obigen Überlegungen die Schlußfolgerung zöge, daß es überhaupt keinen echten logischen Gegensatz gibt zwischen den Ansichten Gandhis und denen Orwells. Ein wenig weiter oben habe ich darauf hingewiesen, daß ihre Ansichten in einer internen Beziehung zueinander stehen. Diese interne Beziehung wird, wie ich nun hinzufügen möchte, vermittelt durch den Kontext der Auseinandersetzung und Kontroverse, in dem jede dieser beiden Ansichten formuliert wird. Diese Formulierungen *bestehen* großenteils darin, auf die in der entgegengesetzten Ansicht enthaltenen Gefahren hinzuweisen. Diese Gefahren sind durchaus real. Die Gandhische Askese kann tatsächlich (obwohl das nicht in allen Fällen notwendig ist) zu einer Art inhumaner Lebensabgewandtheit führen, von deren Standpunkt aus die einzelnen kaum als real gesehen werden, es sei denn, als Exemplifizierungen eines abstrakten Humanitätsideals. Und der Orwellsche Humanismus kann tatsächlich (obwohl das nicht in allen Fällen notwendig ist) zu einer unzulänglichen Berücksichtigung von Gerechtigkeitserwägungen führen, die mit persönlichen Bindungen im Konflikt stehen.

In derartigen Angelegenheiten – und ich will hier keineswegs suggerieren, daß alle moralischen Streitfragen von dieser Art sind – hat die Vernunft nicht die Aufgabe, zu einem Standpunkt zu gelangen, durch dessen Anerkennung gleichsam der vernünftige Mensch guten Willens definiert wird. Eine Möglichkeit, seine Vernunft bei solchen Debatten zum Einsatz zu bringen, besteht gerade darin, daß man sich die moralischen Standpunkte anderer, die dem eigenen entgegengesetzt sind, ebenso verständlich macht wie die darin enthaltenen Schwierigkeiten, wobei man aber ebenso einräumt, daß sie die Probleme, die im eigenen Standpunkt enthalten sind, deutlich ins Licht rücken. Es gibt überhaupt keinen Grund a priori, weshalb man damit rechnen sollte, daß ein Standpunkt zum Vorschein kommt, der gar keine

Schwierigkeiten mit sich bringt und den jeder zu akzeptieren imstande wäre. Das heißt aber nun gar nicht, daß kein Unterschied bestünde zwischen jemandem, der einen Standpunkt, dessen Stärken und Schwächen er ebenso begriffen hat wie seine möglichen Zielpunkte und Alternativen, akzeptiert und ihm entsprechend lebt, und jemandem, der diese Dinge nicht versteht.

Weiter oben habe ich darauf hingewiesen, daß wir eine grobe Unterscheidung machen zwischen Konflikten innerhalb einer gemeinsamen Kultur und Konflikten zwischen verschiedenen Kulturen. Es mag zwar abwegig erscheinen, doch ich habe den Konflikt zwischen Gandhi und Orwell so behandelt, als habe er sich innerhalb einer gemeinsamen Kultur zugetragen, obwohl ich das Beispiel auch benutzt habe, um zu veranschaulichen, wie unmöglich es ist, eine unumstößliche Grenzlinie zwischen Fällen dieser beiden Arten zu ziehen. Nun wende ich mich der anderen Art von Fällen zu, nämlich der der Konflikte zwischen verschiedenen Kulturen. Und hier haben wir es mit einer Problematik zu tun, die dazu beigetragen hat, eine Unterdisziplin der Kulturanthropologie zu definieren, nämlich den Bereich des »Kulturrelativismus«.[2]

Der in diesem Zusammenhang leitende Gedanke des ethischen Relativismus ließe sich wie folgt ausdrücken: Die moralischen Werte und Prinzipien, die aus der einen Kultur (und vielleicht aus der einen historischen Epoche) hervorgehen, sind nicht auf das Leben einer anderen anwendbar. Ich gebrauche hier die vorsichtige Wendung »ließe sich ausdrücken«, weil mir im Grunde gar nicht klar ist, worauf genau dieser Gedanke eigentlich hinausläuft. Dies ist die Frage, die ich jetzt betrachten möchte.

Relativistische Anthropologen werden ihren Standpunkt untermauern, indem sie sich auf eklatante Unterschiede berufen, die zwischen den Arten moralischer Urteile in verschiedenen Kulturen bestehen. Dabei ist schon oft darauf hingewiesen worden, daß es schwierig ist festzustellen, wann solche Unterschiede wirklich echte Konflikte der moralischen Einstellung kennzeichnen und wann sie die Anwendung einer ähnlichen moralischen Einstellung auf unterschiedliche Gegebenheiten des menschli-

2 Eine nützliche knappe Erörterung findet sich in Elvin Hatchs Buch *Culture and Morality*, Columbia University Press, 1982.

chen Lebens zum Ausdruck bringen. (Nicht so oft ist darauf hingewiesen worden, daß sich diese Schwierigkeit in hohem Maße daraus ergibt, daß die zur Formulierung des Gegensatzes verwendeten Begriffe vage sind.) Auf dieses Problem werde ich nicht weiter eingehen, jedenfalls nicht direkt. Anzumerken ist hier auch, daß die bloße Tatsache differierender Urteile als solche kein Grund ist zur Annahme, wir seien außerstande, mit Bezug auf sie zwischen Wahrheit und Falschheit zu unterscheiden. Es ist doch schließlich durchaus möglich, daß sich die Leute schlicht irren.

Rein historisch gesehen scheint zweifellos festzustehen, daß bei den Sozialanthropologen eine umfassendere und genauere Bekanntschaft mit den Fakten bezüglich der moralischen Einstellungen in verschiedenen Kulturen einhergegangen ist mit einem höheren Maß an moralischer Toleranz gegenüber anderen Werten als denen, die die Anthropologen aus dem Leben ihrer eigenen Kulturbereiche gewohnt waren. Gewiß ist aber auch, daß daneben noch weitere historische Faktoren am Werk gewesen sind.[3] Mir geht es hier jedenfalls eher um die Logik als um die Geschichte der Sache, und mir scheint klar zu sein, daß die *Vernunft* keinen Bonus aussetzt auf die Toleranz als angemessene Reaktion auf moralische Verschiedenartigkeit im Gegensatz etwa zu selbstgerechter Empörung angesichts der obszönen Gotteslästerungen der Heiden oder zu spöttischem Gelächter. Damit meine ich nicht, daß ich manche Reaktionen unter bestimmten Umständen nicht billigen und andere dagegen mißbilligen würde. Ich meine vielmehr, daß ganz gegensätzliche Reaktionen gleiches Verständnis des Gehalts dieser Fakten bezeigen *können*. (Und wieder möchte ich nicht die Möglichkeit *ausschließen*, daß eine bestimmte Art von Reaktion unter manchen Umständen ein Symptom des Mißverständnisses sein kann.)

Sofern es wirklich eine Tatsache ist, daß verschiedene Kulturen verschiedene Moralitäten aufweisen, wird man dadurch logisch nicht gezwungen, sich den Standpunkt der »ethischen Neutralität« zu eigen zu machen, was immer es mit diesem Standpunkt genau auf sich haben mag. Und insoweit haben die Fachanthropologen, die Kritik geübt haben an der von Franz Boas und

3 Hatchs Buch *Culture and Morality* enthält eine nützliche Erörterung dieser Faktoren.

seinen Anhängern gepredigten relativistischen »Toleranz«-Auffassung, gewiß einiges Recht auf ihrer Seite gehabt, als sie geltend machten, Boas selbst habe – im Gegensatz zu seinen eigenen Bekundungen – zumindest die Toleranz als kulturübergreifenden positiven Wert hochgehalten. Andererseits ist gar nicht klar, was die Leugnung der Existenz irgendwelcher allgemeiner kulturübergreifender Prinzipien eigentlich besagt. Obwohl eine solche Leugnung, wie es scheint, manchmal so aufgefaßt wird, als handele es sich um eine unmittelbare Bestandsaufnahme von Fakten der moralischen Verschiedenartigkeit, verhält es sich in Wirklichkeit offenbar nicht so. Sogar der normalerweise klardenkende Hatch wird dadurch in Verwirrung gestürzt. Bestimmte Kritiker des Relativismus, meint er,

> haben vielleicht recht mit der Aussage, daß wir durch die vorausgesetzte Tatsache der Nichtexistenz allgemeiner kulturübergreifender Prinzipien nicht unmittelbar zum Begriff der Freiheit geführt werden. Das Umgekehrte scheint dagegen tatsächlich zu gelten. Ist der Wert der Freiheit – oder die moralische Überzeugung, es solle den Leuten freistehen, ihre Angelegenheiten nach eigenem Gutdünken zu erledigen – gegeben, so folgt daraus, daß wir im Hinblick auf andere Lebensweisen tolerant sein sollten.[4]

Aber wenn man die zweite Behauptung als das »Umgekehrte« der ersten bezeichnet, scheint man die These, wir sollten uns anderen Lebensweisen gegenüber tolerant verhalten, so zu deuten, als wäre sie äquivalent mit der These, daß kulturübergreifende ethische Prinzipien fehlen; und dies kann offensichtlich nicht zutreffen. Wenn man vom »Fehlen kulturübergreifender Prinzipien« spricht, so kann dieser Ausdruck mehrere verschiedene Dinge bedeuten. Er kann bedeuten, daß es gar keine Prinzipien gibt, über die sich die Angehörigen aller Kulturen einigen würden. In diesem Fall ergibt sich aus der Formulierung weder etwas Positives noch etwas Negatives im Hinblick auf irgendeine Toleranzverpflichtung. Ferner kann der Ausdruck bedeuten, daß es keine Prinzipien gibt, die die Angehörigen der einen Kultur

4 Hatch, *Culture and Morality*, S. 98.

sinnvoll auf die Institutionen oder Praktiken einer anderen Kultur anwenden können. Wenn dem so ist, dann folgt daraus offenbar, daß es nun erst recht kein Prinzip geben kann, das uns vorschreibt, wir hätten uns gegenüber den Einrichtungen und Gebräuchen einer anderen Kultur entweder tolerant oder intolerant zu verhalten. Außerdem kann der fragliche Ausdruck bedeuten, daß, wenn die Angehörigen einer Kultur durch ein bestimmtes Prinzip festgelegt sind, daraus keineswegs folgt, daß die Angehörigen eines anderen Volks ebenso festgelegt sind. Sollte das zutreffen, so folgt daraus lediglich dies: *Falls wir* tatsächlich verpflichtet sind, uns anderen Kulturen gegenüber tolerant zu verhalten, so ergibt sich daraus nicht, daß die Angehörigen dieser Kulturen ebenfalls verpflichtet sind, uns gegenüber oder im Verhalten zueinander tolerant zu sein. Wie es scheint, wird durch keine dieser Konklusionen eine Verbindung hergestellt zwischen Toleranz und den Tatsachen der moralischen Verschiedenartigkeit. Der ethische Relativismus ist zum Teil ein Versuch, sich mit ganz echten Problemen auseinanderzusetzen, doch diese Probleme müssen nach meinem Eindruck durch andere Begriffe artikuliert werden.

Diese Probleme berühren zwar unsere Fähigkeit, moralisch fremde Einrichtungen, Traditionen und Gebräuche zu bewerten, aber in Wirklichkeit handelt es sich dabei in erster Linie gar nicht um Probleme, die eine solche Bewertung *unmittelbar* betreffen. Vielmehr betreffen sie unsere Fähigkeit, die Beschaffenheit dieser Einrichtungen usw. zu verstehen, also zu verstehen, *was* das genau ist, was die Leute in diesen Kulturgemeinschaften in verschiedenen Zusammenhängen eigentlich tun. Sind wir dazu in einem bestimmten Fall nicht imstande, so sind wir natürlich nicht in der Lage, ein zuverlässiges moralisches Urteil über die Sache abzugeben. Kompliziert wird die Angelegenheit dadurch, daß die Handlungen der Leute in ihrem eigentlichen Wesen berührt – um nicht zu sagen: durchdrungen – werden von dem Kontext der moralischen Bewertung, der die Ausführung derartiger Handlungen umgibt. Was zum Beispiel jemand tut, der sich Geld borgt, wäre kaum zu begreifen für jemanden, der nicht vertraut ist mit den moralischen und rechtlichen Verpflichtungen, die durch eine solche Handlung entstehen, ganz zu schweigen von dem komplexen Geflecht aus juristischen, moralischen und sozialen Bindungen, die der Begriff des Geldes beinhaltet. Bestünde Anlaß zu einem moralischen Urteil über das Verhalten einer Person, die ein Darlehen aufgenommen hat, würden wir einem solchen Urteil vermutlich wenig Gewicht beimessen, wenn es von jemandem ausgesprochen würde, der gar keine Ahnung hat, welche Bewandtnis es mit einem Darlehen hat.

Wenn wir über die kulturelle Relativität der Ethik nachdenken, sind wir der Gefahr ausgesetzt, uns von einem groben Bild beherrschen zu lassen. Auf der einen Seite, denken wir vielleicht, sind die Handlungen der Leute; auf der anderen Seite sind die Maßstäbe, Ideale, Prinzipien usw., die auf sie angewandt werden. Die ersteren sind öffentlich sichtbar und können von jedem in Augenschein genommen werden, der sorgfältig genug hinschaut, unabhängig von seiner kulturellen Herkunft. Relevant wird die kulturelle Herkunft erst, wenn es darum geht, moralische Urteile auszusprechen. Freilich, dieses Bild braucht man nur so deutlich zu beschreiben, um sogleich zu erkennen, daß es ein plumpes Zerrbild ist. Dennoch übt, wie ich meine, bei vielen Auseinandersetzungen über den ethischen Relativismus ein Bild dieser Art seine Wirkung aus.

Daß man alles versteht, braucht nicht zu heißen, daß man alles verzeiht; womöglich wird die Empörung dadurch noch gesteigert. Wenn wir etwas aber nicht verstehen, sind wir nicht in der Lage zu wissen, worüber wir uns empören beziehungsweise was wir verzeihen. Und sobald die an solchen Unterfangen Beteiligten Grenzen zwischen den Kulturen überschreiten müssen, kommen tatsächlich spezielle Verständnisprobleme ins Spiel.

14
Sprache, Glauben und Relativismus

Denken, daß etwas so ist, ist völlig verschieden davon, daß das Gedachte so ist. Diese schlichte Binsenweisheit ist grundlegend für das, was das Denken nach unserem Verständnis ist. Denn ein Gedanke ist ein Gedanke über etwas – er hat einen Gegenstand –, und die Art der Beziehung, in der er zu seinem Gegenstand steht, beinhaltet die Möglichkeit, die Wahrheit oder Angemessenheit des Gedankeninhalts zu bewerten, indem man den Gedanken mit seinem Gegenstand vergleicht. All dies würde sich offenbar in nichts auflösen, wenn es zwischen Wahrheit und Falschheit keine solche Unterscheidung gäbe, die voraussetzt, daß ein Unterschied gemacht wird zwischen dem, was der Fall ist, und dem, wovon lediglich geglaubt wird, daß es der Fall ist.

Es fällt jedoch entschieden leichter, dies als Binsenweisheit zu erkennen, als genau zu verstehen, wie es in verschiedenen Bereichen menschlichen Denkens anzuwenden ist. Philosophie ist der Versuch, sich im Hinblick auf solche Streitfragen Klarheit zu verschaffen. Und die Kontroverse um verschiedene Formen von »Relativismus« umfaßt in ihrer Komplexität eine ganze Reihe von Aspekten, die mit zu diesem Versuch gehören.

Die interessanten Schwierigkeiten kommen zum Vorschein, sobald wir die Frage aufwerfen, unter welchen Bedingungen man von zwei Personen sagen kann, daß sie das gleiche glauben. Nach meinem Eindruck liegt es an mangelndem Verständnis für die Beschaffenheit und das Ausmaß dieser Schwierigkeiten, daß manche Kritiker meiner früheren Veröffentlichungen[1] zu der Annahme geführt wurden, ich bestritte die schlichte Wahrheit, die ich oben im ersten Absatz zu formulieren versucht habe. Diese Kritiker haben sich eine Situation vorgenommen wie die, in der der vom Stamm der Zande vertretene »Glaube an Hexerei« und die im Europa des zwanzigsten Jahrhunderts erfolgte

1 Dies betrifft insbesondere meinen Aufsatz »Understanding a Primitive Society«, in: Peter Winch, *Ethics and Action*, London: Routledge and Kegan Paul, 1972.

»Ablehnung« eines solchen »Glaubens« einen Fall darstellen, in dem zwei Menschengruppen gegeben sind, deren eine behauptet, daß p, während die andere behauptet, daß nicht-p. Ferner haben sie meine Argumentation gegen eine solche Annahme fehlinterpretiert, indem sie sie als Billigung eines Relativismus hingestellt haben, der zwar vielleicht ein wenig raffinierter ist als der oben dargestellte, aber im wesentlichen durch Einwände derselben Art getroffen werden kann.

In dem Aufsatz »Understanding a Primitive Society« erörtere ich die Bedingungen, unter denen ein europäischer Anthropologe den Sinn dessen wiedergeben kann, was ein Stammesangehöriger der Zande sagt, wenn er von dem spricht, was der Anthropologe mit den Worten »Hexerei«, »Orakel« usw. übersetzt. Bei einer solchen Erörterung können wir vom »Glauben der Zande an Hexerei« sprechen. Doch damit nehmen wir nicht Bezug auf die Summe der einzelnen Überzeugungen individueller Zande, wonach dieser oder jener Stammesangehörige Hexerei betrieben habe, sondern wir reden über die Sprache, in der solche Überzeugungen zum Ausdruck gebracht und durch die sie möglich gemacht werden.

Die durch eine solche Erörterung aufgeworfenen Probleme sind verschieden von denen, die durch einen wahrheitsbezogenen Relativismus der bisher betrachteten Art aufgeworfen werden. Das Buch *Reason and Commitment* von Roger Trigg liefert ein aufschlußreiches Beispiel für die Verwirrungen, die sich ergeben, wenn diese Unterscheidung nicht beachtet wird. Trigg meint, die folgende Bemerkung aus »Understanding a Primitive Society« sei ein Beleg für relativistische Tendenzen, die abzulehnen seien: »Was der Sprache Sinn verleiht, ist nicht die Wirklichkeit. Was wirklich und was unwirklich ist, zeigt sich in dem Sinn, den die Sprache hat.«[2] Dazu bemerkt Trigg, es sei zwar gewiß so, daß eine Sprache »die realitätsbezogenen Überzeugungen einer Gemeinschaft zum Ausdruck bringt«, aber dennoch existiere die Wirklichkeit »unabhängig von den Überzeugungen der Leute«, die ja verfehlt sein können. »Es ist eine wesentliche Funktion der Sprache, [...] sich mit dem zu beschäftigen, was tatsächlich der Fall ist. Sie hat die Aufgabe zu versuchen, die Wahrheit mitzutei-

2 Winch, *Ethics and Action*, S. 12f.

len.« Aus der aus meinem Aufsatz zitierten Bemerkung folge, daß »verschiedene Sprachen nicht als verschiedene Versuche aufgefaßt werden können, dieselbe Realität zu beschreiben. Die ›Realität‹ wird als sprachrelativ hingestellt, und wenn verschiedene Sprachen die ›Welt‹ verschieden abbilden, dann muß es verschiedene Welten geben.«[3]

Bei mir ist, anders als bei Trigg, nicht die Rede von einer Sprache, welche die realitätsbezogenen *Überzeugungen* einer Gemeinschaft zum Ausdruck bringt. Im Gegenteil, es war gerade mein Haupteinwand gegen die von Evans-Pritchard vorgetragene Deutung des Denkens der Zande[4], daß er ihre Sprache in dieser Weise aufgefaßt hatte. Die Verwechslungen, die hier ins Spiel kommen, werden dadurch ins Licht gerückt, daß Trigg so redet, als ginge es der *Sprache* darum »zu versuchen, die Wahrheit mitzuteilen« und die »Realität zu beschreiben«. In der Tat kann man – wie ich selbst es an anderer Stelle getan habe[5] – geltend machen, daß es keine Sprache geben könnte, deren Sprechern es normalerweise nicht darum ginge, etwas Wahres zu sagen, und nicht etwas Falsches. Doch es sind die *Sprecher* einer Sprache, die versuchen, das Wahre zu sagen und zu beschreiben, wie sich die Dinge verhalten. Dies versuchen sie im Rahmen der Sprache, die sie sprechen, während die Sprache selbst nichts dergleichen versucht, weder mit noch ohne Erfolg. Trigg hat recht, wenn er sagt, daß nach meiner Auffassung »verschiedene Sprachen nicht als verschiedene Versuche aufgefaßt werden können, dieselbe Realität zu beschreiben«, doch er irrt sich, wenn er annimmt, daß die Alternative, die ich akzeptieren müsse, besagt, daß verschiedene Sprachen verschiedene Realitäten zu beschreiben versuchen – sie versuchen überhaupt nicht, irgend etwas zu beschreiben. Wenn wir tatsächlich von einer »Beziehung zwischen Sprache und Wirklichkeit« reden wollen, so handelt es sich dabei nicht um eine Beziehung zwischen einer Menge von Beschreibungen und dem Beschriebenen, obwohl eine Erklärung dieser letzteren Beziehung zweifellos einen Bestandteil jeder Er-

3 Roger Trigg, *Reason and Commitment*, Cambridge University Press, 1973, S. 15.

4 E. E. Evans-Pritchard, *Witchcraft, Oracles and Magic Among the Zande*, Oxford University Press, 1937.

5 Vgl. Winch, »Nature and Convention«, in: *Ethics and Action*, S. 50-72.

klärung der Beziehung zwischen Sprache und Wirklichkeit bilden müßte.

Der springende Punkt läßt sich durch die folgende Betrachtung deutlich machen: Wenn Max glaubt, daß Wilhelm Schmerzen hat, während Moritz glaubt, daß er keine hat, dann haben Max und Moritz im gewöhnlichen Sinn des Wortes »Überzeugung« verschiedene Überzeugungen. Doch nach Triggs Redeweise ist Max und Moritz eine Überzeugung gemeinsam, weil sie beide dieselbe Sprache sprechen und mit dem Wort »Schmerz« dasselbe meinen: Obwohl ihre Beschreibungen von Wilhelm in Widerspruch zueinander stehen – ja, gerade weil sie zueinander in Widerspruch stehen –, ist ihnen eine Überzeugung hinsichtlich der Realität gemeinsam, und zwar vielleicht die, daß sie so etwas wie Schmerzen enthält. Aber wenn es möglich ist zu behaupten, daß es so etwas wie Schmerzen gibt, sollte es ebenfalls möglich sein, dies zu bestreiten. Die Sprache, in der die Negation formuliert wird, muß sinnvoll sein; und ihre Bedeutungen müssen dieselben sein wie die der Sprache, in der das Bestrittene behauptet wird, denn sonst würde die Verneinung nicht der Behauptung widersprechen. Um also zu bestreiten, daß es so etwas wie Schmerzen gibt, muß ich mit »Schmerz« genau dasselbe meinen wie jemand, der behauptet, daß es doch so etwas wie »Schmerzen« gibt. Demnach sprechen wir immer noch beide die gleiche Sprache und liefern, um mit Trigg zu reden, die gleiche »Beschreibung der Realität«. Diese Inkohärenz veranschaulicht, wie wichtig es ist zu erkennen, daß die Grammatik einer Sprache keine Theorie über das Wesen der Realität ist, obwohl neue faktenbezogene Entdeckungen und theoretische Entwicklungen zu grammatischen Veränderungen führen können. Was in einzelnen Fällen wie dem der Zande-Vorstellungen von Hexerei Probleme bereitet, ist die Schwierigkeit, deutlich zu verstehen, was zur Grammatik und was zur Theorie oder zur »Überzeugung« gehört. Auf diesen Punkt werde ich später zurückkommen.

Aber zunächst möchte ich eine Bemerkung machen über eine weitere Möglichkeit, in Verwirrung zu geraten, wenn wir in diesem Zusammenhang über die Beziehung zwischen einer »Sprache« und einer anderen reden.[6] Einerseits sprechen wir von

6 Vgl. zum Beispiel Martin Hollis, »Reason and Ritual«, in: B. R. Wilson (Hg.) *Rationality*, Oxford: Blackwell, 1970, insbes. S. 236.

»der deutschen (englischen, französischen) Sprache«; und andererseits verwenden die Philosophen häufig Ausdrücke wie »die Sprache der Wissenschaft (der Religion, der Moral usw.)«. Durch diese beiden verschiedenen Unterscheidungsmöglichkeiten zwischen »Sprachen« werden unterschiedliche Probleme aufgeworfen; aber in bestimmten Fällen überschneiden sich diese beiden Unterscheidungsweisen, wie es zum Beispiel höchst verwirrenderweise geschieht, wenn wir die deutsche Sprache mit der Sprache der Zande vergleichen.

Ein Engländer, der Französisch lernen möchte, wird ein neues Vokabular bewältigen müssen, das in verschieden hohem Maße mit dem Vokabular des Englischen äquivalent ist, sowie neue grammatische Regeln der Satzkonstruktion, der Deklination, der Verbkonjugation und dergleichen mehr. All dies spielt sich im Rahmen des umfassenden Zusammenhangs einer gemeinsamen Kultur ab. Das französische Leben unterscheidet sich natürlich an verschiedenen Punkten vom englischen Leben, und an solchen Punkten kann es tatsächlich Schwierigkeiten geben hinsichtlich der Übertragbarkeit von Sätzen der einen Sprache in die andere. Wie relevant solche Erwägungen sind, wird von der Art des zu übersetzenden Stoffs und vom Zweck der Übersetzung abhängen. Ein Bericht über wissenschaftliche Experimente zum Beispiel wird keine Probleme der gleichen Art ans Licht bringen wie ein seriöses Werk der Literatur. Aber im großen und ganzen sind solche Unterschiede nebensächlich: Es gibt hier derart viele Gemeinsamkeiten etwa im Hinblick auf politische Ideen und Praktiken, wirtschaftliche Institutionen, religiöse Tradition usw. usf., daß Französischlernen größtenteils nicht darin besteht, grundsätzlich neue Vorstellungen zum Ausdruck zu bringen, sondern darin, daß der Engländer lernt, in einem hinsichtlich Vokabular und Syntax anderen Medium die gleiche Art von Dingen zu artikulieren, die er bereits in seiner Muttersprache völlig angemessen auszudrücken vermag.

Dagegen ist das Lernen der Sprache der Mathematik kaum vom Lernen der Mathematik zu unterscheiden. Wenn man lernt, wie Befehle im Französischen ausgedrückt werden, lernt man nicht, wie man Befehle erteilt oder was es heißt, Befehle zu erteilen. Wenn ich jedoch lerne, wie ein mathematischer Beweis zu formulieren ist (was etwas anderes ist als zu lernen, wie man mit einer

spezifischen Notation umgeht), mache ich mir nicht ein neues Verfahren zur Artikulation von etwas schon Begriffenem zu eigen (nämlich des mathematischen Beweises), sondern ich lerne, wie man etwas beweist – ja, ich lerne, *was es heißt*, einen mathematischen Beweis zu führen. Dementsprechend würde man zwar von einer Übersetzung aus dem Englischen ins Französische sprechen, aber kaum von einer Übersetzung aus der Mathematik in... nun, was denn eigentlich? So etwas wie eine Übersetzung des Ausdrucks »Lösung einer Differentialgleichung« in nichtmathematische Begriffe gibt es nicht. Der Begriff der Differentialgleichung gehört zur Mathematik und muß in »der Sprache der Mathematik« zum Ausdruck gebracht werden.
Wenn wir die »Übersetzbarkeit« des Zande ins Deutsche betrachten, überschneiden sich diese Möglichkeiten der Unterscheidung zwischen »verschiedenen Sprachen«. Wenn es darum geht, Einigkeit zu erzielen darüber, daß bestimmte Ausdrücke in der einen Sprache (ungefähr) »das gleiche bedeuten« wie bestimmte Ausdrücke in der anderen Sprache, würde es in einem umfassenden Bereich kaum Schwierigkeiten geben. Auf anderen Gebieten jedoch gliche die Forderung nach einer Übersetzung aus dem Zande ins Deutsche der Aufforderung, etwas Mathematisches in etwas Nichtmathematisches zu übersetzen. Wer einem Stamm ohne mathematische Kenntnisse angehört und Deutsch lernen möchte, wird imstande sein, in seiner Muttersprache Äquivalente für vieles, was er lernt, ausfindig zu machen. Doch wenn er an ein deutsches Lehrbuch der Mathematik gerät, wird er nicht imstande sein, in der gleichen Weise fortzufahren. Sofern er lernen will, was dort geschrieben steht, wird er Mathematik lernen müssen. Dadurch wird er nicht bloß neue Ausdrucksmöglichkeiten lernen, sondern auch neue Dinge, die zum Ausdruck gebracht werden können. In recht ähnlicher Lage befindet sich der deutsche Ethnologe, wenn er zu verstehen versucht, was die Zande über das Giftorakel, über Hexen und Zauberarzneien sagen. Er muß nicht nur lernen, wie die Zande zum Ausdruck bringen, was sie bei der Befragung des Orakels tun, sondern er muß lernen, was sie da tun – *was es heißt*, das Giftorakel zu befragen. Für die Annahme, daß die von ihm gesprochene deutsche Sprache ohne Erweiterung Formulierun-

gen bereitstellt, in die die Äußerungen der Zande zu diesem Thema übersetzt werden können, spricht ebensowenig wie für die Annahme, daß die Sprache eines Stammes ohne Mathematikkenntnisse ein Mittel liefert, um Ausdrücke für Differentialgleichungen zu übersetzen.

Der Deutsche, der das Giftorakel verstehen möchte, sieht sich jedoch weiteren Schwierigkeiten gegenüber. Selbst wenn ich nur wenig Mathematik kann, wird in der Gemeinschaft, in der ich aufgewachsen bin und in der ich lebe, doch eifrig Mathematik betrieben, und ich bin vertraut mit der Stellung, die die Mathematik in unserer Kulturlandschaft einnimmt. Das Giftorakel dagegen ist ein Merkmal einer Kulturlandschaft, die mir als solche fremd ist. Unsere eigene Kultur stellt ein fest eingebürgertes und vollkommen begriffenes Verfahren zur Verfügung, mit dessen Hilfe der Nichtmathematiker Mathematik lernen kann. Hat man Mathematik gelernt, so gibt es für sie eine Vielfalt etablierter Anwendungen im Leben, das die Menschen in dieser Kultur führen. Dagegen gibt es im Leben, das man im heutigen Deutschland führen kann, keinen Ort für eine »Anwendung« der magischen Überzeugungen und Praktiken der Zande. Und das Interesse des deutschen Anthropologen, der sich über solche Überzeugungen und Praktiken informiert und sie zu verstehen versucht, wird nicht auf eine solche praktische Anwendung gerichtet sein. Dementsprechend wird man, wenn man die Frage aufwirft, ob wir die Denkweisen der Zande richtig »verstanden« haben, andere Verständniskriterien anwenden als die, welche geeignet sind, wenn es um die Frage geht, ob wir einen bestimmten Zweig der Mathematik richtig »verstanden« haben. Dabei geht es nicht darum, ob sich beim Vergleich zweier Fälle herausstellt, daß im einen Fall ein »höherer oder geringerer Grad« an Verständnis möglich ist als im anderen, sondern der Witz ist, daß das »Verstehen« in diesen beiden Fällen verschiedene Formen annimmt (obwohl es viele Verbindungspunkte geben wird). Außerdem gibt es in unserem eigenen Leben zwar keinen Raum für eine direkte Anwendung dessen, was wir beim Studium der magischen Praktiken der Zande in Erfahrung bringen können, aber das heißt nicht, daß wir gar keine Berührungspunkte mit Elementen finden werden, die wir aus unserer eigenen Kulturtradition kennen. In meinem Aufsatz »Understanding a Primitive

Society« habe ich andeuten wollen, daß uns die nützlichen Berührungspunkte zu entgehen drohen, wenn wir uns allzu ausschließlich auf das Verhältnis zwischen dem magischen Denken der Zande und unseren eigenen naturwissenschaftlichen Theorien konzentrieren. Dieser spezielle Vergleich drängt sich unserer Aufmerksamkeit nicht allein wegen der Vorrangstellung auf, die die Naturwissenschaft in unserer Kultur einnimmt, sondern auch wegen bestimmter allgemeiner Vorstellungen hinsichtlich der Beziehung zwischen Denken und Wirklichkeit, die wir vielleicht philosophisch anziehend finden und von denen wir womöglich (fälschlich) meinen, daß die Naturwissenschaft ein klares Paradigma für sie darstellt.

Damit gelange ich wieder zu einem Gedanken, den ich weiter oben bei der Erörterung von Triggs Buch angesprochen habe, nämlich daß die Grammatik einer Sprache keine Theorie über die Natur der Realität bildet. Es ist kennzeichnend, daß die in der Philosophie aufgeworfenen Fragen hinsichtlich der Beziehung zwischen Sprache, Denken und Wirklichkeit mit skeptischen Sorgen zusammenhängen, bei denen man sich den Kopf darüber zerbricht, ob die Welt so erkannt werden kann, wie es unsere Denkformen vorauszusetzen scheinen. Skeptische Sorgen können jedoch auf verschiedenartige Ursprünge zurückgehen, und je nach der Verschiedenartigkeit der Ursprünge wird auch der Skeptizismus selbst verschiedene Formen annehmen, die sich nicht immer leicht auseinanderhalten lassen. Der Skeptizismus, der in der abendländischen Philosophie zum Repertoire gehört, zielt normalerweise auf Denkweisen, die grundlegend sind für unsere Lebensweise, so zum Beispiel unsere Denkweise in bezug auf die Zeit, die Kausalität und die physischen Dinge im Verhältnis zu unserer Wahrnehmung dieser Dinge. Augustinus vermag nicht zu erkennen, wie wir imstande sein können, zwischen einem kürzeren und einem längeren Zeitraum zu unterscheiden; für Hume ist es unverständlich, wie wir behaupten können, ein Ereignis sei notwendig mit einem anderen verbunden, das wir als seine Wirkung bezeichnen; Berkeley vermag nicht einzusehen, wie wir einen physischen Gegenstand etwas Existierendes nennen können, wenn er nicht wahrgenommen wird. Die Schwierigkeit rührt in allen diesen Fällen größtenteils daher, daß unsere Sprech- und Denkformen, wenn man sie in einer bestimmten

Weise untersucht, eine bestimmte Art von Anwendung auf die Welt nahezulegen scheinen, welche nicht die Anwendung ist, die ihnen tatsächlich zukommt. Wenn wir sie im Leben in angemessener Weise zum Einsatz bringen, kommen uns die skeptischen Sorgen, um mit Hume zu reden, »unnatürlich und lächerlich« vor, doch die Sorgen werden nicht aus der Welt geschafft, ehe es uns gelingt, die überraschend schwierige Aufgabe zu erfüllen, einen klaren Überblick zu gewinnen über die *wirkliche* Anwendung unserer Denkweisen und über die Beschaffenheit der Hindernisse, die einer richtigen Bestandsaufnahme dieser Denkweisen im Wege gestanden haben.

Solche skeptischen Probleme betreffen keine Zweifel in bezug darauf, ob jemand bei einer bestimmten Gelegenheit recht hat mit seiner Behauptung darüber, wieviel Zeit verstrichen sei, welche Ursache ein bestimmtes Ereignis bewirkt habe, was für eine Art von Gegenstand er wahrnehme. Vielmehr betreffen sie die Möglichkeit, überhaupt solche Behauptungen aufstellen zu können, und tendenziell untergraben sie das Vertrauen darauf, daß es bei solchen Urteilen eine echte Unterscheidung gibt zwischen Wahrheit und Falschheit. Das heißt, sie attackieren die Möglichkeit, aus diesen Urteilen überhaupt klug zu werden.

Äußerlich ist die Skepsis, der wir wahrscheinlich zuneigen, sobald wir die Denkformen fremder Kulturen betrachten, der vorhin geschilderten in vieler Hinsicht ähnlich. Wir stellen fest, daß ein Angehöriger des Stamms der Zande fragt, ob dieser oder jener ein Zauberer sei, oder daß er ein Orakel befragt, um herauszubekommen, ob eine vorgeschlagene Heirat günstig wäre. Nun wollen wir nicht fragen, ob er recht hat mit den spezifischen Antworten, zu denen er gelangt, sondern ob er Fragen stellt, auf die es eine richtige und eine falsche Antwort geben könnte, oder ob es bei den Methoden, deren er sich üblicherweise zur Beantwortung seiner Fragen bedient, denkbar wäre, daß sie zur Unterscheidung richtiger von falschen Antworten dienen. Aber im Gegensatz zu den zuvor genannten Fällen steht unsere Skepsis hier nicht in Widerstreit zu unseren eingebürgerten Denkgewohnheiten. Ebenso wie Augustinus haben wir das Gefühl, wir wüßten, was Zeit ist, solange wir nicht gefragt werden; doch dies ist nicht das Gefühl, das wir im Hinblick auf Zauberer und Orakel empfinden. Während wir skeptische Argumente ebenso wie Hume »unnatürlich und lächerlich« finden, solange wir tatsächlich damit beschäftigt sind, die Ursache von etwas zu untersuchen oder die Eigenschaften eines physischen Dings durch Beobachtung festzustellen, sind wir niemals in der Lage, Untersuchungen darüber anzustellen, ob jemand ein Zauberer ist, oder ein Orakel um Rat zu bitten. Hier löst sich unsere Skepsis nicht über einer Partie Backgammon in Luft auf. Die Argumente, welche »unnatürlich und lächerlich« erscheinen, sind nicht diejenigen des Skeptikers, sondern die eines Philosophen, der den Gedanken nahelegt, Fragen in bezug auf Zauberer oder Erkundigungen bei Orakeln ließen sich so interpretieren, als seien sie logisch vollkommen in Ordnung.

Es ist nicht nur so, daß wir in dem Leben, das wir führen, keine Verwendung haben für Begriffe wie Zauberei und Orakel, sondern darüber hinausgehend scheint es, daß dieses Leben die Möglichkeit einer solchen Verwendung ausschließt. Träfe ich im Stadtpark einen Mitbürger, der einem Huhn Gift verabreicht und dabei Fragen stellt, käme ich nicht auf den Gedanken, daß er etwa wie ein Angehöriger des Stamms der Zande handelt und das Giftorakel befragt. Ich hätte keine Ahnung, was da eigentlich vorgeht – vielleicht würde ich ihn für geistesgestört halten oder glauben, daß er ein bizarres »Happening« veranstalte. Den Handlungen, die man einer Einzelperson verständlicherweise zuschreiben kann, werden durch die Kultur Grenzen gesetzt, was allerdings nicht heißen soll, daß es keine neuen kulturellen Entwicklungen geben könne (die »Happenings« etwa stellten eine neue kulturelle Entwicklung dar). Doch was als neue Entwicklung gelten kann, wird ebenfalls durch den kulturellen Rahmen begrenzt.

Der bloße Umstand, daß wir in unserem Leben keine Anwendung finden können für eine Denkweise, die in einem anderen kulturellen Kontext wohl angewendet wird, ist, wie schon gesagt, kein guter Grund für die Behauptung, es sei »prinzipiell unmöglich, sie zu verstehen«. Das hieße, Kriterien des »Verstehens« einzusetzen, die für den vorliegenden Fall nicht geeignet sind. Ebenso verfehlt wäre die Annahme, daß wir notwendig der Frage gegenüberstehen, wer denn »recht« habe, wir oder die Zande. Freilich gibt es einen *Konflikt* zwischen der europäischen

Denkweise und der der Zande, und gewissermaßen schließen sie einander sogar aus, aber damit ist bis jetzt noch nicht gesagt, daß sie einander logisch »widersprechen«. Es könnte sein, daß es für Leute, die sich für Cricket interessieren, unmöglich ist, Fußball ernst zu nehmen, und umgekehrt; auch hier gäbe es einen Konflikt, aber keinen kontradiktorischen Widerspruch. Es hätte kaum Sinn, abstrakt die Frage aufzuwerfen, für welches dieser Spiele man sich »zu Recht« einsetzt (obwohl man unter speziellen Umständen natürlich Gründe haben könnte, das eine Spiel zu fördern, und nicht das andere).

Die philosophische Skepsis im Hinblick auf Begriffe wie den der Zeit, der Kausalität und der physischen Gegenstände stellt diese Begriffe oft als inkohärent hin. Wie ich angedeutet habe (und aus Platzgründen kann ich hier nicht mehr geben als diese Andeutung), rührt der Anschein der Inkohärenz daher, daß wir die wirkliche Anwendung solcher Begriffe durch eine andere Anwendung ersetzen, die durch irreführende grammatische Analogien nahegelegt wird und es diesen Begriffen nicht gestattet, ihren ursprünglichen Sinn beizubehalten. Wenn wir es mit solchen Vorstellungen zu tun haben wie den Zande-Begriffen der Hexerei und des Orakels, wissen wir nicht einmal aus erster Hand, wie sie unreflektiert anzuwenden sind, und werden daher um so eher dazu verlockt, Analogien zu Begriffen zu suchen, die uns vertrauter sind. Wenn wir dann eine solche Anwendung suchen, kann es leicht geschehen, daß wir auf Inkohärenzen stoßen; doch das ist soweit noch keine Begründung für die Schlußfolgerung, die richtige Anwendung dieser Begriffe in ihrer angestammten Umgebung habe etwas Inkohärentes an sich.

Diesen Gedanken werde ich weiter auszuführen versuchen, indem ich einige Überlegungen betrachte, die Howard Mounce in seinem interessanten Aufsatz über das Verstehen einer primitiven Gesellschaft anführt. Mounce ist ebenso wie ich der Meinung, daß dem Wirklichkeitsbegriff, auf den sich Evans-Pritchard bei seiner Kritik des Denkens der Zande beruft, unabhängig von den Praktiken der Naturwissenschaft kein Sinn gegeben werden kann und daß er darum nur dann als Maßstab der Zauberei-Kritik dienen kann, wenn zuerst gezeigt wird, daß die Zauberei ihrerseits so etwas wie eine Wissenschaft ist. Anderer Meinung als ich ist er dagegen im Hinblick darauf, wie wir bestimmen sollen, ob das magische Denken der Zande tatsächlich »Sinn hat«, das heißt, ob es eine Berufung auf einen unabhängig verständlichen Wirklichkeitsbegriff beinhaltet.

Das philosophisch Wichtige ist hier nicht die Richtigkeit oder Unrichtigkeit eines spezifischen Vorschlags zur Interpretation des Zande-Denkens, sondern es geht darum, welche Art von Überlegungen nötig ist, um eine solche Interpretation zu untermauern. Die Hauptkritik, die Mounce an meinem Aufsatz übt, bezieht sich darauf, daß ich von der eingebürgerten Anerkennung einer Reihe von Gebräuchen ausgehend dafür argumentiere, es sei unmöglich, ihren Sinn in Zweifel zu ziehen, während eine solche Konklusion doch nur von einer Prämisse getragen werden könne, die den eingebürgerten Gebrauch einer Reihe von *Begriffen* betrifft. Im weiteren macht Mounce geltend, die Überzeugungen der Zande im Hinblick auf Hexerei und Orakel seien als solche nicht völlig verständlich, sondern man könne sie nur als konfuse Anwendung von Begriffen verstehen, die eigentlich in anderen Kontexten zu Hause sind, wobei diese Anwendung durch eine Art von Begriffsverwirrung ausgelöst werde, die derjenigen gliche, auf die man in bestimmten Arten von Metaphysik stößt. Auf die von Mounce gegebene Interpretation meiner ursprünglichen Argumentation werde ich hier nicht näher eingehen, sondern ich werde versuchen, eine in Mounces eigener Erörterung zum Vorschein kommende Verwirrung deutlich zu machen, die die Beziehung zwischen Überzeugungen und Begriffen betrifft.

Wenn wir abergläubische Überzeugungen ausfindig machen wollen, meint Mounce, müssen wir einen Unterschied machen zwischen den spontanen Reaktionen der Menschen auf bestimmte Situationen und den mit diesen Reaktionen verknüpften Überzeugungen, zu denen diese Menschen dann womöglich gelangen. So kann es zum Beispiel sein, daß ein Ehepaar über den Verlust eines Eherings in Aufregung gerät; und daran ist nichts Absurdes oder Irrationales. »Dies ist nun einmal das Gefühl, das wenigstens eine ganze Menge Leute dabei empfinden.«[7] Kommt ihnen der Verlust jedoch als Anzeichen des Scheiterns ihrer Ehe vor, dann »ist das ebenso ungereimt wie irgendwelche Überzeu-

7 H. O. Mounce, »Understanding a Primitive Society«, *Philosophy*, Bd. 48, Nr. 186 (1973), S. 353.

gungen der Zande«. In einem anderen Beispiel ist jemand betrübt, weil ihn etwas dazu bewogen hat, auf einem Bild seiner Mutter die Augen mit einer Nadel zu durchstechen. Daß er darüber betrübt ist, ist ebenfalls schlicht eine natürliche Reaktion, »weder rational noch irrational«. Doch wenn er, nachdem seine Mutter anschließend an einem Augenleiden erkrankt, zu der Überzeugung gelangt, dies sei irgendwie auf seine Handlung zurückzuführen, dann sei das tatsächlich absurd.

Mounce behauptet zu Recht, daß solche Überzeugungen nicht schlicht als »Fehler« gedeutet werden können. Vielmehr »hat diese ganze Denkweise etwas von einer gewissen Verrücktheit«.[8] Sie ähnelt dem Denken, das für manche Formen von Metaphysik charakteristisch ist, bei denen man bestimmte Ausdrucksformen in einer Art und Weise anzuwenden versucht, die von dem Sinn, den sie zugleich beibehalten sollen, nicht zugelassen wird. Eine ähnliche Diagnose, meint Mounce, gilt auch für die Überzeugungen der Zande hinsichtlich Hexerei und Orakel: Auch die Zande verwenden Begriffe wie »kausaler Einfluß« und »Voraussage« in Situationen, in denen die Bedingungen, die für den ihnen zugedachten Sinn erforderlich sind, nicht erfüllt sind.

Mit Bezug auf den Glauben an Hexerei und Orakel schlägt Mounce keine bestimmte Ätiologie vor, die vergleichbar wäre mit der, die er bei seinen Beispielen des Aberglaubens anbietet. Er betrachtet auch nicht die Frage, ob es einen Unterschied ausmacht, daß im Leben und Denken der Zande magische Vorstellungen – denen in Mounces Beispielen nichts entspricht – eine zentrale Stellung einnehmen. In unserer Gesellschaft kann man auf eine abergläubische Überzeugung mit der Erwiderung reagieren: »Lass' das, sei doch nicht dumm!« Daß wir so reagieren können, hat nach Mounce allerdings den Grund, daß »eine solche Überzeugung nicht in das von der abendländischen Naturwissenschaft entwickelte und uns von Kindesbeinen an beigebrachte Netz von Überzeugungen hinsichtlich der physikalischen Welt paßt; ja, eigentlich taugt sie nicht einmal zu etwas, was auch nur der Möglichkeit nach in ein solches Überzeugungsnetz passen könnte«.[9] Es sei nicht zu sehen, daß man im Kontext des Lebens der Zande auf ein ähnliches Mittel zurückgreifen könne.

8 Mounce, a. a. O., S. 354.
9 Mounce, a. a. O., S. 354.

Wer betrübt ist, weil er das Bild seiner Mutter in der beschriebenen Weise behandelt hat, und dann sogar noch betrübter wird, wenn sie anschließend an einem Augenleiden erkrankt, bringt seinen Kummer vielleicht mit den Worten »Ich habe sie verletzt« zum Ausdruck. Daß er das sagt, *kann* – braucht aber nicht – ein Symptom abergläubischer Verwirrungen sein. Das wird nicht davon abhängen, daß er diesen spezifischen Ausdruck gebraucht, sondern davon, *wie* er ihn gebraucht; es hängt davon ab, welche *Art* von »Verbindung« er zwischen seiner Handlung und dem Leiden seiner Mutter sieht. Er ist nicht verwirrt, sondern er hat völlig recht, wenn er meint, es gebe da eine *gewisse* Beziehung. Er hat ja nicht ein beliebiges Stück Papier mit Nadeln durchstochen, sondern ein Bild seiner Mutter; obendrein hat er auf die Augen gezielt. Hätte seine Mutter ihn dabei beobachtet, hätte sie durchaus darüber bekümmert sein können, und damit wäre ihr weh getan worden. So wie die Dinge faktisch liegen, hat sie ihn nicht dabei beobachtet, aber dennoch, er ist sich dessen bewußt, daß sie, wenn sie es gesehen hätte,... Außerdem kann er, was überhaupt nicht absurd ist, das Gefühl haben, seine Handlung sei sowieso ein Verstoß gewesen gegen die Achtung und die Zuneigung, die er ihr schuldet. Warum soll er darin keine Verletzung seiner Mutter erblicken? Und warum soll sein Gefühl, daß er sie verletzt hat, durch ihr anschließendes physisches Leiden nicht noch verstärkt werden?

Hier könnten wir sagen, daß die von Mounce geschilderte primitive Reaktion die Grundlage abgibt für einen neuen *Begriff* von »Verletzung«, für einen Begriff, dessen besondere Artikulierung womöglich von dem Umstand abhängt, daß das Wort »Verletzung« auch diese andere (»kausale«) Verwendung hat. Aber diese letztere Verwendung wird nicht einfach übernommen und in einer Situation, in der sie nichts zu suchen hat, zum Einsatz gebracht. Die Verwendung des Begriffs wird unter den neuen Umständen *modifiziert*, und dadurch nimmt der Begriff allmählich einen anderen Sinn an. Was ich hier deutlich machen möchte, ist, daß der Gedanke »Ich habe sie verletzt« zwar konfus sein *kann*, daß aber das bloße Faktum dieser Formulierungsweise des Gedankens nicht ausreicht, um das zu erweisen. Wir müssen sehen, mit welchen sonstigen Gedanken er auf welche

Weise verbunden ist; wir müssen verstehen, welche Rolle er spielt.[10]

Etwas Ähnliches kann mit dem Begriff »Voraussage« geschehen, wenn er im Kontext der Orakel angewendet wird. Mounce betont ziemlich emphatisch, die Einstellung der Zande zum Giftorakel zeige, daß sie es als eine Quelle »wahrer Aussagen über die Zukunft« betrachten, womit er die Vielfalt der Formen aus den Augen verliert, die von »Aussagen über die Zukunft« angenommen werden können – auch bei uns. (Vergleiche zum Beispiel »Ich werde dich um vier Uhr treffen«, »Die Regierungspartei wird die Wahlen verlieren«, »Harold Wilson wird in den Geschichtsbüchern als erfolgreicher Premierminister erscheinen«.) Um genau zu verstehen, in welcher Art von Beziehung zur Zukunft diese Aussagen stehen (und worauf Wahrheit und Falschheit also in den verschiedenen Fällen hinauslaufen), müssen wir unter anderem darauf achten, welche Art von Reaktion verschiedenen Eventualitäten angemessen ist; und dies kann natürlich eine komplizierte und undurchschaubare Sache sein.

Das gleiche gilt für das Giftorakel. Mounce selbst behauptet, wir müßten bei den Einstellungen der Zande zu diesem Orakel auf die Einzelheiten achten. Doch sobald er sich an den Versuch macht, beruft er sich ständig auf Analogien aus anderen Zusammenhängen. So sagt er etwa, das Verfahren der Zande, beim Orakel dieselbe Frage zweimal zu stellen – wobei der Tod des Huhns bei diesen beiden Gelegenheiten jeweils als »Ja« beziehungsweise als »Nein« interpretiert wird –, sei analog dem Vorgehen bei der Prüfung der Zuverlässigkeit eines Zeugen. Wir dürfen aber nicht vergessen, daß, obwohl das Orakel mit Hilfe der Verabreichung von Gift an Hühnern befragt wird, dabei nicht die Hühner selbst befragt werden, sondern das Orakel. Die Grammatik der Befragung ist also nicht die, daß die Antwort eines *Huhns* anhand der Antwort eines anderen überprüft wird, sondern es ist ein und dasselbe Orakel, dem dieselbe Frage zweimal vorgelegt wird. Und was für eine Art »Prüfung der Zuverlässigkeit« ist das? Vielmehr müssen wir sagen, daß das

10 Ähnliche Verfahren, durch die ein Begriff zu neuen Anwendungen gelangen und somit einen modifizierten Sinn herausbilden kann, werden ausführlicher erörtert in meinem Artikel »Ethical Reward and Punishment«, in: *Ethics and Action*, S. 210-228.

zweimalige Stellen derselben Frage, während zwei Hühnern das Gift *benge* verabreicht wird, *eine* vollständige Befragung des Orakels bildet. Es gibt auch einen offensichtlichen Grund für dieses Vorgehen, der völlig verschieden ist von der (konfusen) Begründung, die Mounce vorschlägt. Da es wichtig ist, daß die Giftwirkung von *benge* weder zu schwach noch zu stark ist – denn das würde sonst das Ergebnis vorherbestimmen und die Befragung somit nichtig machen –, besteht ein geeignetes Verfahren *zur Prüfung der Qualität* des Gifts ebendarin, so vorzugehen, wie die Zande es tun. Dies veranschaulicht die Wichtigkeit dessen, was ich habe hervorheben wollen, nämlich daß wir jede einzelne Äußerung oder Verfahrensweise im Zusammenhang der übrigen dazugehörigen Äußerungen und Verfahrensweisen betrachten sollten.

Die Grammatik der Orakelsprüche wird durch verschiedene Faktoren bestimmt, zum Beispiel durch das Verfahren der Befragung, durch die Art von Frage, deren Stellung allgemein als richtig angesehen wird, durch die Art von Reaktion, die im Hinblick auf verschiedene Arten von Ergebnis im Verhältnis zum Spruch des Orakels als angemessen gilt. Alle diese Dinge und daneben noch viele andere sind zusammen konstitutiv für eine Sprache, in der Dinge bestimmter Art gesagt und in der Fragen bestimmter Art gestellt werden können. Wer eine solche Sprache *verwendet*, kann natürlich in Verwirrung geraten und so abergläubischerweise Resultate erwarten, von denen bei einigem Nachdenken deutlich würde, daß es irrational ist, mit ihnen zu rechnen. Daraus würde aber nicht hervorgehen, daß an der Sprache selbst etwas Konfuses, Irrationales oder Abergläubisches ist.

Hieraus ergeben sich Konsequenzen für die Methodologie der ethnographischen Feldforschung. Wenn der Forscher eingeborene Gewährsleute über den Gebrauch des Giftorakels befragt, muß er mit der Möglichkeit rechnen, daß einige der Antworten, die er erhält, solche Verwirrungen erkennen lassen. Ferner muß er auf der Hut sein davor, solche Verwirrungen zurückzulesen in die Grammatik der Denkweise, die er zu verstehen versucht, denn vor dem Hintergrund dieser Grammatik läßt sich das, was konfus ist, von dem unterscheiden, was nicht konfus ist. Evans-Pritchard nennt als Beispiel eine Orakelbefragung, die dazu dienen soll festzustellen, wer für eine spezifische Handlung verantwortlich gewesen ist (nämlich Zauberarzneien am Dach einer Hütte angebracht zu haben). Mounce macht hier die plausible Anmerkung, daß das, worüber die Ratsuchenden »Aufschluß zu erlangen hoffen, genau das ist, worüber man durch andere und für uns normalere Verfahrensweisen hätte Aufschluß erlangen können, sofern diese Verfahrensweisen zur Verfügung gestanden hätten«.[11] Und daraus sollen wir, wie er offenbar wünscht, den Schluß ziehen, daß dies nur als absurder Aberglaube angesehen werden könne. Mag sein, daß ein solches Verhalten tatsächlich ein Fall von Aberglauben ist. Das ist eine Frage, die sich nur unter Berücksichtigung von weit mehr Informationen entscheiden ließe, als Evans-Pritchard geliefert hat, und zwar Informationen über die weiteren Umstände der Befragung, Informationen über das, was – wenn überhaupt – als »unabhängiges Belegmaterial« gilt im Hinblick auf dieselbe Behauptung, Information darüber, was für ein Gebrauch von der Antwort des Orakels gemacht wird, und Informationen über vieles andere mehr. Aber selbst wenn wir unter Berücksichtigung solcher Informationen tatsächlich zu dem Schluß kommen, daß hier gedankliche Verwirrung vorliegt, so reicht das gewiß nicht aus, um zu zeigen, daß »der Glaube der Zande an Orakel« etwas Konfuses ist.

Ich lese Evans-Pritchards Darstellung so, daß Orakel hauptsächlich befragt werden, um festzustellen, ob es vorteilhaft ist, ein wichtiges und möglicherweise gefährliches Unternehmen in Angriff zu nehmen. Mit der Aussage, die Umstände seien »vorteilhaft«, macht man zwar gewissermaßen so etwas wie eine Voraussage, doch die Beziehung zwischen Aussage und Zukunft ist überaus komplex und unbestimmt. Wenn es zum Beispiel heißt, es sei vorteilhaft, in einer bestimmten Weise zu handeln, so ist damit nicht gewährleistet, daß die entsprechende Handlung erfolgreich verlaufen oder zum Guten führen wird – es gibt unendlich viele Möglichkeiten, Fehlschläge zu erklären, die nicht in Gegensatz stehen zur Vorteilhaftigkeit der Handlung. Außerdem gibt es reichlich Spielraum für Auseinandersetzungen darüber, was es heißt, daß eine Handlung »zum Guten führt«. Die litera-

11 Mounce, a. a. O., S. 352.

rischen Zeugnisse über Orakelbefragungen in anderen Kulturen – wie zum Beispiel in der griechischen Kultur – sind voller Beispiele, bei denen der Handelnde den Orakelspruch mißversteht, weil seine Vorstellungen von dem, was vorteilhaft ist und was nicht, verzerrt oder borniert sind. Es scheint sogar klar zu sein, daß eine Aufgabe der Orakel ebendarin bestand, eindringliche Fragen über derartige Probleme aufzuwerfen. Eine solche Literatur ist wesentlich für unser Verständnis dessen, was das Orakel für die Griechen etwa bedeutet hat, sowie für unser Verständnis dessen, was für Sprüche das Orakel von sich gab. Alles, was an den Volksbräuchen der Zande dieser Literatur entspräche, wäre ein wesentliches Merkmal der Grammatik des Giftorakels der Zande und daher auch wesentlich für die Möglichkeit, die abergläubischen Elemente im Denken einzelner Zande von nichtabergläubischen zu unterscheiden.

In der bisherigen Erörterung habe ich einen Unterschied herausarbeiten wollen zwischen den Überzeugungen, die von den Menschen vertreten werden, und der Sprache, in der diese Überzeugungen zum Ausdruck gebracht und durch die diese Überzeugungen ermöglicht werden. Ferner habe ich die verlockende Vorstellung zu untergraben versucht, wonach die Grammatik unserer Sprache selbst der Ausdruck einer Menge von Überzeugungen oder Theorien über die Beschaffenheit der Welt ist, welche im Prinzip gerechtfertigt oder widerlegt werden könnte, indem man untersucht, wie die Welt *wirklich* ist. Dieser Verlokkung zu widerstehen, fällt schon im Fall der eigenen Sprache schwer genug; um so schwerer fällt es, wenn wir es mit einer Sprache zu tun haben, deren Formen uns fremd und vielleicht sogar zuwider sind. Ein großer Teil dieser Schwierigkeit rührt daher, daß die Unterscheidung weder klar umrissen noch stabil ist (was wahrscheinlich nirgends eindringlicher ausgesprochen wird als in Wittgensteins *Über Gewißheit*). Außerdem erfährt die Grammatik einer Sprache ihre konkrete Umsetzung *im* Ausdruck einzelner Überzeugungen (wenn auch nicht nur dort). Die Grammatik des Wortes »Schmerz« findet ihren Ausdruck in dem, was wir über die Schmerzen (oder über das Fehlen von Schmerzen) bestimmter Personen sagen. Die Grammatik des Zande-Worts, das wir mit »Orakel« übersetzen, findet ihren Ausdruck in dem, was einzelne Zande in Verbindung mit speziellen Orakelbefragungen sagen und tun. Aber was wir unter »Schmerzen« verstehen, ist nicht die Summe unserer Einzelüberzeugungen mit Bezug auf die Schmerzen (oder das Fehlen von Schmerzen) einzelner Personen; und was die Zande unter ihrem Wort für »Orakel« verstehen, ist nicht die Summe ihrer Einzelüberzeugungen mit Bezug auf Orakel. Im Grunde ist die ganze Vorstellung einer »Summe von Überzeugungen« in diesem Zusammenhang überaus fragwürdig.

Freilich, der Einfluß der modernen industriellen Zivilisation kann tendenziell dazu führen – und führt tatsächlich dazu –, daß die Gebräuche und Urteile, in denen das Reden von Orakeln und Hexen seinen Ausdruck findet, ausgemerzt werden. Das heißt aber nicht, daß »der Glaube an Orakel und Hexen« *widerlegt* worden ist – etwa durch den Nachweis, daß die Welt dergleichen Dinge nicht enthält. Dies ist ebensowenig der Fall, wie daß der Niedergang des religiösen Glaubens in der Industriegesellschaft das Resultat des Beweises ist, daß die Wirklichkeit so etwas wie einen Gott nicht enthält. Nichts von alledem soll heißen, daß der Glaube an Orakel und Hexen (oder an Gott) nicht kritisiert werden kann – es gibt mehr als nur eine Art von Kritik. Allerdings wäre es, wenn wir uns auf eine solche Kritik einlassen, nützlich, an das Gleichnis von Splitter und Balken zu denken: »Denn nach welchem Recht ihr richtet, werdet ihr gerichtet werden; und mit welchem Maß ihr meßt, wird euch zugemessen werden.«[12]

12 Matthäus 7, 2f.

Textnachweise

Text und Kontext *(Text and Context):* Erstveröffentlichung in *Philosophical Investigations*, Januar 1982.

Im Anfang war die Tat: Revidierte Fassung eines Vortrags anläßlich des Wittgenstein-Kolloquiums 1976 in London, Ontario.
Erstveröffentlichung in I. Block (Hg.): *Perspectives on the Philosophy of Wittgenstein*, Oxford: Blackwell, 1981.

Tatsache und übermäßige Tatsache *(Facts and Superfacts):* Erstveröffentlichung in *The Philosophical Quarterly*, Oktober 1983.

Aufhören zu existieren. *(Ceasing to Exist):* Vortrag vor der British Academy 1982. Erstveröffentlichung in *Proceedings of the British Academy.*

Bedeutung und religiöse Sprache *(Meaning and Religious Language):* Vortrag im Rahmen einer Veranstaltung des Royal Institute of Philosophy, University of Lancaster, 1975.
Erstveröffentlichung in St. C. Brown (Hg.), *Reason and Religion*, Cornell University Press, 1977.

Darwin, Genesis und Widersprüchlichkeit *(Darwin, Genesis and Contradiction):* Radiovortrag, BBC 3, 1976.

»Eine Einstellung zur Seele“: Ansprache des Vorsitzenden der Aristotelian Society. Erstveröffentlichung in *Proceedings of the Aristotelian Society*, 1980/1.

Wer ist mein Nächster? *(Who is my Neighbour?):* Antrittsvorlesung, University of Illinois, Urbana/Champaign, 1986.

Partikularität und Moral *(Particularity and Morals):* Vortrag im Rahmen einer 1983 vom Institut für die Wissenschaften vom Menschen veranstalteten Vorlesungsreihe an der Universität Wien.

Ethischer Relativismus *(Ethical Relativism):* Vortrag, Wien 1982, im Rahmen einer vom Institut für die Wissenschaften vom

Menschen veranstalteten Tagung über Lebensformen und soziale Verständigung.

Sprache, Glauben und Relativismus *(Language, Belief and Relativism):* Erstveröffentlichung in H. D. Lewis (Hg.), *Contemporary British Philosophy, Fourth Series*, London: Allen and Unwin, 1976.

Register